DESEMPENHO HUMANO NAS EMPRESAS

CHIAVENATO — SÉRIE RECURSOS HUMANOS

O GEN | Grupo Editorial Nacional – maior plataforma editorial brasileira no segmento científico, técnico e profissional – publica conteúdos nas áreas de ciências sociais aplicadas, exatas, humanas, jurídicas e da saúde, além de prover serviços direcionados à educação continuada e à preparação para concursos.

As editoras que integram o GEN, das mais respeitadas no mercado editorial, construíram catálogos inigualáveis, com obras decisivas para a formação acadêmica e o aperfeiçoamento de várias gerações de profissionais e estudantes, tendo se tornado sinônimo de qualidade e seriedade.

A missão do GEN e dos núcleos de conteúdo que o compõem é prover a melhor informação científica e distribuí-la de maneira flexível e conveniente, a preços justos, gerando benefícios e servindo a autores, docentes, livreiros, funcionários, colaboradores e acionistas.

Nosso comportamento ético incondicional e nossa responsabilidade social e ambiental são reforçados pela natureza educacional de nossa atividade e dão sustentabilidade ao crescimento contínuo e à rentabilidade do grupo.

CHIAVENATO

SÉRIE RECURSOS HUMANOS

CHIAVENATO DIGITAL

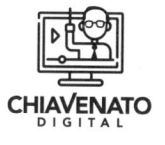

Idalberto
Chiavenato

DESEMPENHO HUMANO NAS EMPRESAS

COMO DESENHAR O TRABALHO E CONDUZIR O DESEMPENHO

8ª edição

gen | atlas

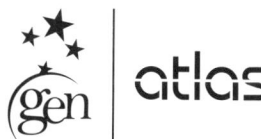

- O autor deste livro e a editora empenharam seus melhores esforços para assegurar que as informações e os procedimentos apresentados no texto estejam em acordo com os padrões aceitos à época da publicação, e *todos os dados foram atualizados pelo autor até a data de fechamento do livro.* Entretanto, tendo em conta a evolução das ciências, as atualizações legislativas, as mudanças regulamentares governamentais e o constante fluxo de novas informações sobre os temas que constam do livro, recomendamos enfaticamente que os leitores consultem sempre outras fontes fidedignas, de modo a se certificarem de que as informações contidas no texto estão corretas e de que não houve alterações nas recomendações ou na legislação regulamentadora.
- Data do fechamento do livro: 10/11/2021
- O autor e a editora se empenharam para citar adequadamente e dar o devido crédito a todos os detentores de direitos autorais de qualquer material utilizado neste livro, dispondo-se a possíveis acertos posteriores caso, inadvertida e involuntariamente, a identificação de algum deles tenha sido omitida.
- **Atendimento ao cliente: (11) 5080-0751 | faleconosco@grupogen.com.br**
- Direitos exclusivos para a língua portuguesa
  Copyright © 2022 by
  Editora Atlas Ltda.
  Uma editora integrante do GEN | Grupo Editorial Nacional
  Travessa do Ouvidor, 11
  Rio de Janeiro – RJ – 20040-040
  www.grupogen.com.br
- Reservados todos os direitos. É proibida a duplicação ou reprodução deste volume, no todo ou em parte, em quaisquer formas ou por quaisquer meios (eletrônico, mecânico, gravação, fotocópia, distribuição pela Internet ou outros), sem permissão, por escrito, da Editora Atlas Ltda.
- Capa: Bruno Sales
- Editoração eletrônica: LWO Produção Editorial
- Ficha catalográfica

**CIP-BRASIL. CATALOGAÇÃO NA PUBLICAÇÃO
SINDICATO NACIONAL DOS EDITORES DE LIVROS, RJ**

C458d
8. ed.

Chiavenato, Idalberto
Desempenho humano nas empresas: como desenhar o trabalho e conduzir o desempenho / Idalberto Chiavenato. – 8. ed. – Barueri [SP] : Atlas, 2022.
24 cm. (Recursos Humanos)

Inclui bibliografia e índice
ISBN 978-65-5977-045-8

1. Pessoal – Avaliação. 2. Padrões de desempenho. I. Título II. Série.

21-73857   CDD: 658.3125
                                           CDU: 005.962

Leandra Felix da Cruz Candido - Bibliotecária - CRB-7/6135

À Rita.

Minha esposa e mentora dos momentos mais felizes da minha vida, dedico este livro com todo fervor e afeto.

Parabéns!

Além da edição mais completa e atualizada do livro *Desempenho Humano nas Empresas*, agora você tem acesso à Sala de Aula Virtual do Prof. Idalberto Chiavenato.

Chiavenato Digital é a solução que você precisa para complementar seus estudos.

São diversos objetos educacionais, como vídeos do autor, mapas mentais, estudos de caso e muito mais!

Para acessar, basta seguir o passo a passo descrito na orelha deste livro.

Bons estudos!

Confira o vídeo de apresentação da plataforma pelo autor.

uqr.to/hs6d

empre que o ícone  aparece, há um
onteúdo disponível na Sala de Aula Virtual.

CHIAVENÁRIO
Glossário interativo com as principais terminologias utilizadas pelo autor.

CASOS DE APOIO
Simulações de situações reais ajudam na aplicação prática dos conceitos.

VÍDEOS
Vídeos esclarecedores e complementares aos conteúdos da obra são apresentados pelo autor.

SAIBA MAIS
Conteúdos complementares colaboram para aprofundar o conhecimento.

EXERCÍCIOS
Ferramentas para estimular a aprendizagem.

MODELOS PARA DOWNLOAD
Modelos disponíveis para *download* auxiliam na rotina de profissionais e estudantes.

TENDÊNCIAS EM GH
Atualidades e novos paradigmas da *Administração* são apresentados.

SOBRE O AUTOR

Idalberto Chiavenato é Doutor e Mestre em Administração pela City University Los Angeles (Califórnia, EUA), especialista em Administração de Empresas pela Escola de Administração de Empresas de São Paulo da Fundação Getulio Vargas (FGV EAESP), graduado em Filosofia e Pedagogia, com especialização em Psicologia Educacional, pela Universidade de São Paulo (USP), e em Direito pela Universidade Presbiteriana Mackenzie.

Professor honorário de várias universidades do exterior e renomado palestrante ao redor do mundo, foi professor da FGV EAESP. Fundador e presidente do Instituto Chiavenato, é membro vitalício da Academia Brasileira de Ciências da Administração. Conselheiro e vice-presidente de Assuntos Acadêmicos do Conselho Regional de Administração de São Paulo (CRA-SP).

Autor de 48 livros nas áreas de Administração, Recursos Humanos, Estratégia Organizacional e Comportamento Organizacional publicados no Brasil e no exterior. Recebeu três títulos de *Doutor Honoris Causa* por universidades latino-americanas e a Comenda de Recursos Humanos pela ABRH-Nacional.

APRESENTAÇÃO DA SÉRIE

Caro leitor,

Nossa *Série RH* foi dividida em cinco livros, cada um deles focado especificamente em um dos seus temas básicos, idealizando facilitar para o leitor que tenha interesse em apenas determinado assunto dessa área tão importante e relevante do mundo empresarial. Por esse motivo, todos os livros da série, exceto o *Administração de Recursos Humanos – Gestão Humana*, iniciam-se com o mesmo conteúdo em seu primeiro capítulo, que envolve os fundamentos básicos da área. Esse capítulo, nomeado O *Sistema de Gestão Humana*, traz em seu título uma inovação: passamos a utilizar o termo *Gestão Humana* no lugar de *Recursos Humanos*. Não é uma simples mudança de nome e explicaremos o motivo adiante.

A Era Industrial – em suas duas primeiras revoluções – trouxe importantes transformações para a sociedade e, em particular, para as organizações. Apesar das empresas serem constituídas por recursos físicos e por pessoas, o paradigma da produção em alta escala, protagonizada por esse evento, focou em uma gestão eficiente e no constante aumento da produtividade.

Essa visão, presente desde os tempos do taylorismo e do fordismo, foi bem caracterizada no filme *Tempos Modernos* (1936), do gênio Charles Chaplin (1889-1977), ao retratar, por meio de seu personagem *The Little Tramp* (O Vagabundo), as altas robotização e especialização do ser humano, considerado na época como um apêndice da máquina. O trabalhador, portanto, era visto como mais um recurso na pirâmide hierárquica, ou seja, mais um ativo para auxiliar a empresa a resolver alguns problemas que a máquina por si só não podia fazer. Todavia, o que é um "ativo", no conceito econômico utilizado pelas empresas, senão um conjunto de bens e de posses, passível de se transformar em dinheiro?

Apesar de a sociedade já ter vivido três Revoluções Industriais (a segunda marcada pelo desenvolvimento da indústria química; a terceira, pela substituição da mecânica analógica pela digital e pelo uso da internet) e, a partir de 2011, estar vivendo a quarta, que utiliza os recursos tecnológicos disponíveis para geração de conhecimento e produtividade, muitas organizações, em plena Era Digital, ainda se apropriam do termo Recursos Humanos quando se referem ao bem mais valioso que possuem: *suas pessoas*.

Pessoas não são recursos, assim como não são ativos. A organização não tem a posse ou a propriedade sobre seus colaboradores. Ela deve, contudo, adquirir seu compromisso, sua confiança e seu engajamento caso queira fazer a diferença em um mercado altamente competitivo e volátil.

Diferentemente da Era Industrial, em que os trabalhadores eram selecionados, muitas vezes, por sua capacidade física, atualmente as pessoas que colaboram para o sucesso da organização são valorizadas por suas competências, pelo seu conhecimento, compromisso e compartilhamento com os valores organizacionais.

Considerando, portanto, que a palavra "recurso" remete a um período industrial temporalmente distante em que o ser humano era considerado somente mais um ativo utilizado para rodar a engrenagem organizacional, as obras desta série passaram a utilizar o conceito de *Gestão Humana* no lugar de *Recursos Humanos*. Esta será a última edição com esses termos antigos nos títulos dos livros da série, uma vez que a intenção é mudar a forma como esses termos são tratados. Dessa forma, iniciamos uma mudança gradual, com atualizações nos subtítulos:

Edição anterior	Edição atual
Administração de Recursos Humanos: fundamentos básicos	Administração de Recursos Humanos – Gestão Humana: fundamentos básicos
Planejamento, Recrutamento e Seleção de Pessoas: como agregar talentos à empresa	Planejamento, Recrutamento e Seleção de Pessoal: como agregar talentos à empresa
Desempenho Humano nas Empresas: como desenhar cargos e avaliar o desempenho para alcançar resultados	Desempenho Humano nas Empresas: como desenhar o trabalho e conduzir o desempenho
Treinamento e Desenvolvimento de Recursos Humanos: como incrementar talentos na empresa	Treinamento e Desenvolvimento de Recursos Humanos: como incrementar talentos na empresa (título não sofreu alteração)
Remuneração, Benefícios e Relação de Trabalho: como reter talentos na organização	Remuneração, Benefícios e Relações de Trabalho: como reter talentos na organização

Mas o que seria a Gestão Humana? Em vez de utilizar somente a técnica, como sugere o termo *recursos*, a Gestão Humana vai além: ela busca a valorização das pessoas, seu desenvolvimento e suas competências nas organizações em que atuam. Recursos são administrados pois são inertes, estáticos, padronizados e sem vida própria. Pessoas, não. Elas devem ser engajadas, empoderadas, impulsionadas e lideradas, pois são inteligentes, competentes, ativas e proativas. Assim, as organizações que investem no seu Capital Humano, dando-lhes oportunidades de progresso e avanço intelectual, obterão o melhor de sua gente e, portanto, melhores retornos. Em plena Era Digital, em um mundo altamente flexível, instável e competitivo, as pessoas são para as organizações o principal diferencial para que elas alcancem competitividade, crescimento e sustentabilidade.

Desejamos, portanto, que as obras desta série sirvam de ponto de partida para o desenvolvimento de uma Gestão mais Humana, colaborativa, inclusiva e sustentável.

Idalberto Chiavenato

TÍTULOS DA SÉRIE

A série oferece a literatura fundamental e intensamente atualizada para os especialistas que lidam com a área de RH, para os que lidam com equipes de pessoas em qualquer nível da empresa e para todos que pretendem dedicar-se a essa área fundamental, com o objetivo de alcançar o sucesso organizacional no dinâmico e competitivo mundo atual.

A série é composta pelos seguintes livros:

Administração de Recursos Humanos – Gestão Humana: fundamentos básicos – 9ª edição
Saber lidar com pessoas tornou-se uma responsabilidade pessoal, indelegável e crucial de todos aqueles que ocupam posições executivas ou de liderança.
O livro fornece uma visão abrangente da interação entre pessoas e organizações, a compreensão da dinâmica das organizações, da sua missão e visão de futuro, seu relacionamento com o ambiente externo e a necessidade de competências essenciais para o seu sucesso. Permite a compreensão das pessoas e da variabilidade humana, a necessidade de comunicação e motivação para dinamizar o comportamento humano e novos conceitos sobre o capital humano. Proporciona, ainda, uma visão abrangente da administração de RH como responsabilidade de linha e função de *staff*, suas políticas e objetivos e a íntima conexão entre capital humano e capital intelectual.

Planejamento, Recrutamento e Seleção de Pessoal: como agregar TALENTOS à empresa – 9ª edição
Atrair e agregar talentos significa pensar não somente nas atividades presentes e nas operações cotidianas da empresa, mas principalmente em seus futuro e destino. A obra mostra como funciona o sistema de provisão de recursos humanos em toda a sua extensão e as melhores práticas de planejamento da Gestão Humana (GH) e de recrutamento e seleção de pessoas para atrair talentos e aumentar o capital humano: o patrimônio mais importante de uma empresa moderna.

Desempenho Humano nas Empresas: como desenhar o trabalho e conduzir o desempenho – 8ª edição
Não basta ter pessoas na organização, pois isso não significa necessariamente ter talentos. E também não basta ter talentos: é preciso saber utilizá-los, rumo aos objetivos

pretendidos. Assim, torna-se necessária uma plataforma para esse propósito. Descrever e analisar cargos não é suficiente. Chame de cargos, posições, atividades – ou o nome que queira –, é fundamental saber modelar o trabalho das pessoas (seja individual, seja em equipe) e avaliar o desempenho delas, sem esquecer-se de que desempenho é um meio para alcançar metas e objetivos. Com isso, resultados são alcançados e é agregado valor ao negócio, ao cliente e, sobretudo, ao colaborador.

Desse modo, o livro mostra como funciona o sistema de aplicação de recursos humanos em toda a sua extensão, bem como as melhores práticas de modelagem do trabalho e de avaliação do desempenho humano.

Treinamento e Desenvolvimento de Recursos Humanos: como incrementar TALENTOS na empresa – 9ª edição

Não é suficiente atrair e reter talentos. O conhecimento constitui a moeda mais valiosa no mundo dos negócios, e é preciso que as pessoas aprendam a se atualizar continuamente para darem conta do *gap* de conhecimento que impera nas organizações. A obra mostra como funciona o sistema de desenvolvimento da Gestão Humana (GH) em toda a sua extensão, bem como as melhores práticas para treinar e desenvolver pessoas e organizações. Apresenta também as práticas de educação corporativa, de gestão do conhecimento e das competências para incrementar o capital intelectual da empresa.

Remuneração, Benefícios e Relações de Trabalho: como reter TALENTOS na organização – 8ª edição

Não basta conquistar talentos para a empresa: é preciso saber mantê-los estimulados e ativos. Para isso, a empresa deve se tornar o melhor lugar para se trabalhar. O livro mostra como funciona o sistema de manutenção de recursos humanos em toda a sua extensão, além das melhores práticas de remuneração, de oferta de benefícios e de serviços sociais, e aspectos do ambiente de trabalho e das relações trabalhistas. Trata, ainda, da remuneração variável (baseada em habilidades e competências) e da flexibilização dos benefícios e da previdência privada. Como apoio, aborda as modernas relações trabalhistas atuais.

PREFÁCIO

Quando se fala em dinâmica organizacional – como uma organização vibra, palpita, funciona e faz as coisas acontecerem –, surge o desempenho humano como o seu aspecto mais visível e emblemático. Ele constitui o momento mais importante do subsistema de aplicação do talento humano: a maneira como as pessoas trabalham harmônica e integradamente e alcançam resultados impressionantes em uma longa e complexa cadeia de criação de valor. Uma complicada e constante movimentação envolvendo vários tons, ritmos, cadências, atividades diferenciadas nas relações e contatos na busca da excelência operacional. Tudo isso não é improvisado. Pelo contrário, deve ser cuidadosamente planejado e organizado com precisão para que possa funcionar eficientemente com a regularidade de um relógio, em muitos casos, mas sempre com imaginação, criatividade e inovação.

É bonito e agradável ver de longe as pessoas ocupadas em seus trabalhos, pois quando se visita uma organização, é muito comum encontrar todo mundo ali focado em algo ou realizando alguma atividade diferente. E desse mundo se percebe a constante geração de produtos, serviços, entretenimento, cultura, educação, dados, informação, energia e uma enorme variedade de bens e serviços que a sociedade requer e aguarda insistentemente. Uma enorme e incansável criação de valor e de riqueza em direção ao mercado e à sociedade.

Estamos vivendo a Era Digital, que se caracteriza por mudanças rápidas e radicais, acelerado avanço tecnológico e uma verdadeira guerra por talentos na busca de novas competências e vantagens competitivas. As organizações estão buscando talentos no mercado a fim de manter e garantir a sua competitividade e sustentabilidade em um mundo de negócios altamente dinâmico, mutável, competitivo e exponencial. Uma verdadeira arena, onde se digladiam organizações em uma infindável batalha por vantagens competitivas para o alcance de resultados capazes de permitir retornos significativos a todos os públicos estratégicos do seu negócio. O desempenho organizacional depende de todos eles, de dentro e de fora de cada organização, em uma ampla sinergia coletiva. Uma verdadeira e inteligente aposta no seu presente e no seu futuro.

Idalberto Chiavenato

SUMÁRIO

Capítulo 1

O SISTEMA DE GESTÃO HUMANA, 1

INTRODUÇÃO, 1

1.1 SUBSISTEMAS DE GH, 5

1.2 ORGANIZAÇÃO COMO UM CONJUNTO INTEGRADO DE COMPETÊNCIAS, 10

RESUMO, 13

TÓPICOS PRINCIPAIS, 14

QUESTÕES PARA DISCUSSÃO, 14

REFERÊNCIAS, 14

Capítulo 2

O SUBSISTEMA DE APLICAÇÃO DE TALENTOS: COMO APLICAR TALENTOS, 15

INTRODUÇÃO, 16

2.1 AVALIAÇÃO DOS PROCESSOS DE APLICAÇÃO DE PESSOAS, 17

2.2 PRINCÍPIOS PSICOLÓGICOS DO SUBSISTEMA DE APLICAÇÃO DE PESSOAS, 18

    2.2.1 Necessidade de um ecossistema para a comunidade colaborativa de talentos, 20

RESUMO, 21

TÓPICOS PRINCIPAIS, 21

QUESTÕES PARA DISCUSSÃO, 21

REFERÊNCIAS, 22

Capítulo 3

COMUNIDADE COLABORATIVA DE TALENTOS E SOCIALIZAÇÃO ORGANIZACIONAL, 23

INTRODUÇÃO, 24

3.1 COMUNIDADE COLABORATIVA DE TALENTOS, 24
    3.1.1 Planejamento estratégico da comunidade colaborativa de talentos, 26
    3.1.2 Ecossistema da comunidade colaborativa de talentos, 29
    3.1.3 Dinâmica da comunidade colaborativa de talentos, 30

3.2 SOCIALIZAÇÃO ORGANIZACIONAL, 33
    3.2.1 Métodos para promover a socialização, 35
    3.2.2 Organização como um sistema de papéis, 38
    3.2.3 Desempenho de papel, 39

3.3 ENGAJAMENTO DE TALENTOS, 40
    3.3.1 Grau de engajamento dos talentos, 42
    3.3.2 *Ikigai*, 46

RESUMO, 48

TÓPICOS PRINCIPAIS, 48

QUESTÕES PARA DISCUSSÃO, 48

REFERÊNCIAS, 49

Capítulo 4
MODELAGEM DO TRABALHO, 51

INTRODUÇÃO, 52

4.1 CONCEITUAÇÃO DE TRABALHO, 52

4.2 CONCEITUAÇÃO DE DESENHO DE CARGO, 53

4.3 MODELOS DE DESENHO DE CARGOS, 54
    4.3.1 Modelo tradicional de desenho de trabalhos, 54
    4.3.2 Modelo contingencial de modelagem de trabalhos, 58

4.4 A MODELAGEM DO TRABALHO E O SER HUMANO, 65

4.5 COMO OBTER SATISFAÇÃO INTRÍNSECA NO TRABALHO, 65
    4.5.1 Enriquecimento de trabalhos, 67
    4.5.2 Abordagem motivacional ao desenho de trabalhos, 71

4.6 EQUIPES DE TRABALHO, 75
    4.6.1 Construção de equipes, 75
    4.6.2 Gestor como líder de equipes, 76
    4.6.3 Características de equipes de elevado desempenho, 78
    4.6.4 *Empowerment*, 79
    4.6.5 Alavancadores do *empowerment*, 80
    4.6.6 Agilidade organizacional, 82
    4.6.7 Transformação ágil, 84
    4.6.8 Cultura empreendedora, 84

4.7 QUALIDADE DE VIDA NO TRABALHO, 86

RESUMO, 90

TÓPICOS PRINCIPAIS, 90

QUESTÕES PARA DISCUSSÃO, 91

REFERÊNCIAS, 91

Sumário xix

Capítulo 5
DESCRIÇÃO E ANÁLISE DE TRABALHOS, 95
INTRODUÇÃO, 96

5.1 DESCRIÇÃO DE TRABALHOS, 97

5.2 ANÁLISE DE TRABALHOS, 97
    5.2.1 Estrutura da análise de trabalhos, 98

5.3 MÉTODOS DE DESCRIÇÃO E ANÁLISE DE TRABALHOS, 101
    5.3.1 Método da observação direta, 102
    5.3.2 Método do questionário, 103
    5.3.3 Método da entrevista, 104
    5.3.4 Métodos mistos, 105

5.4 FASES DA ANÁLISE DE TRABALHOS, 106
    5.4.1 Fase de planejamento, 106
    5.4.2 Fase de preparação, 107
    5.4.3 Fase de execução, 108

5.5 OBJETIVOS DA DESCRIÇÃO E ANÁLISE DE TRABALHOS, 109

RESUMO, 112

TÓPICOS PRINCIPAIS, 112

QUESTÕES PARA DISCUSSÃO, 112

REFERÊNCIAS, 113

Capítulo 6
GESTÃO E REVISÃO DO DESEMPENHO HUMANO, 115
INTRODUÇÃO, 116

6.1 CONCEITO DE DESEMPENHO, 116
    6.1.1 Objetivos de desempenho, 119

6.2 GESTÃO DO DESEMPENHO HUMANO, 121
    6.2.1 Agilidade em uma era exponencial, 123
    6.2.2 Organizações ágeis, 124

6.3 MONITORAMENTO DO DESEMPENHO HUMANO, 127

6.4 APRECIAÇÃO E REVISÃO DO DESEMPENHO HUMANO, 127
    6.4.1 O que é apreciação, revisão e *feedback* de desempenho humano, 128
    6.4.2 Responsabilidade pela apreciação e *feedback* do desempenho humano, 129
    6.4.3 Objetivos da apreciação e da revisão do desempenho humano, 132
    6.4.4 Benefícios da apreciação e da revisão do desempenho humano, 133
    6.4.5 E como ficam as métricas?, 135

6.5 MÉTODO TRADICIONAL DE RETROAÇÃO DO DESEMPENHO HUMANO, 136
    6.5.1 O velho método das escalas gráficas, 136

6.6 NOVAS TENDÊNCIAS EM REVISÃO DO DESEMPENHO HUMANO, 140
    6.6.1 Revendo a autogestão da carreira, 147

6.7 APRECIAÇÃO E REVISÃO DO DESEMPENHO HUMANO, 148
    6.7.1 Significado do trabalho, 150
    6.7.2 O papel da GH na Gestão do Desempenho Humano, 151

RESUMO, 152

TÓPICOS PRINCIPAIS, 153

QUESTÕES PARA DISCUSSÃO, 153

REFERÊNCIAS, 154

ÍNDICE ALFABÉTICO, 157

1 O SISTEMA DE GESTÃO HUMANA

OBJETIVOS DE APRENDIZAGEM

- Compreender os processos de GH.
- Descrever o atual contexto da GH moderna.
- Entender os subsistemas de GH como base da geração dos resultados organizacionais.
- Compreender as competências organizacionais integradas como novo paradigma para a competitividade organizacional.

O QUE VEREMOS ADIANTE

- Os subsistemas da Gestão Humana (GH).
- A organização como um conjunto integrado de competências.

CASO INTRODUTÓRIO
Grupo J.K.

Murilo Mendes foi contratado como novo gestor da área de GH do Grupo J.K. Seu desafio: modernizar a GH, cujo foco ainda estava vinculado ao modelo tradicional de gestão, herdado da Era Industrial. Para realizar a mudança, que não seria pequena – haja vista que envolveria mudar o DNA da organização –, Murilo decidiu se reunir com sua equipe para analisar, em conjunto, a situação atual da área, a fim de situar a GH no negócio do Grupo J.K. e, posteriormente, propor mudanças. Se você fosse um dos funcionários de Murilo, qual(is) seria(m) sua(s) proposta(s) de mudança(s)?

INTRODUÇÃO

Em plena Era do Conhecimento, a base da excelência organizacional passou a ser o elemento humano, e a Era Digital se incumbiu de intensificá-la cada vez mais graças às modernas tecnologias avançadas. A globalização, o intenso desenvolvimento tecnológico e a mudança e a transformação da sociedade fazem com que a capacidade de sobrevivência e excelência das organizações passe cada vez mais a depender forte e diretamente das habilidades e das competências dos talentos que nelas participam ativamente. Em um mundo de negócios caracterizado por mudanças exponenciais, as organizações precisam rápida e decisivamente reorientar seus rumos, mudar processos, modificar produtos e serviços, alterar estratégias, utilizar novas tecnologias emergentes, conhecer as aspirações dos clientes, compreender as armadilhas estratégicas dos concorrentes e saber surfar nas ondas de um mercado dinâmico, mutável e extremamente competitivo. E quem faz tudo isso dentro das organizações? Elas próprias? A tecnologia ajuda, e muito, os recursos financeiros e materiais contam, mas quem toma as decisões? Quem avalia as situações, quem pensa, interpreta, raciocina e age dentro das organizações? Quem visualiza o mercado, atende o cliente e avalia as suas expectativas? Quem introduz inteligência, imaginação, criatividade e inovação? São as pessoas que pensam, interpretam, avaliam, raciocinam, decidem e agem dentro das organizações. O segredo das organizações bem-sucedidas é saber agregar valores humanos e integrá-los, engajá-los e alinhá-los em suas atividades, além de saber buscar talentos no mercado que tenham condições de ajudar a organização a navegar pelas turbulências dessa nova era.

Nesse aspecto, os subsistemas de provisão de GH constituem a fonte inesgotável desses valores e talentos humanos capazes de formar o cérebro, a inteligência e o sistema nervoso da organização moderna.

Aumente seus conhecimentos sobre **Sistema de Gestão Humana** na seção *Saiba mais* DHE 1.1

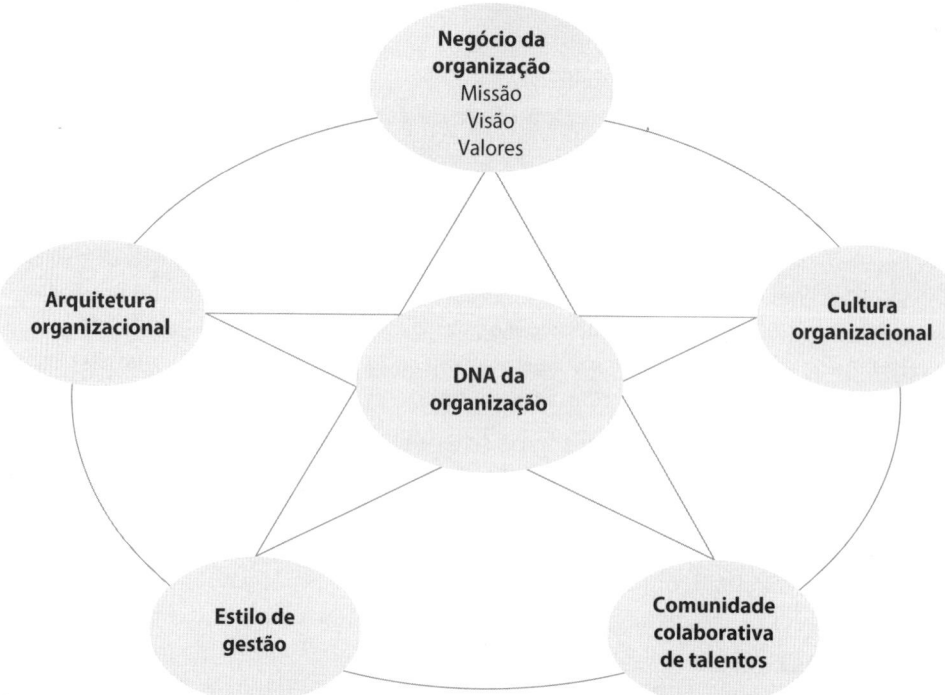

Figura 1.1 O DNA das organizações.

Acesse conteúdo sobre **O DNA das organizações** na seção *Tendências* em GH 1.1

A GH é uma área extremamente sensível a três aspectos organizacionais: a arquitetura organizacional adotada, a cultura corporativa dominante e o estilo de gestão adotado pelas lideranças. Por isso, a GH é contingencial e situacional. Depende do desenho organizacional adotado em função da estratégia global, da mentalidade que existe em cada organização e do estilo de gestão que presidente, diretores, gestores, supervisores e líderes de equipes adotam. Além disso, depende das características do contexto ambiental, do negócio da organização, de suas características internas, de seus processos básicos e de um sem-número de outras variáveis importantes.

Assim, enfatizamos: a Era da Informação colocou o conhecimento como o mais importante recurso organizacional, e a Era Digital o tornou uma riqueza intangível, invisível e fundamental para o sucesso das organizações. Tudo isso trouxe à tona situações completamente inesperadas. Uma delas é a extraordinária e crescente importância do capital intelectual como riqueza organizacional.

TENDÊNCIAS EM GH

O que é de valor para as organizações

Atualmente, a empresa mais valiosa do mundo não é mais a maior empresa do mundo – nem a General Motors, nem o Walmart –, como se poderia esperar pelo valor extraordinário de seus patrimônios contábeis ou tangíveis. A Microsoft – que ocupa o 161º lugar em termos de faturamento – chegou a ser a empresa com o maior valor de mercado do mundo: hoje, ela vale, em bolsa, mais de 100 vezes o valor de seu ativo tangível. A IBM comprou a Lótus por 15 vezes o seu valor patrimonial. Isso significa que as empresas não valem apenas por seu patrimônio físico ou contábil, mas também pelo valor que seus talentos são capazes de agregar ao seu negócio. É o que ocorre com organizações como Amazon, Apple, Google, Microsoft e todas aquelas cujo valor de mercado decolou às alturas. Afinal, estamos na Era do Capital Intelectual.

O trabalhador braçal está cada vez mais se tornando um trabalhador intelectual. Essa forte migração do trabalho manual e físico para a atividade cerebral e intelectual faz com que a seleção e a constante formação e capacitação das pessoas estejam em primeiro lugar nas prioridades das organizações. A importância do trabalhador intelectual – *knowledge worker*, capaz de trabalhar com a cabeça e participar ativa e proativamente na condução dos negócios da empresa – é o divisor de águas entre as empresas bem-sucedidas e aquelas que ainda pretendem sê-lo. O capital intelectual significa inteligência competitiva e representa um ativo intangível que a contabilidade moderna tem dificuldade de manipular por meio de seus procedimentos tradicionais. Um ativo intangível que reside na cabeça das pessoas: são elas que aprendem e adquirem o conhecimento e, a partir daí, percebem, pensam, interpretam, raciocinam, tomam decisões e agem dentro das empresas. Mais do que isso são as pessoas que criam novos produtos e serviços, visualizam a concorrência, melhoram os processos internos e encantam os clientes. São elas que dão vida, emoção, razão e ação para as organizações.

De modo geral, a competitividade e a sustentabilidade das organizações, agora dependem do conhecimento que as pessoas trazem para a organização. E nada mais esclarecedor, criativo, inovador e mutável do que o conhecimento. O segredo das organizações bem-sucedidas é saber consolidar, compartilhar e reciclar o conhecimento entre os seus talentos; treinar, preparar e desenvolver os colaboradores que tenham condições permanentes de lidar com a mudança e a inovação, de criar e proporcionar valor à organização e aos públicos estratégicos e, sobretudo, de mantê-la sempre eficiente, eficaz e competitiva em um mundo globalizado, mutável, caótico e exponencial. Nesse aspecto, o Subsistema de Provisão de GH constitui a fonte inesgotável desses valores e talentos humanos capazes de formar a inteligência, o cérebro e o sistema nervoso central da organização moderna.

Em uma era repleta de mudanças, incertezas, restrições, problemas, ameaças e dificuldades de toda sorte, em que avultam a inflação, a recessão e o desemprego, a GH se torna cada vez mais complexa e desafiante.

Entretanto, o importante é que a área de GH está passando também por grandes mudanças e inovações, sobretudo agora, com a crescente globalização dos negócios e a gradativa exposição à forte concorrência mundial, quando as palavras de ordem passaram a ser "produtividade", "qualidade" e "competitividade". Nesse novo contexto, as pessoas deixam de ser o problema das organizações para ser a solução de seus problemas. As pessoas deixam de ser o desafio tradicional para tornar-se a vantagem competitiva das organizações que sabem como lidar com elas e levá-las ao sucesso. As pessoas deixam de ser o recurso organizacional mais importante para tornar-se o parceiro principal do negócio da organização.

TENDÊNCIAS EM GH

Robôs

As máquinas inteligentes podem complementar a inteligência humana no consórcio entre seres humanos e robôs inteligentes, atuando em redundância e ajuda colaborativa por meio da inteligência artificial. A imagem popular a respeito dos robôs não é lá muito positiva. Contudo, os robôs – especialmente aqueles superinteligentes – provavelmente serão bem-vindos. O futuro o dirá, quando houver um aumento na extraordinária capacidade da futura força de trabalho. O que é certo é que a combinação do ser humano com a inteligência artificial implicará uma profunda mudança na estrutura de nossas organizações e da futura força de trabalho. Essa estreita integração entre talentos e máquinas implicará profundamente nas novas características da provisão de GH, que deverá contar com ambos.

1.1 SUBSISTEMAS DE GH

A GH deve ser abordada como um sistema holístico e integrado. Nessa abordagem sistêmica, a GH é um sistema composto de cinco subsistemas, conforme ilustrado na Figura 1.2.

Figura 1.2 GH e seus subsistemas.[1]

Esses cinco subsistemas básicos da GH estão explicados no Quadro 1.1.

Quadro 1.1 Os cinco subsistemas básicos de GH

Subsistema	Objetivo	Atividades envolvidas
Provisão	Quem irá trabalhar na organização	■ Pesquisa de mercado de GH ■ Recrutamento de pessoas ■ Seleção de pessoas ■ Máquinas inteligentes
Aplicação	O que as pessoas farão na organização	■ Integração de pessoas ■ Integração de máquinas e pessoas ■ Desenho de cargos ■ Descrição e análise de cargos ■ Gestão do desempenho
Manutenção	Como manter as pessoas na organização	■ Remuneração e compensação ■ Benefícios e serviços sociais ■ Higiene e segurança do trabalho ■ Relações sindicais
Desenvolvimento	Como preparar e desenvolver pessoas	■ Treinamento ■ Desenvolvimento organizacional
Monitoração	Como saber o que são e o que fazem as pessoas	■ Banco de dados ■ Sistemas de informação ■ Balanço social

Esses cinco subsistemas relacionados com atrair, aplicar, reter, desenvolver e monitorar talentos estão intimamente relacionados e fazem parte de um sistema maior: a GH. Todos eles precisam estar integrados e balanceados para que o resultado global do sistema maior seja aumentado e expandido. O resultado global aumenta à medida que todos os subsistemas estejam perfeitamente articulados e sintonizados entre si, cada um influenciando positivamente os demais para gerar sinergia. Cada um desses subsistemas envolve os tópicos elencados no Quadro 1.2.

Quadro 1.2 Principais tópicos abrangidos pelos subsistemas de GH

Subsistemas	Tópicos abrangidos
Provisão	■ Planejamento de GH ■ Recrutamento de pessoal ■ Seleção de pessoal ■ Máquinas inteligentes
Aplicação	■ Integração de pessoas ■ Integração de máquinas e pessoas ■ Descrição e análise de cargos ■ Gestão do Desempenho Humano
Manutenção	■ Compensação ■ Benefícios sociais ■ Higiene e segurança ■ Relações sindicais
Desenvolvimento	■ Treinamento e desenvolvimento de pessoas ■ Desenvolvimento organizacional
Monitoração	■ Banco de dados e sistemas de informação ■ Auditoria de GH

Os cinco subsistemas formam um processo global e dinâmico por meio do qual as pessoas são captadas e atraídas, aplicadas em suas tarefas, mantidas na organização, desenvolvidas e monitorizadas pela organização. O processo global nem sempre apresenta essa sequência, devido à íntima interação entre os subsistemas e pelo fato de eles não estarem relacionados entre si de uma única e específica maneira. Eles são contingentes ou situacionais, variam conforme a organização e dependem de fatores ambientais, organizacionais, humanos, tecnológicos etc. São extremamente variáveis e, embora interdependentes, o fato de um deles mudar ou desenvolver-se em certa direção não significa que os outros mudem ou se desenvolvam exatamente na mesma direção e na mesma medida.

Figura 1.3 Uma nova visão da GH.

Na prática, os cinco subsistemas podem ser avaliados em um *continuum*, que vai desde uma abordagem tradicional (de subdesenvolvimento, na direita) até uma abordagem moderna (de superdesenvolvimento, na esquerda). Quando os subsistemas de GH são tratados tradicionalmente, eles mostram aspectos ultrapassados e obsoletos que merecem correções. E quando são desenhados adequadamente, eles se identificam com certos aspectos orgânicos e proativos que conduzem a área a níveis de excelência.

Embora seja desejável a uniformidade de critérios na condução de cada um dos subsistemas de GH, o que ocorre na prática é que muitas organizações ou executivos da área privilegiam alguns subsistemas em detrimento de outros, provocando desníveis ou assimetrias entre eles e até a perda dos efeitos de sinergia em função do seu tratamento conjunto. Como os subsistemas de GH variam em um *continuum*, que vai desde um modo precário, rudimentar e subdesenvolvido até um modo refinado, sofisticado e superdesenvolvido, o ideal seria a migração de todos os subsistemas para a extrema direita desse *continuum*, ou seja, no modo refinado, sofisticado e superdesenvolvido, para que as políticas e os procedimentos de GH sejam não apenas balanceados e compatíveis entre si, mas, sobretudo, bem formulados e fundamentados, como mostra a Figura 1.4.

Figura 1.4 O *continuum* do Sistema de GH.

 VOLTANDO AO CASO INTRODUTÓRIO
Grupo J.K.

Com o objetivo de situar a área de GH no negócio do Grupo J.K., Murilo Mendes iniciou uma série de mudanças. Apesar de a área de GH realizar com excelência suas atividades operacionais, no mundo contemporâneo e digital, isso não basta. A competitividade vem por meio da qualidade e da produtividade dos colaboradores e de seu engajamento com o DNA da organização, e não somente dos processos e dos equipamentos. Nesse contexto, Murilo deveria buscar uma visão estratégica para o Sistema de GH, além de almejar o equilíbrio entre seus processos. Se você fosse Murilo Mendes, o que faria?

Toda organização procura alcançar resultados globais do negócio, como valor econômico agregado, crescimento, maior participação no mercado e lucratividade. Esses são, em geral, os objetivos organizacionais mais almejados, nem sempre bem conhecidos pelos executivos de GH. Para alcançá-los, a organização precisa de clientes, para servi-los, atendê-los e satisfazê-los adequadamente. Afinal, são os clientes que garantem os resultados globais do negócio. Sem eles, nada feito. Para conquistar clientes, a organização precisa dispor de processos internos – como produtividade, qualidade e inovação – como impulsionadores do negócio. Esses impulsionadores dependem, por sua vez, de competências organizacionais; elas decorrem das competências do capital humano, como conhecimento, habilidades, competências, atitudes, comprometimento, adaptabilidade e flexibilidade, desempenho e foco em resultados. Para alcançar e consolidar tais competências do capital humano, são necessários subsistemas de GH, como prover, aplicar, manter, desenvolver e monitorar pessoas, como vimos anteriormente.

Na verdade, trata-se de uma relação de causa e efeito de caráter sinérgico. Fazendo uma engenharia reversa, são necessários processos de GH para proporcionar competências do capital humano, as quais permitem desenvolver os impulsionadores do negócio – como produtividade, qualidade e inovação –, que melhoram e catapultam os processos internos para servir ao cliente e proporcionar os resultados globais do negócio. O *Balanced Scorecard* (BSD) da Figura 1.5 permite uma visão condensada dessa relação causal.

Capítulo 1 – O Sistema de Gestão Humana 9

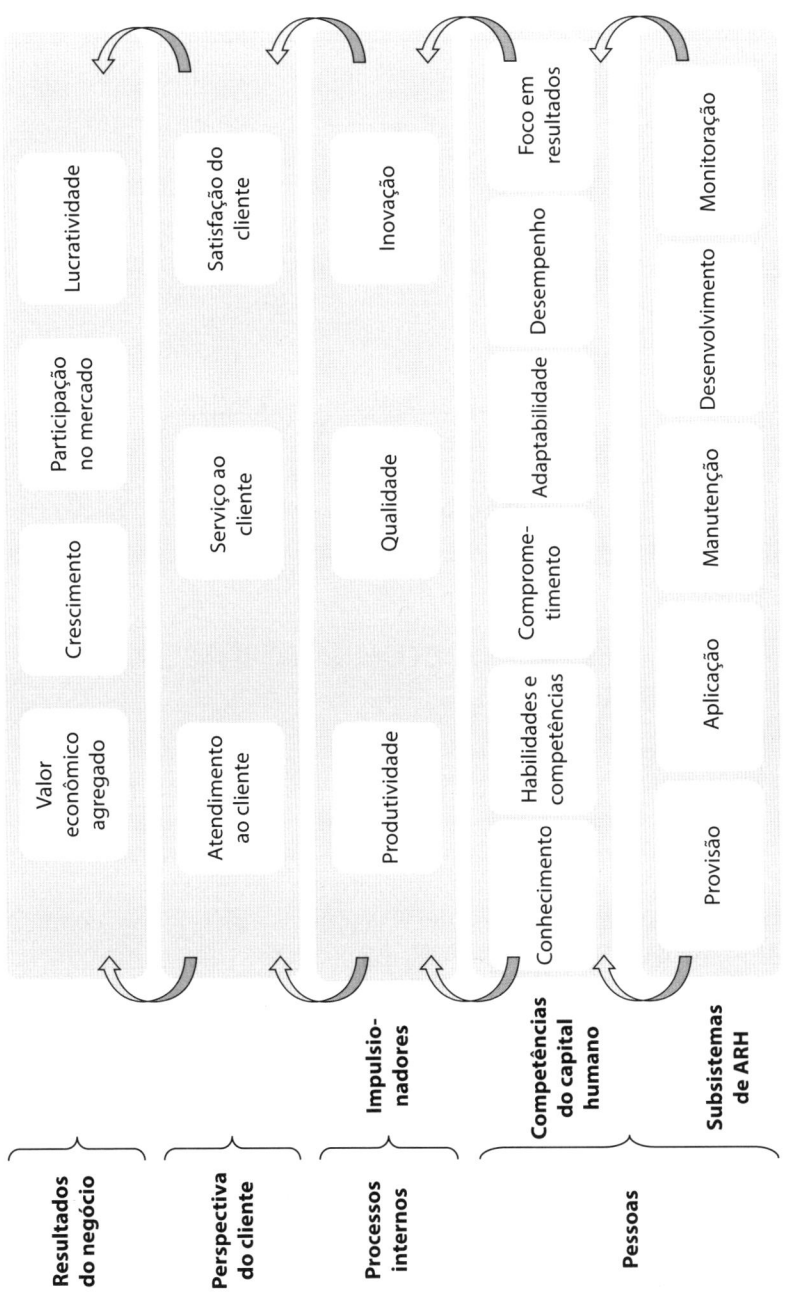

Figura 1.5 *Balanced Scorecard* de GH.[2]

Assim, a base fundamental para o alcance de resultados do negócio reside nos subsistemas de GH que cada organização é capaz de criar e utilizar. Para avaliar a GH, é necessário percorrer os indicadores de sua eficiência e eficácia:

- **Resultados do negócio:** são medidas do desempenho organizacional, análises financeiras, EVA, participação no mercado, lucratividade. Servem para indicar como a organização está sendo bem-sucedida em seus negócios. São os indicadores de resultado final.
- **Impulsionadores de desempenho:** são medidas de resultados intermediários, como produtividade, qualidade, inovação e satisfação do cliente. Os resultados finais do negócio são alcançados por meio do desempenho organizacional. São indicadores dos resultados intermediários que permitem o alcance dos resultados finais.
- **Competências humanas:** resultam do capital humano da organização e consistem das qualidades mais imediatas e visíveis – incluindo atitudes e habilidades – que são necessárias para alcançar resultados críticos do negócio. São as competências que conduzem aos resultados intermediários, que promovem o alcance dos resultados finais.
- **Sistema de GH:** consiste de práticas que conduzem a um forte e eficaz aumento do capital humano da organização. Envolve a conjugação dos subsistemas de GH, como provisão, aplicação, manutenção, desenvolvimento e monitoração da GH. Permite o aumento e a consolidação das competências humanas da organização.

Neste livro, abordaremos o Subsistema de Provisão de GH. Os demais subsistemas são abordados nos outros livros desta coleção, dedicada à GH.

1.2 ORGANIZAÇÃO COMO UM CONJUNTO INTEGRADO DE COMPETÊNCIAS

Durante toda a Era Industrial, as organizações eram entendidas como conjuntos articulados e integrados de recursos – humanos, financeiros, materiais, tecnológicos etc. –, no sentido de alcançar objetivos organizacionais. Esse conceito perdurou até o final do século passado e foi perfeitamente adequado para a época. Atualmente, na Era da Informação, esse conceito perdeu a vitalidade. Atualmente, as organizações são entendidas como conjuntos integrados e articulados de competências sempre atualizadas e prontas para serem aplicadas a qualquer oportunidade que surja, antes que os concorrentes o façam. E aí vem a pergunta: Onde foram parar os recursos? Hoje, eles não fazem mais parte do DNA da organização. Eles fazem parte da infraestrutura, da base, da plataforma em que atuam as competências. É que os recursos quase sempre são físicos e materiais, são coisas estáticas e sem vida, enquanto as competências são ativas e proativas, inteligentes e flexíveis. Essa é a razão pela qual a denominação *Recursos Humanos* está sendo criticada. Pessoas são pessoas e não simples recursos ou propriedades da organização. Recursos são mercadorias que podem ser compradas ou alugadas no mercado. Pessoas são seres vivos e inteligentes. Tratar pessoas como recursos é uma questão típica da Era Industrial. Essa era *não morreu*, nem desaparecerá, mas seus princípios e valores estão sendo substituídos por princípios e valores de uma nova era em que estamos vivendo: a Era da Informação. Por essa razão, em todas as obras desta série, alteramos a denominação *Recursos Humanos* para *Gestão Humana*, pois pessoas não são recursos ou *commodities* que devem ser tratados como coisas uniformes e padronizadas, mas como personalidades diferentes cheias de vida, aspirações e sonhos que precisam ser realizados.

O Recursos Humanos (RH) tradicional estava – ou ainda está – focado no conceito de cargo, uma decorrência do velho modelo burocrático. Todos os seus processos básicos estavam centrados no cargo: recrutar e selecionar para preencher cargos vagos, remunerar de acordo com a avaliação e a classificação dos cargos, treinar para preparar as pessoas para ocupar os cargos, avaliar em função do desempenho nos cargos, e assim por diante. Parece até que o RH funcionava unicamente em função dos cargos existentes na organização. Para tanto, ele descrevia e analisava cargos para poder moldar e translatar os processos de recrutamento, seleção, treinamento, administração de salários, avaliação do desempenho etc. Hoje, as organizações estão mudando radicalmente essa situação. Elas estão migrando rapidamente do velho conceito de cargo para conceitos novos, como trabalho em equipe (em vez do trabalho isolado e solitário) e a noção de competências organizacionais (como base para a competitividade organizacional). Em muitas partes deste livro, em que se cita a palavra *cargo*, ela pode ser traduzida para a nova versão de competência ou de equipe.

Visualizando a Figura 1.6, as competências essenciais para o sucesso de uma organização (que permitem garantir suas características de competitividade, liderança no mercado, oferta de valor ao cliente e imagem e reputação) precisam ser desdobradas em competências funcionais (distintas para cada área de atividade da organização), enquanto essas precisam ainda ser desdobradas em competências gerenciais (necessárias para o exercício de liderança das equipes) e em competências individuais das pessoas. Não se trata mais de preencher cargos, mas dotar a organização de competências que lhe proporcionem vantagem competitiva e inovação.

Figura 1.6 O desdobramento das competências organizacionais.

A construção, o desenvolvimento e a aplicação das competências organizacionais – e consequentemente, das competências funcionais, gerenciais e individuais – impõem um tratamento integrado ao Sistema de GH como um todo, no sentido de oferecer resultados como mostra a Figura 1.7.

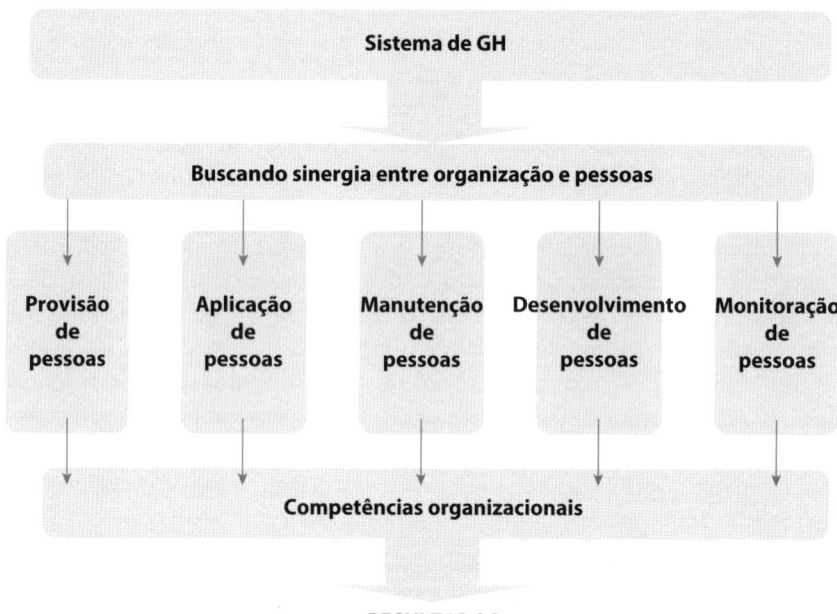

Figura 1.7 O Sistema de GH em busca de resultados.

 **VOLTANDO AO CASO INTRODUTÓRIO**
Grupo J.K.

Murilo Mendes iniciou seu processo de mudanças na GH do Grupo J.K. Todavia, ele percebeu que muito deveria ser feito para que a organização fosse mais competitiva. Um dos diagnósticos realizados por Mendes, por exemplo, foi a resistência em mudar o conceito tradicional e burocrático sobre cargos. Mendes pretende modificar a gestão tradicional de cargos, transformando-a em uma gestão por competências dentro do ambiente organizacional. O que você faria se estivesse no lugar de Mendes?

Contudo, a construção das competências organizacionais passa necessariamente pelo Subsistema de Provisão de GH. É por aí que ingressam os talentos que irão fazer parte da organização e por onde se planta e se cria o futuro dela. Ou seja, aquilo que a organização será no amanhã a partir dos talentos que hoje ingressam nela.

PARA REFLEXÃO

Assimetria nos subsistemas

O ideal seria que os subsistemas de GH trabalhassem em um formato uniforme. Todavia, percebemos que, em muitas organizações, alguns executivos ou gestores de GH privilegiam um em detrimento de outros, gerando assim desníveis. Essa assimetria pode gerar subsistemas que vão desde a precariedade até o refinado. O ideal é que exista um equilíbrio e que todos atuem em um modelo refinado, ou seja, do operacional (micro-orientado) para o estratégico (macro-orientado). Na organização em que você trabalha, como os subsistemas são tratados? Você percebe que existe privilégio de um dos subsistemas em detrimento de outros? Se sim, quais efeitos você considera que são resultantes desse desequilíbrio? Quem é (são) o(s) responsável(eis) por esse desequilíbrio?

RESUMO

O recurso mais importante da organização não é mais o capital financeiro, a tecnologia, as máquinas, os equipamentos e as instalações, nem o seu produto ou serviço. Tudo isso é consequência de um recurso maior e mais importante: as competências essenciais. E onde elas estão localizadas? Quase sempre elas residem nas pessoas. Porém, para que as pessoas aprendam, construam e apliquem essas competências, torna-se necessário um adequado Sistema de GH.

O Sistema de GH precisa necessariamente atuar como um sistema integrado e coordenado de cinco subsistemas:

1. Subsistema de Provisão de GH.
2. Subsistema de Aplicação de GH.
3. Subsistema de Manutenção de GH.
4. Subsistema de Desenvolvimento de GH.
5. Subsistema de Monitoração de Pessoas.

Todos esses subsistemas devem funcionar como vasos comunicantes e em íntima conexão para que o sistema que os contêm possa produzir sinergia e resultados excelentes.

É o Sistema de GH que permite transformar uma organização tradicional e baseada em recursos (financeiros, físicos, materiais etc.) em uma organização focada no futuro e baseada em competências essenciais para o seu sucesso. Essa passagem do físico e do tangível para o invisível, o intangível e o virtual está marcando fortemente a GH como um componente estratégico nas organizações atuais.

TÓPICOS PRINCIPAIS

Era do conhecimento	Competência funcional	Subsistema de manutenção
Competitividade	Subsistema de provisão	DNA organizacional
Era Digital	Competência gerencial	Subsistema de desenvolvimento
Competência organizacional	Subsistema de aplicação	Competências essenciais
Era Industrial	Competência individual	Subsistema de monitoração

QUESTÕES PARA DISCUSSÃO

1. Explique por que a GH moderna é contingencial e situacional.
2. Quais aspectos diferenciam os trabalhadores da Era Industrial dos trabalhadores da Era Digital?
3. Leia a frase e, em seguida, responda.

    "[...] as pessoas deixam de ser o desafio tradicional para tornar-se a vantagem competitiva das organizações [...]."

    Qual o papel da GH moderna nessa transformação?
4. Explique os cinco subsistemas da GH.
5. Os subsistemas da GH são independentes? Justifique sua resposta.
6. Quando um subsistema muda, os demais também mudam? Justifique sua resposta.
7. Explique os indicadores de eficiência e eficácia para avaliar a GH.
8. Explique o conceito de conjunto integrado de competências.
9. Ao observarmos a Figura 1.6, podemos afirmar que, em ordem descendente, as competências possuem um caráter que vai do estratégico para o operacional? Justifique sua resposta.

REFERÊNCIAS

1. CHIAVENATO, I. *Recursos Humanos:* o capital humano das organizações. 11. ed. São Paulo: Atlas, 2020
2. KAPLAN; R. S.; NORTON, D. P. *Organização orientada para a estratégia:* como as empresas que adotam o Balanced Scorecard prosperam no novo ambiente de negócios. Rio de Janeiro: Campus, 2001.

2 O SUBSISTEMA DE APLICAÇÃO DE TALENTOS: COMO APLICAR TALENTOS

OBJETIVOS DE APRENDIZAGEM

- Definir o conceito de Subsistema de Aplicação de Talentos.
- Compreender como aplicar pessoas.
- Compreender como avaliar o processo de aplicação de talentos.
- Entender os princípios psicológicos da aplicação de talentos.
- Compreender as novas necessidades individuais.

O QUE VEREMOS ADIANTE

- Comunidade colaborativa de talentos e socialização organizacional.
- Modelagem do trabalho.
- Descrição e análise do trabalho.
- Gestão e revisão e retroação do desempenho humano.

CASO INTRODUTÓRIO
Metalúrgica Aço Forte (MAF)

Jorge, ao ingressar como Diretor de Gestão Humana (GH) da MAF, deparou-se com um grande problema: uma cultura muito enraizada em um modelo de gestão mecânico e centralizado. O lema que prevalecia entre os funcionários ainda era o "manda quem pode e obedece quem tem juízo". Isso fazia com que, em um *continuum* do processo de aplicação de pessoas, os funcionários se posicionassem com mais conservadorismo e foco na eficiência. Jorge começou a refletir sobre como mudar esse processo. No lugar dele, o que você faria?

INTRODUÇÃO

Um dos principais desafios organizacionais é a plena utilização de seus talentos e competências. Muitas organizações lutam denodadamente, mas não conseguem atingir todo o potencial de seus talentos no alcance de seus objetivos e estratégias. Isso acontece porque o desempenho organizacional depende de vários elementos conjugados e integrados, entre eles, o elemento humano.

Os processos de aplicação de pessoas – tema central deste livro – envolvem toda a comunidade colaborativa de talentos, os primeiros passos na integração dos novos membros nessa comunidade da organização, o desenho do trabalho a ser desempenhado e a gestão, revisão e a retroação do desempenho no trabalho.

Em outra obra desta mesma série, *Planejamento, recrutamento e seleção de pessoal: como agregar TALENTOS à empresa*, vimos que os processos de provisão de pessoal cuidam de obter no mercado os talentos necessários e colocá-los e integrá-los na organização, para que essa possa garantir a sua continuidade e a sua competitividade. O passo seguinte será a aplicação desses talentos como força de trabalho dentro da organização. Isso significa que, uma vez recrutadas e selecionadas, as pessoas deverão ser integradas à organização, posicionadas em seus trabalhos e avaliadas quanto ao seu desempenho. Assim, após os processos de provisão, vêm necessariamente os processos de aplicação de talentos (Figura 2.1).

Figura 2.1 O Subsistema de Aplicação de Talentos na Gestão Humana (GH).[1]

Os processos de aplicação de pessoas serão tema dos próximos quatro capítulos:

- Capítulo 3: Comunidade colaborativa de talentos e socialização organizacional.
- Capítulo 4: Modelagem do trabalho.
- Capítulo 5: Descrição e análise de trabalhos.
- Capítulo 6: Gestão e revisão do desempenho humano.

2.1 AVALIAÇÃO DOS PROCESSOS DE APLICAÇÃO DE PESSOAS

No decorrer de todo este trabalho, os processos de aplicação de pessoas podem ser avaliados conforme a Figura 2.2. Na realidade, esses processos podem estar contidos em um *continuum* que vai desde uma situação precária e incipiente (no canto esquerdo, começando na nota 1) até uma configuração sofisticada e desenvolvida (no canto direito, terminando na nota 10).

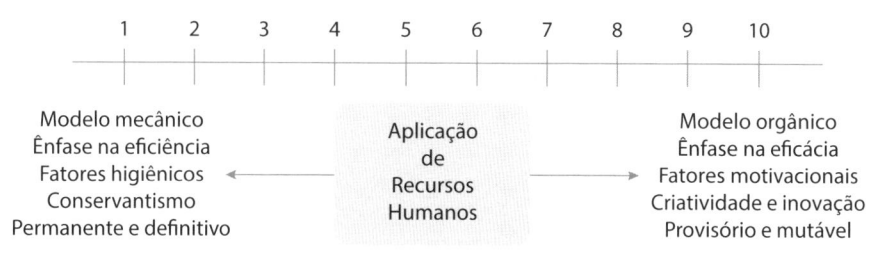

```
   1    2    3    4    5    6    7    8    9    10
```

Modelo mecânico	Aplicação	Modelo orgânico
Ênfase na eficiência	de	Ênfase na eficácia
Fatores higiênicos ←	Recursos	→ Fatores motivacionais
Conservantismo	Humanos	Criatividade e inovação
Permanente e definitivo		Provisório e mutável

Figura 2.2 *Continuum* de situações nos processos de aplicação de pessoas.[2]

No canto esquerdo do *continuum*, os processos de aplicação de pessoas podem caracterizar-se por seu modelo mecânico, quando são baseados em uma visão determinística e mecanicista: a cada causa corresponde um único efeito, cada ação provoca uma única reação. Nesse lado do *continuum*, os processos de aplicação de pessoas enfatizam apenas a eficiência, quando se exige que elas executem suas atividades de acordo com o método de trabalho e seguindo os procedimentos e as rotinas previamente estabelecidos pela organização. Nesse caso, as pessoas devem executar e não pensar, já que o método é considerado perfeito e imutável. Ainda no canto esquerdo, os processos de aplicação privilegiam apenas os fatores higiênicos, de acordo com a teoria de Herzberg. Isso significa que se dá muita importância aos salários pagos, aos benefícios oferecidos, ao tipo de supervisão aplicado às pessoas, às políticas internas da organização. Em outros termos, dá-se muita importância aos fatores insatisfacientes e de contexto. Prevalece o conservantismo, a permanência das atividades e uma certeza de que tudo é definitivo e imutável.

Já no canto direito do *continuum*, os processos de aplicação caracterizam-se pelo modelo orgânico, pela ênfase na eficácia, pela focalização nos fatores motivacionais, pela inovação e pela criatividade, considerando que os trabalhos e as atividades organizacionais são mutáveis e sujeitos a uma melhoria contínua rumo à inovação.

Para tanto, é preciso considerar alguns aspectos primordiais em toda a nossa abordagem:

- **Qual é a missão da organização?** Ela deve ser a razão fundamental de sua existência e de toda a sua atividade.
- **Qual é a visão de futuro da organização?** Ela deve ser a estrela-guia que fornece o caminho para o futuro.
- **Quais são os valores básicos da organização?** Quais são as prioridades a serem atendidas?
- **Qual é a identidade da organização?** Qual é a GH que se deseja para atender a esses três princípios fundamentais?

```
        Identidade
       Qual é a GH
       que queremos?

  Missão                          Visão de futuro
Qual é a razão de ser            Qual é o destino
  da organização?                  pretendido pela
                                     organização?

         Valores
       O que é importante
       para a organização?
```

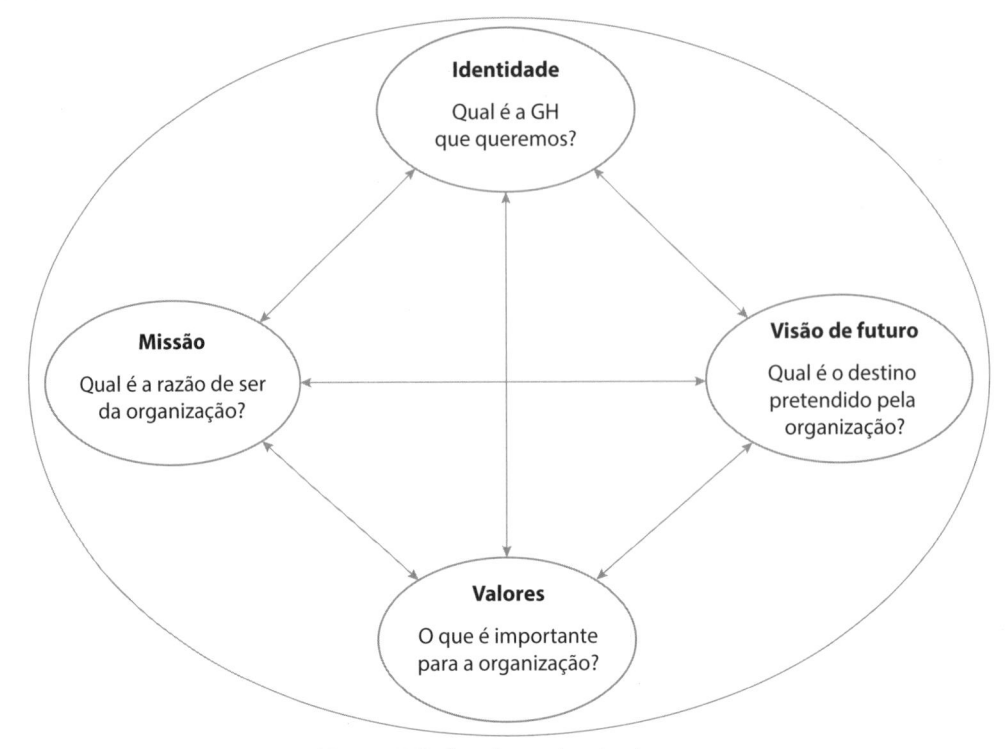

Figura 2.3 Aonde se deseja chegar.

Como veremos na sequência, os processos de aplicação de pessoas representam a maneira como as organizações conduzem as pessoas no âmbito da execução de suas tarefas e atividades. Em outras palavras, como as pessoas devem trabalhar na organização e alcançar metas e objetivos organizacionais e metas e objetivos individuais.

2.2 PRINCÍPIOS PSICOLÓGICOS DO SUBSISTEMA DE APLICAÇÃO DE PESSOAS

O processo de aplicação das pessoas às tarefas organizacionais é profundamente contingencial. Cada organização tem o seu ambiente, suas tarefas, sua tecnologia, seus talentos, seu estilo de gestão, sua estrutura básica, sua cultura corporativa, seus objetivos etc. Diante dessa variabilidade e contingência, três princípios psicológicos são básicos no processo de aplicação das pessoas e de melhoria do seu desempenho:[3]

1. A pessoa pode melhorar seu desempenho no trabalho se souber perfeitamente o que dela se espera. Ela deve receber informação adequada sobre prioridades, valores, resultados esperados, avaliação dos resultados e recursos disponíveis.

2. Para melhorar seu desempenho, a pessoa precisa obter retroação (*feedback*) sobre o resultado daquilo que está fazendo. Esse conhecimento dos seus resultados é essencial para a adequação e a melhoria do seu desempenho no trabalho. Saber como está caminhando em uma atividade é indispensável para ajustar a maneira como o faz e orientar-se para a frente.

Capítulo 2 – O Subsistema de Aplicação de Talentos 19

3. A pessoa deve obter orientação e assistência para melhorar o seu desempenho no trabalho. O clima existente deve favorecer uma atitude do gestor e dos colegas em atuar junto à pessoa, em vez de simplesmente julgá-la.

Esses três princípios podem ser mais bem compreendidos por meio da Figura 2.4.

Princípio 1
Conhecimento do que é esperado (planejamento do trabalho)

Princípio 2
Retroação de resultados (verificação do trabalho)

Descrição do cargo → Desenho do cargo → Execução do cargo → Avaliação do desempenho → Reciclagem do trabalho

Descrição do cargo

Tarefas
Atividades
Projetos

Realização
Medidas
Indicadores

Objetivos da organização

Princípio 3
Orientação e assistência necessária

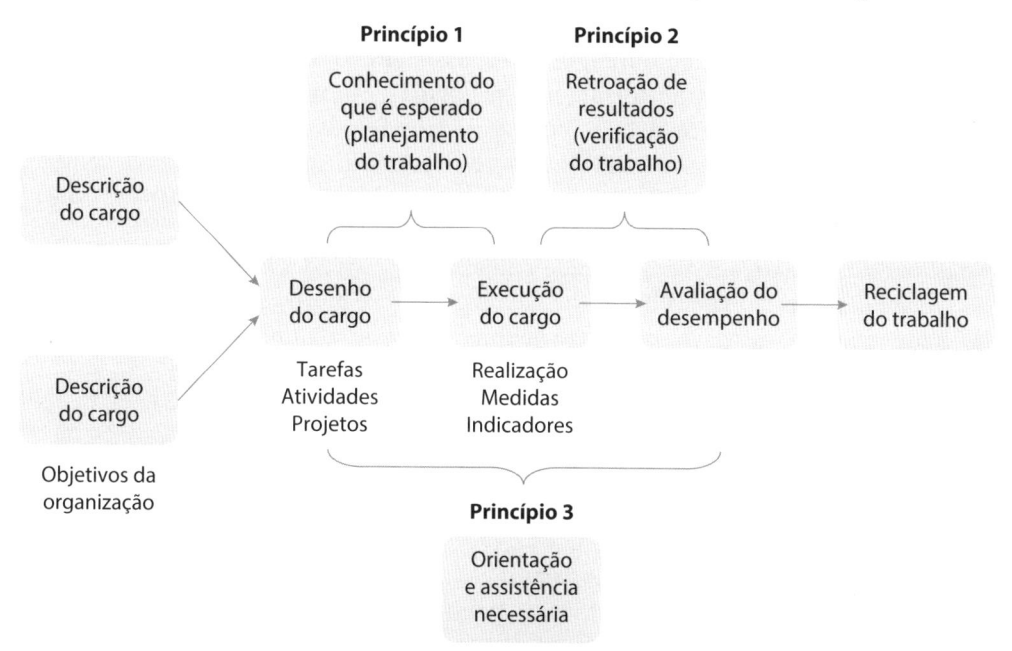

Figura 2.4 Princípios psicológicos da aplicação de GH.[4]

Esses três princípios proporcionam significativo envolvimento pessoal quanto aos objetivos organizacionais e melhoria nas relações superior *versus* subordinado a respeito do trabalho a ser executado e dos meios para melhorar o desempenho.

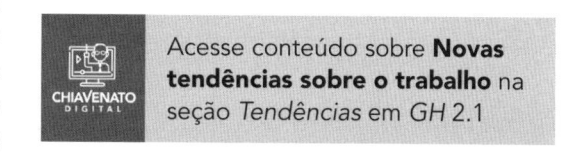

Acesse conteúdo sobre **Novas tendências sobre o trabalho** na seção *Tendências* em GH 2.1

VOLTANDO AO CASO INTRODUTÓRIO
Metalúrgica Aço Forte (MAF)

Jorge sabia que para mudar o modelo de aplicação do talento da MAF, muito centrado na eficiência e no conservadorismo, seria necessário repensar os valores da empresa, ou seja, sua cultura. Esse seria um processo longo. Todavia, algumas ações já poderiam ser realizadas para a melhoria do desempenho das pessoas. Quais sugestões você daria para Jorge?

2.2.1 Necessidade de um ecossistema para a comunidade colaborativa de talentos

Há uma nova concepção a respeito da GH nas organizações. É preciso transformar toda a empresa em um ecossistema ágil, veloz, focado, centrado, flexível, moldável, amigável e divertido.[5] Um lugar onde realmente valha a pena trabalhar e ficar.

Para tanto, torna-se preciso reimaginar o ecossistema organizacional que o envolve, não para controlar e pressionar fortemente as pessoas, e sim para cativá-las, engajá-las, encantá-las, motivá-las, desenvolvê-las, empoderá-las e impulsioná-las – porque elas serão capazes de ultrapassar barreiras, desafios, dificuldades e problemas, oferecer soluções e resultados e agregar valor. Tudo dependerá da forma como elas são tratadas: uma questão de reciprocidade.

No passado, era relativamente mais fácil avaliar as necessidades individuais do ser humano. O Quadro 2.1, baseado na velha teoria de Maslow sobre motivação, apresenta uma ideia vaga do que as pessoas desejavam na vida e no trabalho. Hoje, o mundo mudou radicalmente.

Quadro 2.1 O que esperar da vida e do trabalho[6,7]

O que uma pessoa deseja na vida	Hierarquia de necessidades de Maslow	O que uma pessoa deseja no trabalho
■ Liberdade ■ Crescimento e desenvolvimento ■ Alcance do pleno potencial	■ Autodesenvolvimento e atualização	■ Trabalho criativo e desafiante ■ Responsabilidade por decisões ■ Flexibilidade e autonomia
■ *Status* ■ Prestígio ■ Reconhecimento pelo avanço	■ Autoestima	■ Promovabilidade ■ Orgulho e reconhecimento ■ Mérito e aceitação social
■ Relacionamentos sociais ■ Aceitação social ■ Afiliação	■ Sociais	■ Amizades ■ Camaradagem entre colegas ■ Atividades sociais no trabalho
■ Segurança ■ Proteção ■ Tranquilidade	■ Segurança	■ Saúde e segurança no trabalho ■ Segurança no emprego ■ Salário e benefícios razoáveis
■ Alimentação ■ Água ■ Vestuário e abrigo	■ Fisiológicas	■ Alimentação ■ Condições ambientais de trabalho ■ Remuneração

Imagine o que as pessoas esperam hoje da vida e do trabalho, e o que desejarão no futuro. Isso ajudará muito na viagem por este livro. Pense bem: todo comportamento recompensado tende a se repetir voluntariamente. É a velha lei do reforço. Isso é tão velho quanto Pavlov e Skinner, pena que não é levado a sério ainda.

Capítulo 2 – O Subsistema de Aplicação de Talentos

RESUMO

O processo de aplicar talentos oferece informação a respeito da contínua e incessante integração, socialização e engajamento das pessoas à organização, à equipe e ao trabalho a exercer. Toda essa atividade se torna contingencial, pois representa como cada organização lida com cada talento em função de sua individualidade. Cada organização é uma organização, e cada talento é um talento. Cada talento tem sua tarefa, suas metas e seus objetivos a alcançar, e precisa desempenhá-los adequadamente e com a devida orientação e acompanhamento. Para tanto, requer *feedback* em tempo real. Assim, o processo envolve a modelagem do trabalho, a descrição e a análise do trabalho, o desempenho humano do trabalho e a sua constante revisão por meio de *feedback* e realimentação assertiva. É assim que se constrói e reconstrói incessantemente a comunidade colaborativa de talentos em um ecossistema capaz de promover um ambiente e um clima agradável e significativo de trabalho, que seja o melhor lugar para se trabalhar. Quando as pessoas que realmente fazem o trabalho organizacional se sentem em um ambiente aberto, transparente, tolerante a erros e respeitoso, elas se sentem em um mundo ideal para imaginar, criar, inventar e inovar.

TÓPICOS PRINCIPAIS

Subsistema de Aplicação de Talentos	Modelo orgânico	Realimentação (*feedback* em tempo real)
Modelagem do trabalho	Descrição e análise do trabalho	Comunidade colaborativa de talentos
Modelo mecânico	Gestão e revisão do desempenho humano	

QUESTÕES PARA DISCUSSÃO

1. Explique o significado da expressão *processo de aplicação de pessoas*.
2. Quais características demonstram que o(s) indivíduo(s) se enquadra(m) no modelo mecânico de aplicação da GH e quais características afirmam seu enquadramento no modelo orgânico?
3. Explique a influência da missão, da visão, dos valores e da identidade da organização no Subsistema de Aplicação de Talentos.
4. O que significa dizer que o processo de aplicação de pessoas é contingencial?
5. Explique os três princípios psicológicos do processo de aplicação de pessoas.
6. Da Era Industrial para a Era Digital, o que mudou em relação às necessidades individuais?
7. Explique o conceito de *comunidade colaborativa de talentos*.
8. Qual o conteúdo e o significado do ecossistema da comunidade colaborativa de talentos?
9. Qual a sua opinião a respeito do futuro do trabalho e da participação humana nas organizações?

REFERÊNCIAS

1. CHIAVENATO, I. *Recursos Humanos:* o capital humano das organizações. 11. ed. São Paulo: Atlas, 2020.
2. CHIAVENATO, I. *Recursos Humanos:* o capital humano das organizações, *op. cit.*
3. HUSE, E. E.; KAY, E. Improving employee productivity through work planning. *In:* BLOOD, J. (org.). *The personnel job in changing world.* New York: American Management Association, 1964. p. 301-302.
4. HUSE, E. E.; KAY, E. Improving employee productivity through work planning. *In:* BLOOD, J. (org.). *The personnel job in changing world.* New York: American Management Association, 1964. p. 305.
5. KANTER, R. M. *Quando os gigantes aprendem a dançar.* Rio de Janeiro: Campus/Elsevier, 1992.
6. Adaptado de: KARLINS, M. *The human use of human resources.* New York: McGraw-Hill Book Co., 1981. p. 55.
7. GRAEN, G. Role-Making Processes Within Complex Organizations. *In:* DUNNETTE, M. D. (org.). *Handbook of Industrial and Organizational Psychology.* Chicago: Rand McNally, 1976.

3 COMUNIDADE COLABORATIVA DE TALENTOS E SOCIALIZAÇÃO ORGANIZACIONAL

OBJETIVOS DE APRENDIZAGEM

- Explicar o conceito de *comunidade colaborativa de talentos* e sua dinâmica.
- Como construir e desenvolver um ecossistema da comunidade colaborativa.
- Como empreender a socialização organizacional.
- Como realizar o desempenho de papéis.
- Compreender o desafio de engajar talentos.

O QUE VEREMOS ADIANTE

- Conceito de comunidade colaborativa de talentos.
- Ecossistema da comunidade colaborativa de talentos.
- Socialização organizacional.
- Métodos para promover a socialização organizacional.
- A organização como um sistema de papéis.
- Engajamento de talentos.

CASO INTRODUTÓRIO
Cia. de Aviação ASTOR S/A (ASA)

Conhecida no mercado como ASA, a Cia. de Aviação ASTOR está passando por momentos críticos em sua área de atendimento, devido ao crescente volume de clientes insatisfeitos e às reclamações em razão da falta de compromisso dos profissionais da empresa, dos operadores mal-humorados e do tempo excessivo de espera no atendimento. De posse dos indicadores, o Diretor Geral convocou o Diretor de Relacionamento para avaliar o que está ocorrendo. Algumas questões foram levantadas, como o elevado índice de rotatividade (*turnover*) e de absenteísmo, o ambiente de trabalho estressante e a baixa interação entre os profissionais (gestores e colaboradores). Celso, o Diretor de Gestão Humana (GH), também foi convocado. Solicitaram-lhe que avaliasse essas situações e propusesse um plano para sanar o problema. Se você estivesse no lugar de Celso, qual seria a sua posição?

INTRODUÇÃO

Toda organização requer um contingente de pessoas para realizar todo o trabalho organizacional, dependendo delas para alcançar competitividade e sustentabilidade em tempos de mudanças e transformações incríveis. No decorrer de séculos, desde os idos de Marx e Adam Smith, estamos nos referindo a esse contingente com a velha denominação *força de trabalho*. No passado (até hoje!), falávamos dela olhando para baixo, como se estivéssemos mirando apenas pessoas trabalhando no chão das fábricas em atividades mecânicas, quase sempre imaginando um vago e desconhecido contingente. Contudo, essa força de trabalho foi se tornando crescentemente importante no sucesso dos negócios, mudou completamente.

Na verdade, o que mudou foi o mundo ao redor da força de trabalho. Passamos da Era Industrial para a Era da Informação, e, agora, na Era Digital, as coisas transitaram para um novo patamar, totalmente diferente.

Na realidade atual dos novos tempos, estamos nos referindo ao que hoje considero uma verdadeira comunidade colaborativa de talentos, pois ela se baseia na cooperação e na solidariedade de talentos que se espalham ao longo de toda a organização, desde a presidência, diretoria, gestores, supervisores, líderes de equipes até colaboradores das mais variadas áreas e especialidades. Todos são verdadeiros talentos integrados em uma complexa comunidade coletiva e cooperativa, em que todos estão compartilhando deveres e responsabilidades. Todos são importantes e imprescindíveis na atividade organizacional, cada qual em sua esfera de ação, trabalhando integradamente como uma enorme equipe entrosada e unida na busca de resultados organizacionais sinérgicos. Precisamos atualizar e remover o velho e desgastado conceito de força de trabalho, vigente há séculos. Ele não cabe mais na designação dessa valiosa comunidade colaborativa de talentos que temos atualmente em nossas organizações.

3.1 COMUNIDADE COLABORATIVA DE TALENTOS

A comunidade colaborativa de talentos é liderada e conduzida por meio de uma Gestão Humana (GH) que requer responsabilidade de linha dos gestores nas mais diversas áreas e níveis (Figura 3.1), seguindo os conceitos da função de assessoria oferecida pela GH em uma visão estratégica e de amplitude realmente organizacional e holística. A GH moderna apoia os gestores por meio de ferramentas e tecnologias modernas que alavancam os resultados, com melhor desempenho e alcance de resultados coletivos.

Além disso, no mundo atual dos negócios, muita coisa mudou e está mudando com uma rapidez incrível: toda essa comunidade colaborativa de talentos, hoje, é altamente conectada, recebe um enorme volume de dados e informação a toda hora, conhece suas responsabilidades, tem as suas necessidades e objetivos claramente explicitados e sabe exatamente o que quer da organização em que trabalha e o que oferecer a ela.

Capítulo 3 – Comunidade Colaborativa de Talentos e Socialização Organizacional

Gestão Humana
(Função de assessoria)

Gestão Humana
(Responsabilidade de linha)

- Presidente
- Diretores
- Gerentes
- Supervisores, líderes de equipes
- Colaboradores

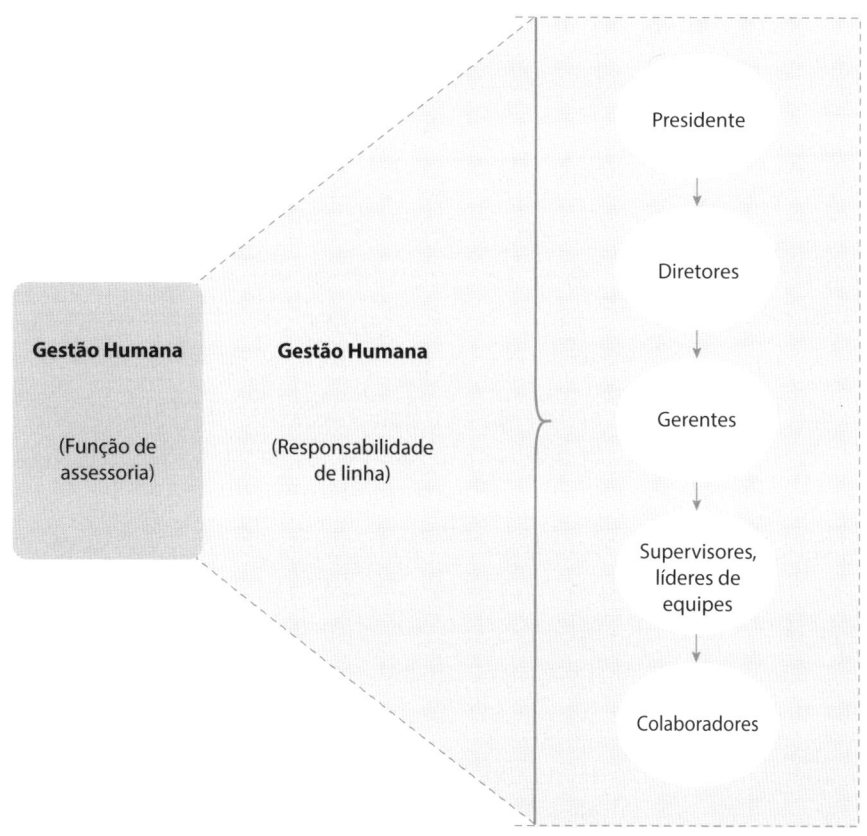

Figura 3.1 O amplo leque de talentos da comunidade colaborativa de talentos.

Na verdade, há uma enorme mudança entre o que ela era e o que ela é hoje em dia. E não se pode mais tratá-la da velha maneira tradicional, como se fosse um conjunto amorfo e desconexo de pessoas que ingressam e saem da organização a todo momento. O fato é que a maioria das organizações ainda não conhece a comunidade de talentos que possui, nem como ela se comporta, quais são suas expectativas e necessidades, como os talentos interagem entre si, como se relacionam com a própria organização e qual é o seu nível de satisfação e engajamento com a organização. Em algumas organizações, há total ignorância a respeito desses aspectos tão importantes e vitais. As tecnologias modernas focadas em análise das pessoas (*people analytics*) permitem passar de impressões ou palpites subjetivos para uma apreciação objetiva e baseada em dados sobre as reais características e a dinâmica da comunidade colaborativa de talentos que existe na organização.

Quadro 3.1 Algumas diferenças em relação às pessoas nas organizações

Passado	Futuro
■ Trabalho em horário fixo	■ Trabalho em qualquer horário
■ Trabalho em local corporativo	■ Trabalho em qualquer local
■ Utilizando equipamento da organização	■ Utilizando qualquer artifício
■ Focado em insumos (*inputs*)	■ Focado em resultados (*outputs*)

(continua)

(continuação)

Passado	Futuro
■ Escalando a hierarquia corporativa	■ Criando a sua própria escalada
■ Trabalho previamente definido	■ Trabalho customizado
■ Acumulando informação	■ Compartilhando informação
■ Nenhuma voz	■ Podendo vir a tornar-se um líder
■ Baseia-se em *e-mails*	■ Baseia-se em tecnologias de colaboração
■ Focado no conhecimento	■ Focado em aprendizagem adaptativa
■ Ensino e aprendizagem corporativos	■ Ensino e aprendizagem democratizados

As organizações estão se tornando cada vez mais conectadas, diversificadas, complexas e remotas. Torna-se imprescindível reconfigurá-las continuamente, dar-lhes noção de conjunto, resiliência emocional e espírito crítico, assim como prepará-las melhor para enfrentar o estresse da crescente incerteza quanto ao futuro e oferecer-lhes o desenvolvimento necessário para as mudanças e transformações exponenciais que virão pela frente.

3.1.1 Planejamento estratégico da comunidade colaborativa de talentos

No decorrer da Era Industrial, o planejamento estratégico da organização ou de parte dela era dimensionado para o longo prazo: 2, 5, 10 ou mais anos pela frente. O importante era proporcionar certeza quanto ao futuro. Hoje, frente a tantas mudanças e transformações exponenciais e complexidades da Era Digital, o horizonte temporal do planejamento estratégico passa a atender a duas dimensões temporais simultaneamente: o imediato e de curto prazo e o foco no futuro mais distante. Um foco baixo, como se estivesse em um carro em alta velocidade em uma autopista em noite escura de forte nevoeiro, e um foco alto para tentar antever o que vem lá na frente. Isso garante eficiência e velocidade, de um lado, e visão antecipatória à medida que se avança, de outro lado. Em outras palavras, disparar nas retas e frear nas curvas. E à medida que se ultrapassa o nevoeiro imediato, novas circunstâncias são gradualmente esclarecidas e os ajustes são efetuados conforme as oportunidades ou ameaças que vão surgindo pela frente. Assim, o planejamento – que antigamente era uma maneira de evitar a incerteza – passa a constituir uma jornada de conviver com a incerteza, aceitá-la e aproveitar as possíveis oportunidades que ela pode trazer, evitando as possíveis ameaças e adaptando-se progressiva e rapidamente ao seu incessante e rápido desenrolar.

Assim, nessa jornada, os principais passos gradativos e contínuos do planejamento são:

- Avaliar a situação atual em que a organização se encontra.
- Avaliar como o negócio está se desenvolvendo no momento.
- Entender como o mercado e a sociedade estão caminhando no curto prazo.
- Entender as futuras demandas do negócio e as implicações da GH.
- Avaliar o estado atual da comunidade colaborativa de talentos.
- Identificar os *gaps* de talentos e de competências que estão surgindo.
- Definir as estratégias necessárias para corrigir e manter esses *gaps* nas alturas.

O planejamento da comunidade colaborativa de talentos deve se adequar ao planejamento estratégico da organização – que também é outra jornada, no sentido de assegurar que o

Capítulo 3 – Comunidade Colaborativa de Talentos e Socialização Organizacional

negócio tenha o volume certo de talentos nos lugares adequados, com as competências adequadas e nos momentos certos. Não constitui mais uma previsão fixa e imutável de longo prazo para um futuro incerto, mas uma jornada que se realiza continuamente com ajustes constantes em tempo real. Nesse sentido, o planejamento estratégico deve continuamente garantir uma comunidade colaborativa de talentos que:

- tenha sempre todas as competências necessárias para que a organização seja competitiva e sustentável continuamente ao longo do tempo;
- tenha sempre todos os seus talentos necessários em todas as áreas funcionais e níveis organizacionais continuamente ao longo do tempo;
- tenha sempre a mobilidade adequada para atender à dinâmica de ingressos, saídas, transferências e promoções continuamente ao longo do tempo;
- esteja sempre preparada para as mudanças e as transformações que venham a ocorrer na organização;
- esteja sempre engajada, motivada, empoderada, alavancada e com elevado moral para criar e entregar valor ao negócio da organização;
- esteja sempre preparada para atender às necessidades das áreas funcionais da organização, como marketing, finanças, produção/operações e do próprio departamento de GH;
- tenha sempre condições de alcançar os objetivos organizacionais propostos e, simultaneamente, os objetivos individuais, a fim de que a organização seja competitiva e sustentável.

Áreas	Contribuição
Gestão Humana	Apoio ao desempenho e alcance dos objetivos da área de Gestão Humana
Marketing	Apoio ao desempenho alcance dos objetivos da área de Marketing
Finanças	Apoio ao desempenho e alcance dos objetivos da área de Finanças
Produção/ Operações	Apoio ao desempenho e alcance dos objetivos da área de Produção/Operações
Tecnologia	Apoio ao desempenho e alcance objetivos da área de Tecnologia

Figura 3.2 A contribuição da comunidade colaborativa de talentos a todas as áreas funcionais da organização.

> Aumente seus conhecimentos sobre **O planejamento estratégico da comunidade colaborativa de talentos** na seção *Saiba mais* DHE 3.1

```
┌─────────────────┐  ┌─────────────────┐  ┌─────────────────┐  ┌─────────────────┐
│ Objetivos       │  │ Análise         │  │ Avaliação das   │  │ Identificação   │
│ estratégicos    │  │ preditiva       │  │ necessidades    │  │ e análise dos   │
│ definem as      │  │ da comunidade   │  │ futuras         │  │ gaps da         │
│ necessidades    │  │ colaborativa    │  │ (demanda de     │  │ comunidade      │
│ da comunidade   │  │ de talentos     │  │ talentos e      │  │ colaborativa    │
│ colaborativa    │  │                 │  │ competências)   │  │ de talentos     │
│ de talentos     │  │                 │  │                 │  │                 │
└────────┬────────┘  └────────┬────────┘  └────────┬────────┘  └────────┬────────┘
         ↓                    ↓                    ↓                    ↓
┌─────────────────┐  ┌─────────────────┐  ┌─────────────────┐  ┌─────────────────┐
│ Coerência       │  │ Competências    │  │ Previsão        │  │ Conhecimento    │
│ Alinhamento     │  │ Pontos fortes   │  │ Práticas de GH  │  │ Habilidades     │
│ Foco            │  │ Pontos fracos   │  │ Combinações     │  │ Competências    │
└─────────────────┘  └─────────────────┘  └─────────────────┘  └─────────────────┘
```

Figura 3.3 Principais etapas do planejamento estratégico da comunidade colaborativa de talentos.

Todavia, não podemos deixar de lado a contribuição de Josh Bersin a respeito do planejamento da comunidade colaborativa de talentos (Figura 3.4).

Planejamento da comunidade colaborativa de talentos (hexágono central), cercado por:
- Definição dos objetivos organizacionais e da GH.
- Avaliação das variáveis cíclicas externas e internas que afetam a GH.
- Coleta de dados sobre necessidades organizacionais.
- Identificação das necessidades atuais e futuras para atender da organização.
- Localizar e identificar os *gaps*.
- Criar estratégias para atrair e engajar talentos.

Figura 3.4 Planejamento da força de trabalho segundo Bersin.[1]

Capítulo 3 – Comunidade Colaborativa de Talentos e Socialização Organizacional 29

> Aumente seus conhecimentos sobre **Redes de criação** na seção *Saiba mais* DHE 3.2

3.1.2 Ecossistema da comunidade colaborativa de talentos

As pessoas devem ficar sempre no centro e na frente. Na verdade, a comunidade colaborativa de talentos requer necessariamente um amplo e dinâmico ecossistema de integração, proteção, amparo, alavancagem e impulsionamento que a envolva e a dinamize. Trata-se de um continente que envolve um conteúdo, ou seja, a base de apoio e suporte e a plataforma de ação sistêmica e molar. Esse ecossistema (Figura 3.5) é integrado por uma constelação de elementos motivacionais e alavancadores:[2]

Arquitetura organizacional
(conectibilidade, integração, trabalho coletivo)

Cultura organizacional
(dinamismo, engajamento e *empowerment*)

Estilo de Gestão
(liderança, *coaching* e *mentoring*)

Comunidade colaborativa de talentos

Modelagem do trabalho
(atividade social e colaborativa em equipe)

Políticas e Práticas de GH
(flexibilidade, meritocracia, diversidade)

Plataforma de TI
(dedos, informação, conectibilidade e análises projetivas)

Figura 3.5 O ecossistema que envolve a comunidade colaborativa de talentos.[3]

- **Arquitetura organizacional:** uma plataforma ágil que permita e favoreça a conectibilidade, a integração, o apoio e o impulso ao trabalho coletivo e colaborativo das equipes.
- **Cultura organizacional:** carregada de dinamismo, engajamento e *empowerment* que favoreça a autonomia, a abertura e a inovação. Sobretudo, uma cultura de elevado desempenho com o firme compromisso da organização de apoiar os gestores na condução e na orientação de suas equipes.

- **Modelagem do trabalho:** que permita o trabalho significativo, a atividade social e colaborativa em equipes.

- **Estilo de gestão:** por meio de lideranças impulsionadoras, *coaching* e *mentoring* no sentido de assegurar forte apoio e incentivo às equipes e aos talentos no alcance de resultados elevados.

- **Políticas e práticas de GH:** dotadas de flexibilidade, diversidade e, acima de tudo, meritocracia, no sentido de ações que conduzam aos objetivos organizacionais e individuais simultaneamente.

- **Plataforma de TI:** por meio de dados, informação e análises projetivas (*people analytics*), tanto para digitalizar e flexibilizar o trabalho quanto para intensificar a conectibilidade e a ação conjunta e colaborativa.

Todos esses elementos do ecossistema devem estar intimamente interligados, correlacionados e integrados para que haja entre eles sinergia suficiente para oferecer um poderoso e encantador ambiente de trabalho capaz de potencializar as competências e as ações dos talentos envolvidos. Esse é o segredo para alcançar o alinhamento e a sinergia necessários. As organizações bem-sucedidas compreendem perfeitamente a chave mestra para proporcionar a visibilidade e a sensibilidade de todos por meio de uma estratégia de GH crucial e poderosa para o alcance dos objetivos organizacionais em alinhamento com os objetivos individuais de seus componentes.

3.1.3 Dinâmica da comunidade colaborativa de talentos

Mobilidade é o nome mais correto para designar esse constante dinamismo. Essa comunidade é extremamente dinâmica e moldável, e passa por incessantes mudanças (como entradas e saídas, transferências, promoções de talentos) e transformações intensas (experiências, aprendizagens, jornadas, desenvolvimento de talentos) ao longo do tempo. Toda organização precisa adquirir, alinhar, engajar e aplicar talentos, desenvolver o seu potencial por meio de processos consistentes, posicioná-los em níveis gradativamente mais complexos, movendo-os de papel a papel, onde se torna preciso ou oportuno e quando é necessário. Toda essa mobilidade deve ser acompanhada de perto e continuamente para ser estrategicamente utilizada a fim de definir escolhas e decisões por parte da organização por meio de um modelo de análise de pessoas, como na Figura 3.6.

Capítulo 3 – Comunidade Colaborativa de Talentos e Socialização Organizacional

People Analytics

- **Recrutamento e seleção**
  - *Pipeline*
  - Fontes internas e eternas
  - *Pool* candidatos

- **Integração e engajamento**
  - Contabilidade
  - Potencialidade
  - Compromisso
  - Relacionamento
  - Competências
  - Habilidades

- **Treinamento e desenvolvimento**
  - Desenvolvimento individual, de equipes, organizacional
  - Habilidades
  - Competências

- **Gestão do desempenho**
  - Alinhamento
  - *Performance*
  - Revisões
  - Gradações
  - Identificação

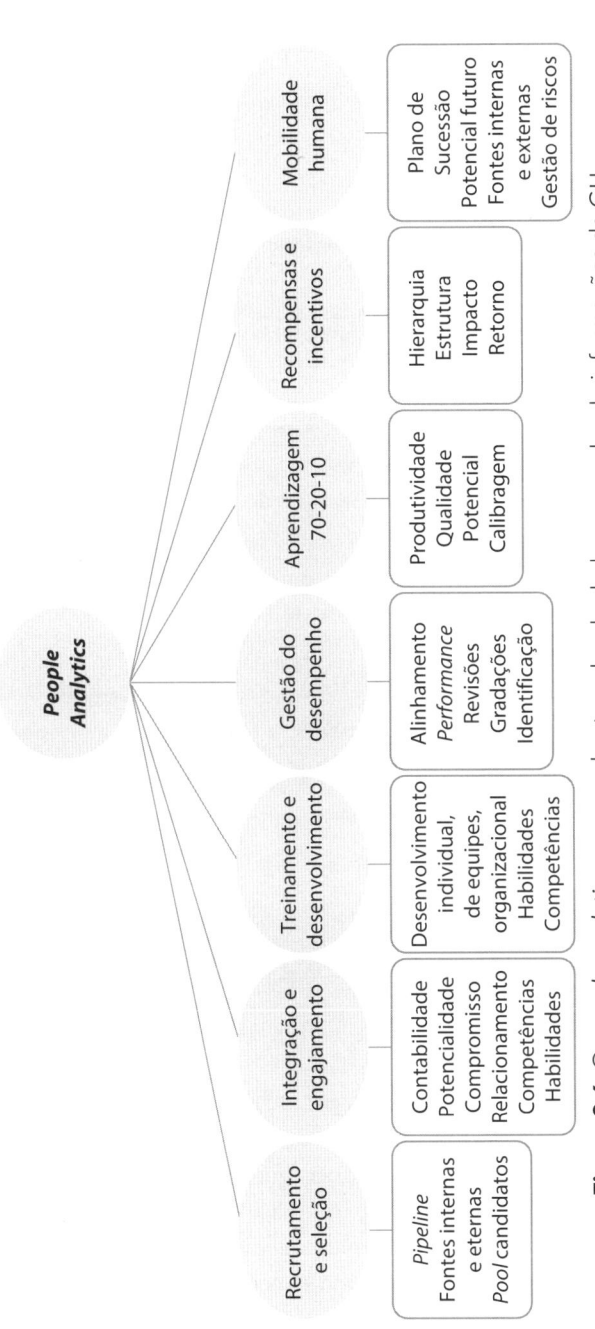

- **Aprendizagem 70-20-10**
  - Produtividade
  - Qualidade
  - Potencial
  - Calibragem

- **Recompensas e incentivos**
  - Hierarquia
  - Estrutura
  - Impacto
  - Retorno

- **Mobilidade humana**
  - Plano de Sucessão
  - Potencial futuro
  - Fontes internas e externas
  - Gestão de riscos

Figura 3.6 O *people analytics* como o abastecedor de dados e gerador de informações de GH.

Para se engajar nessa comunidade e fazer parte desse ecossistema, os novos integrantes que ingressam na organização precisam passar por uma socialização organizacional.

> Acesse conteúdo sobre **O que será dessa comunidade colaborativa de talentos no futuro?** na seção *Tendências em GH 3.1*

SAIBA MAIS — Melhorando o nível de desempenho

O Grupo Aberdeen reúne cinco categorias-chave para a melhoria dos níveis de desempenho de uma organização:[4]

- **Processos:** abordagens para a execução das atividades cotidianas. Trata-se da escalação dos processos utilizados no desempenho de todos.
- **Organização:** foco corporativo e colaboração entre todos os *stakeholders*. Como os colaboradores têm acesso a dados envolvendo as suas atividades.
- **Gestão do conhecimento:** contextualização dos dados e sua exposição entre os *stakeholders*-chave. Como dados e informações individuais e de equipes são integrados nos dados e nas informações do negócio.
- **Tecnologia:** seleção das ferramentas digitais necessárias e sua eficaz utilização. Como os habilitadores tecnológicos são integrados e correntemente utilizados para apoiar todo o desempenho organizacional.
- **Gestão do desempenho:** habilidade da organização em gerir e medir os seus resultados a fim de melhorar progressivamente o seu negócio.

> Aumente seus conhecimentos sobre **Mudanças demográficas e tecnológicas** na seção *Saiba mais* DHE 3.3

O sucesso de toda estratégia organizacional reside na maneira satisfatória como ela é executada e desempenhada em toda a organização no alcance dos objetivos organizacionais do negócio. O ponto mais frágil da estratégia organizacional quase sempre é a sua execução, ou seja, reside no seu desempenho. E ela é imprescindível na maneira como as organizações competem no mercado, têm sucesso no seu negócio e alcançam o retorno de seus investimentos por meio de soluções organizacionais inovadoras. Para tanto, torna-se necessário que todos os talentos estejam bem entrosados no seu desempenho e adequadamente engajados e empoderados na organização. Esse é o papel da socialização organizacional: engajar, empoderar e alavancar talentos.

> **VOLTANDO AO CASO INTRODUTÓRIO**
> **Cia. de Aviação ASTOR S/A (ASA)**
>
> Após realizar um diagnóstico do problema que ocorria na área de Atendimento, Celso percebeu que não existia uma comunidade colaborativa de talentos. Os funcionários não atuavam em equipes, a interação dos gestores era de cobrança, não havia interação efetiva com as demais áreas da empresa. Enfim, a área ainda atuava em um modelo de relações de pessoas vinculado a um passado. Celso precisa montar um planejamento de comunidade colaborativa de talentos. Como você pode ajudá-lo a desenvolver esse planejamento?

3.2 SOCIALIZAÇÃO ORGANIZACIONAL

O ingresso e a permanência de um talento na comunidade colaborativa passam por uma sequência de desafios. Após serem recrutadas e selecionadas, as pessoas passam pelos filtros e ingressam nas organizações. Esse ingresso é, portanto, restritivo e seletivo. Somente algumas pessoas selecionadas têm condições de ingressar nas organizações. A partir daí, elas são admitidas como ocupantes de trabalhos ou de posições. Entretanto, antes de aplicar os novos colaboradores em seus trabalhos, as organizações procuram integrá-los em seu contexto, climatizando-os e condicionando-os por meio de cerimônias de iniciação e de aculturamento social às práticas e às filosofias ali predominantes e, simultaneamente, de desprendimento de antigos hábitos e prejuízos arraigados e indesejados, que devem ser eliminados do comportamento do recém-iniciado. É a maneira pela qual a organização recebe os novos escolhidos e os integra à sua cultura, ao seu contexto, ao seu sistema, para que eles possam comportar-se de maneira adequada às expectativas da organização. E tudo isso por meio de uma experiência agradável, convidativa e até mesmo entusiástica. Contudo, a socialização se estende durante toda a longa convivência e interação com seus talentos.

A socialização ou aculturação organizacional procura estabelecer junto ao novo participante as bases e as premissas por meio das quais a organização pretende funcionar e como o novo participante poderá participar e colaborar ativamente nesse aspecto. Com a socialização, o novo colaborador renuncia a uma parcela de sua liberdade de ação ao ingressar na organização: ele concorda em obedecer ao horário de trabalho para desempenhar determinada atividade, a seguir a orientação do seu superior e a atender a determinadas regras e regulamentos internos. É a socialização organizacional (Figura 3.7).

Onboarding
Etapas da socialização organizacional

- Compromisso
- Lealdade
- Satisfação
- Permanência

→ **Engajamento**

- Coleguismo
- Camaradagem
- Aceitação das normas
- Aceitação dos valores
- *Insider*

→ **Adaptação contingencial**

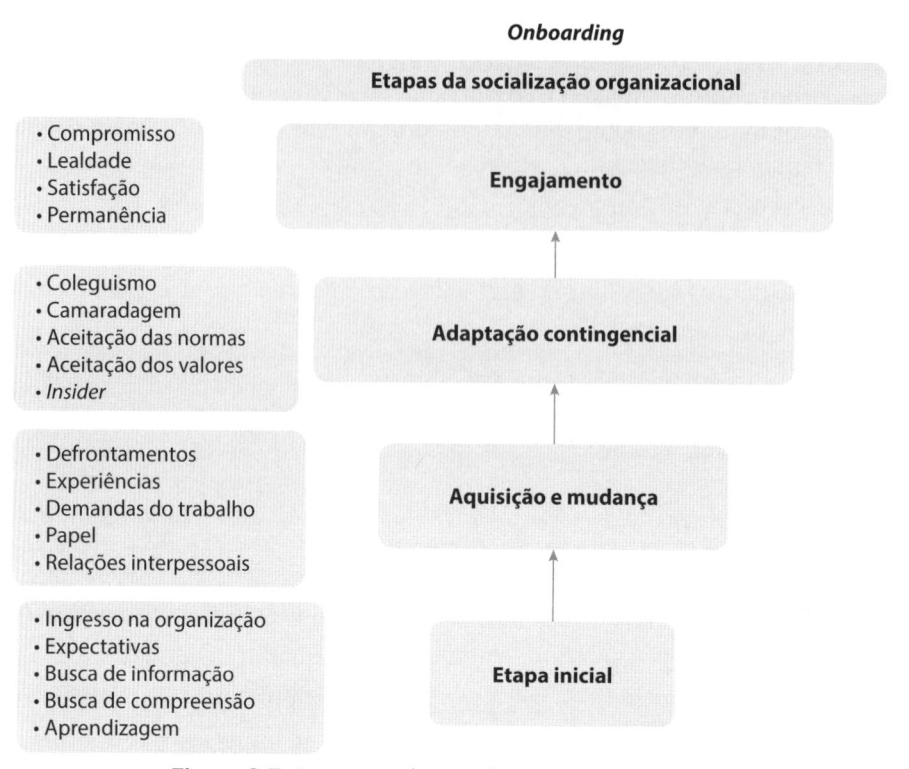

- Defrontamentos
- Experiências
- Demandas do trabalho
- Papel
- Relações interpessoais

→ **Aquisição e mudança**

- Ingresso na organização
- Expectativas
- Busca de informação
- Busca de compreensão
- Aprendizagem

→ **Etapa inicial**

Figura 3.7 As etapas da socialização organizacional.

Assim, a organização procura induzir a adaptação da pessoa às suas necessidades e aos seus objetivos, marcando fortemente nela suas impressões digitais. Entretanto, o novo participante também busca influenciar a organização para criar uma situação de trabalho que lhe proporcione satisfação e alcance de seus objetivos pessoais. Esse processo de personalização entra, muitas vezes, em algum conflito com as tentativas de socialização feitas pela organização. Na verdade, trata-se de um processo bidirecional: cada parte procura influenciar e adaptar a outra até que consigam encontrar um meio comum em termos de reciprocidade e sintonia.

Socialização ←——————————→	Personalização
A organização adapta as pessoas ás suas conveniências	As pessoas adaptam a organização às suas conveniências

Figura 3.8 Os dois lados do *continuum* da adaptação mútua entre pessoas e organizações.[5]

Trata-se de um processo de duas mãos, em que cada uma das partes tenta influenciar e adaptar a outra aos seus propósitos. Na realidade, essa adaptação busca uma verdadeira simbiose entre as partes no sentido de atingir uma situação de colaboração mútua. Em outras palavras, além de bidirecional, ela é recíproca, ou seja, uma parte tentando ajudar a outra. Daí decorre um resultado sinérgico: não uma simples adição de esforços, mas uma verdadeira multiplicação, quando bem-sucedida. Organizações com cultura forte e intensa certamente provocam influência maior em seus novos integrantes. É o caso da Amazon, da Apple, da Disney, da Microsoft, entre outras. Na verdade, muitas organizações perdem uma excelente oportunidade de entender e compreender melhor seus integrantes desde o início, para conhecê-los mais profundamente. Muitas organizações não sabem, nem conhecem os talentos que têm em seus quadros.

> **SAIBA MAIS — A fase crucial do emprego**
>
> Em geral, o período inicial de emprego – os primeiros meses de casa – constitui a fase crucial para o desenvolvimento de um relacionamento saudável entre indivíduo e organização. Trata-se de um período de difícil adaptação, no qual tudo é desconhecido e incerto, e a rotatividade de pessoal é mais elevada. Nesse período, percebe-se que as pessoas são admitidas pelas suas competências e desligadas pelas suas atitudes. Em seu decorrer, o novo participante e o gestor devem aprender a se ajustar um ao outro. É uma aprendizagem lenta e demorada. É como se cada uma das partes ficasse analisando e estudando as reações da outra para conhecê-la melhor e reduzir a incerteza a respeito da outra. Essa é a configuração lenta e gradativa de um contrato psicológico, tal como vimos anteriormente.

3.2.1 Métodos para promover a socialização

Há uma variedade de meios que as organizações utilizam para promover a socialização de membros novos e antigos. Em algumas organizações, a socialização é feita de maneira contundente, como o trote de calouros nas escolas e nas universidades. Nas empresas, a socialização organizacional é um processo de aplicação que visa à criação de um ambiente de trabalho receptivo e favorável, principalmente durante o período inicial do emprego, e que envolve uma variedade de métodos de *onboarding*. É o momento em que a organização abre as portas para receber o novo participante.

Os cinco métodos de socialização mais utilizados são:[6]

1. **Planejamento do processo seletivo:** envolve um esquema de entrevistas de seleção por meio das quais o candidato possa conhecer seu futuro ambiente de trabalho, a cultura predominante na organização, os futuros colegas de trabalho, as atividades desenvolvidas, os desafios e as recompensas em vista, o gestor e o estilo de gestão existente etc. Trata-se, antes mesmo de o candidato ser aprovado, de permitir que ele obtenha informações e sinta como funciona a organização e como se comportam as pessoas que nela convivem.

2. **Conteúdo inicial da tarefa:** o gestor pode dar ao novo colaborador tarefas desafiadoras e capazes de proporcionar-lhe sucesso no início de sua carreira na organização, para depois entregar tarefas gradativamente mais complicadas. O novo colaborador que recebe tarefas solicitadoras está mais preparado para desempenhar com sucesso as complicadas tarefas posteriores. Ele tende a internalizar altos padrões de desempenho e expectativas positivas a respeito de recompensas resultantes de desempenho excelente. Quando o principiante é colocado frente a tarefas muito fáceis ou muito difíceis, não tem a chance de experimentar o sucesso e a motivação dele decorrente.

3. **Papel do gestor como líder:** para o novo colaborador, o gestor representa a imagem da organização. O gestor pode indicar alguém que cuide do novo colaborador como um tutor que o acompanha e orienta durante todo o período inicial na organização. Se o tutor realiza um bom trabalho, a organização passa a ser vista de forma positiva. Porém, se o tutor é ineficiente no trabalho com o recém-chegado, a organização será visualizada negativamente. O tutor, então, deve realizar várias funções básicas com o novo colaborador:

- Proporcionar toda a orientação, no sentido de facilitar a adaptação do novo colaborador à organização.
- Apresentá-lo a todas as pessoas com quem terá contato e facilitar seus relacionamentos.
- Transmitir uma descrição clara e abrangente da tarefa a ser realizada.
- Suprir todas as informações técnicas sobre como executar a tarefa.
- Proporcionar a retroação adequada sobre a qualidade de seu desempenho.

O gestor deve escolher cuidadosamente o tutor para garantir que o novo membro seja bem supervisionado, acompanhado e orientado. Para tanto, o tutor deve possuir alto grau de preparo e muita paciência para lidar com os novos e inexperientes recrutas.

4. **Equipes de trabalho:** o gestor pode atribuir a integração do novo colaborador a uma equipe de trabalho, que pode desempenhar papel importante na socialização. A aceitação pela equipe é fonte crucial de satisfação das necessidades sociais. Além disso, as equipes de trabalho têm forte influência sobre as crenças e as atitudes dos indivíduos a respeito da organização e sobre como eles devem se comportar. O gestor deve também designar os colaboradores para participar de equipes de trabalho que possam realmente provocar impacto positivo e duradouro no engajamento de futuros talentos.

5. **Programas de integração:** são programas intensivos de treinamento inicial destinados aos novos membros da organização para familiarizá-los com a linguagem usual da organização, os usos e costumes internos (cultura organizacional), a estrutura organizacional (áreas ou departamentos existentes), os principais produtos e serviços, a missão da organização e a visão de futuro. Quase sempre, os programas de integração ou de indução constituem o principal método de aculturamento dos novos participantes às práticas correntes da organização. Sua finalidade é fazer com que o novo participante aprenda e incorpore valores e atitudes, normas e padrões de comportamento desejados pela organização. Muitas organizações retornam a programas de integração quando o talento é transferido para outras áreas ou países, a fim de facilitar o seu ajustamento a novas e diferentes situações de trabalho. Observe o Quadro 3.2.

Quadro 3.2 Principais temas de um programa de integração[7]

Assuntos organizacionais	<ul><li>A missão, a visão de futuro e os objetivos básicos da organização.</li><li>As políticas como os meios preferidos por intermédio dos quais os objetivos deverão ser alcançados.</li><li>Como a organização está organizada e estruturada: o que faz cada área ou departamento.</li><li>Arranjo físico das áreas de contato do novo membro.</li><li>Os principais produtos e serviços oferecidos pela organização.</li><li>Políticas, regras e regulamentos internos.</li><li>Procedimentos de segurança no trabalho.</li></ul>

(continua)

(continuação)

Benefícios	Horário de trabalho, de descanso e de refeições. Dias de pagamento e de adiantamentos salariais. Benefícios sociais oferecidos pela organização.
Apresentações	Aos superiores e aos colegas de trabalho.
Deveres	Responsabilidades básicas confiadas ao novo participante. Tarefas atribuídas. Objetivos das tarefas. Visão geral das tarefas.

Na realidade, o *onboarding,* ou programa de integração, procura fazer com que o novo participante assimile de maneira intensiva e rápida, em uma verdadeira situação de laboratório, a cultura da organização e se comporte como um membro que veste definitivamente a camisa da organização. Os programas de integração podem ser totalmente desenvolvidos ou apenas coordenados pelo órgão de treinamento, porém são sempre executados pelo gestor e/ou sua equipe nos diversos assuntos abordados. São programas que duram de um a cinco dias, dependendo da intensidade de integração que a organização pretende imprimir, e que depois contam com um seguimento no médio prazo pelo gestor ou supervisor, que atua como tutor dos novos colaboradores e que se responsabiliza pela gestão e pela retroação de seu desempenho. Nos casos em que o novo membro ocupa posição de destaque, em níveis de gerência ou direção, o programa de integração pode durar meses, com uma agenda que programa sua permanência nas diversas áreas ou departamentos da organização com um tutor permanente (seu gerente ou diretor) e um tutor específico para cada área ou departamento envolvido no cronograma.

Quadro 3.3 Métodos de socialização organizacional[8]

- Experiência do processo seletivo.
- Conteúdo expansivo da tarefa.
- Supervisor como tutor.
- Participação na equipe de trabalho.
- Contatos por meio do programa de integração.

O ingresso e a socialização constituem o aparato de boas-vindas aos novos participantes. Na realidade, são dois aspectos particularmente importantes para moldar um excelente relacionamento no longo prazo entre indivíduo e organização. E o departamento de GH acompanha todo esse processo no sentido de melhorá-lo cada vez mais, para que o novato se sinta em casa.

> **SAIBA MAIS** — **O cafezinho da manhã**
>
> Em muitas empresas, existe uma cerimônia de iniciação dos novos funcionários. Pode ser um cafezinho pela manhã na cantina da empresa, com todo o pessoal da equipe, ou uma pequena reunião de apresentação aos futuros colegas. Ou ainda um café

> matinal com o gestor, para troca de ideias e sugestões. Em algumas empresas, o presidente da companhia faz questão de compartir um desjejum da manhã com os novos colaboradores, em determinado dia do mês. Essa proximidade é importante para estreitar os laços, os relacionamentos e a troca de ideias. Apesar de ser apenas um detalhe, lembre-se de que a socialização envolve uma enorme multiplicidade de detalhes.

3.2.2 Organização como um sistema de papéis

As organizações são intencionalmente criadas para produzir e entregar alguma coisa: produtos ou serviços, informação, cultura, entretenimento. Para tanto, utilizam energia humana e não humana para transformar energia, dados, conteúdos, matérias-primas, algoritmos, materiais, tecnologia em produtos acabados ou serviços prestados. Embora possuam coisas inanimadas, como edifícios, máquinas e equipamentos, instalações, mesas, arquivos e tecnologias, as organizações são constituídas de pessoas. Elas somente podem funcionar quando as pessoas estão em seus postos de trabalho e quando são capazes de desempenhar adequadamente os papéis para os quais foram selecionadas, admitidas e preparadas. Para tanto, as organizações delineiam sua arquitetura formal, definem órgãos e trabalhos e suas regras, requisitos e atribuições aos seus membros. A divisão do trabalho e a especialização dela decorrente provocam enorme diferenciação de papéis sociais dentro da organização, resultando em uma multiplicidade de trabalhos (cargos). Ao ingressar em uma organização, as pessoas continuam participando de outras organizações, nas quais desempenham outros papéis sociais. As pessoas vivem em outros ambientes e são também influenciadas e moldadas por eles. Assim, a organização não constitui toda a vida das pessoas, pois ela não é a sociedade inteira, nem envolve as pessoas completamente. Por essa razão, as pessoas estão apenas parcialmente incluídas na organização: é a chamada "inclusão parcial". Em outras palavras, a organização não utiliza integralmente o indivíduo, nem ocupa todas as suas potencialidades, mas apenas alguns de seus comportamentos mais relevantes para o desempenho do papel. Está aí o maior desperdício dentro das organizações: o desperdício humano, pois apenas certos comportamentos individuais escolhidos são necessários para o funcionamento da organização. Tais comportamentos específicos são interligados com os de outros participantes e precisam ser claramente transmitidos a todos, para que haja coordenação e integração entre eles, condições básicas para o bom funcionamento da organização.[9]

Papel é o conjunto de atividades e comportamentos solicitados a um indivíduo que ocupa determinada posição em uma organização. As pessoas ocupam papéis em várias organizações. Alguns papéis podem ser óbvios para o indivíduo, em virtude do seu conhecimento do processo técnico e da tarefa da organização, e outros podem ser comunicados por outros membros da organização, que solicitam ou dependem de seu comportamento de papel para que possam atender às expectativas de seus próprios trabalhos ou posições. Nessa visão, podemos considerar a organização como um conjunto de papéis ou aglomerados de atividades esperadas dos indivíduos. Esses conjuntos de papéis ou de grupos se sobrepõem. Em suma, a organização é um sistema de papéis.

Capítulo 3 – Comunidade Colaborativa de Talentos e Socialização Organizacional   39

As organizações somente começam a funcionar quando as pessoas que devem cumprir papéis específicos e atividades solicitadas tenham ocupado suas posições correspondentes. Um dos problemas básicos de toda organização consiste em recrutar, selecionar e formar seus participantes em função das posições de trabalho, de tal forma que cumpram seu papel com a máxima eficácia – desde que possuam as competências requeridas. Após as retroações de desempenho, permanecem somente aqueles participantes que tenham condições de desempenhar com êxito as suas atribuições. A lógica aparente de um sistema de recrutamento e seleção de pessoal é muito clara: uma organização possui certos postos de trabalho que devem ser ocupados e exige competências necessárias para eles, que devem ser especificadas detalhadamente, buscando indivíduos que possuam tais características. O "modelo de seleção" baseia-se na pressuposição de que as necessidades primárias a serem satisfeitas pertencem à organização. Nesse sistema de papéis, cada pessoa deve desempenhar um papel que lhe é atribuído pela organização. Assim, não basta somente atrair talentos: é necessário que eles trabalhem e desempenhem seus papéis.

3.2.3 Desempenho de papel

O desempenho de papel sofre uma porção de influências. Como exemplo, podemos citar uma relação entre gestor e colaborador na qual o gestor pretende atribuir um papel ao colaborador. O episódio inicia com o gestor explicando ao subordinado o que ele deve fazer (expectativa de papel). O colaborador recebe as explicações e interpreta essa expectativa comunicada com alguma distorção proveniente do processo de comunicação (papel percebido) e passa a fazer aquilo que lhe foi solicitado de acordo com a sua interpretação pessoal (comportamento de papel). Enquanto isso, o gestor passa a avaliar o desempenho do colaborador (comportamento monitorado) e a comparar esse desempenho com sua expectativa de papel. Assim, o desempenho de papel nem sempre ocorre conforme as expectativas do gestor, pois quatro discrepâncias ou dissonâncias podem surgir nesse episódio, conforme a Figura 3.9.

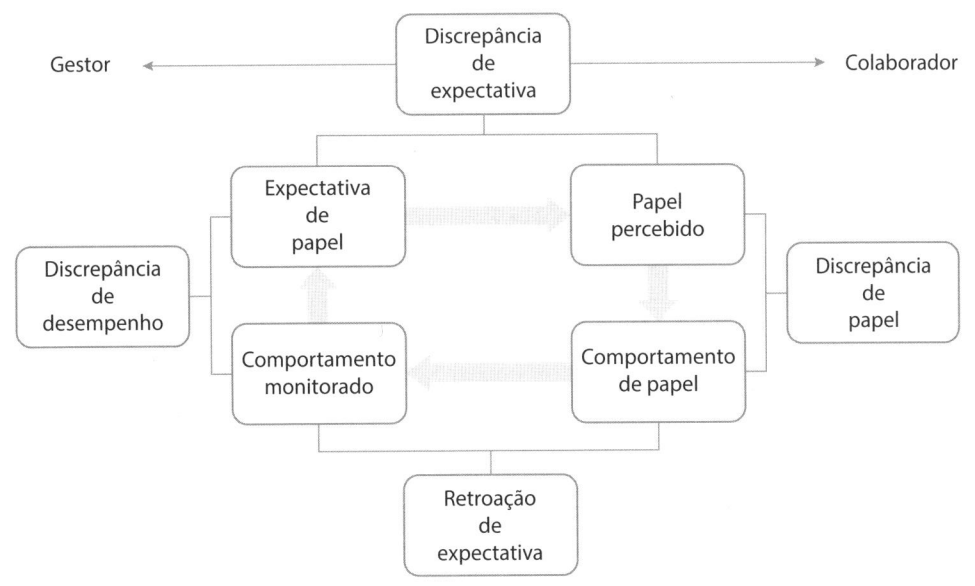

Figura 3.9 O desempenho de papel e suas possíveis discrepâncias.[10]

As quatro discrepâncias ou dissonâncias de papel são:[11]

1. **Discrepância de expectativa:** é a diferença entre a expectativa de papel transmitida pelo gestor e o papel percebido segundo a interpretação do subordinado. Nem sempre aquilo que o gestor explica é perfeitamente entendido pelo subordinado.
2. **Discrepância de papel:** é a diferença entre o papel percebido pelo subordinado e o comportamento de papel que ele consegue desempenhar. Nem sempre o subordinado consegue ou é capaz de fazer efetivamente aquilo que ele entende que deve fazer.
3. **Retroação da discrepância:** é a diferença entre o comportamento de papel do subordinado e o comportamento monitorado pelo gestor. Nem sempre aquilo que o subordinado faz é adequadamente avaliado pelo gestor.
4. **Discrepância de desempenho:** é a diferença entre o comportamento monitorado pelo gestor e a expectativa de papel que ele transmitiu ao subordinado. Nem sempre o que o gestor solicita é realmente executado pelo subordinado.

A compreensão do desempenho de papel deve levar em conta todos os aspectos anteriormente enunciados. Embora sejam bem diferentes entre si, para efeito do que será tratado no decorrer deste livro, é conveniente interligar os conceitos de papel e de trabalho. Doravante deixaremos de falar de papéis ou cargos e passaremos a falar de trabalhos ou posições.

> **VOLTANDO AO CASO INTRODUTÓRIO**
> **Cia. de Aviação ASTOR S/A (ASA)**
>
> Um outro problema que Celso identificou foi o alto índice de *turnover* da área. Segundo ele, não é admissível considerar que um nível elevado de rotatividade faça parte do negócio. É um desgaste muito grande para quem fica, para os clientes, nos relacionamentos, nos custos de treinamentos etc. Sem contar o mais crucial: o aculturamento dos novos funcionários, que a área não realizava. Sobre o aculturamento, como você poderia ajudar Celso em um plano para mitigar esse problema?

3.3 ENGAJAMENTO DE TALENTOS

A viabilidade de uma organização, do ponto de vista humano, depende de sua capacidade de captar e aplicar adequadamente as competências de seus talentos no alcance de resultados expressivos. Para tanto, é preciso mantê-los satisfeitos e engajados em suas atividades. Atrair, conquistar, desenvolver, aplicar e engajar talentos é um enorme desafio para as organizações. Isso exige um complicado e balanceado ecossistema envolvendo a comunidade colaborativa de talentos, como vimos anteriormente, para oferecer condições saudáveis e agradáveis, e incentivar o desejo de permanecer e participar ativamente da organização. Não se trata apenas de manter ou reter talentos, mas de engajá-los. E quando a socialização organizacional e o trabalho (papel) designado às pessoas são aspectos bem-sucedidos, surge o engajamento dos talentos, quando o ecossistema da comunidade colaborativa de talentos também funciona a contento.

Capítulo 3 – Comunidade Colaborativa de Talentos e Socialização Organizacional

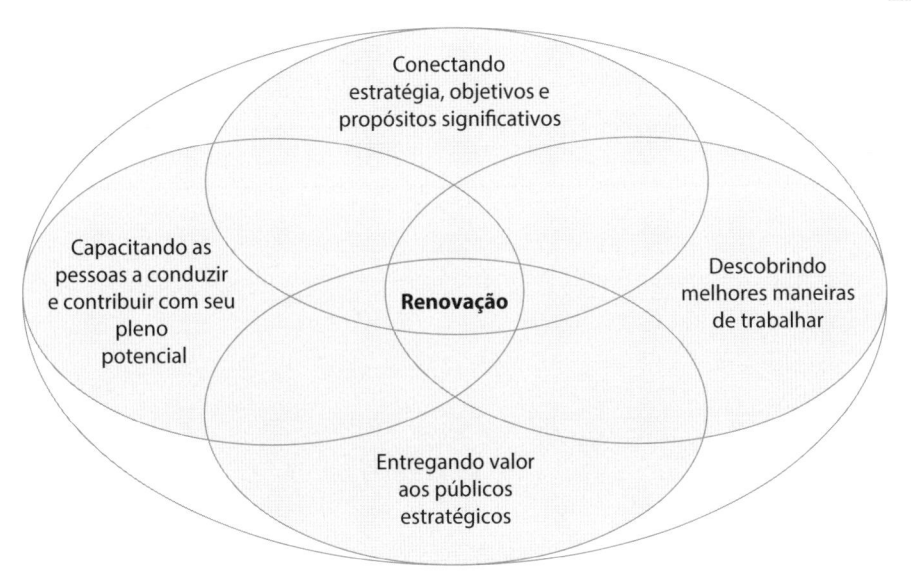

Diagrama de Venn com os elementos:
- Conectando estratégia, objetivos e propósitos significativos
- Capacitando as pessoas a conduzir e contribuir com seu pleno potencial
- Descobrindo melhores maneiras de trabalhar
- Entregando valor aos públicos estratégicos
- Renovação (centro)

Figura 3.10 Renovação organizacional por meio de recursos para descobrir, capacitar e entregar valor aos seus públicos estratégicos.

SAIBA MAIS

O desafio do engajamento

Pesquisa da Accenture mostra que boa parte dos colaboradores em todo o mundo estão descontentes com seus empregos atuais – o que não demonstram abertamente – e aceitariam qualquer oferta melhor ou igual para saírem dele. Na verdade, o engajamento depende de um feliz acerto de condições recíprocas em um balanço entre oferta e procura que mutuamente organização e colaborador buscam. O que não é fácil encontrar, pois ambas as partes sabem o que desejam dar e receber em troca. Contudo, as pesquisas mostram que está faltando maior sensibilidade por parte das organizações em criar e oferecer condições psicológicas e sociais mais afinadas com as expectativas dos seus colaboradores. A falta de significado do trabalho em si é uma das maiores causas desse terrível desengajamento.

Hoje, o engajamento dos talentos é imperativo. Os pontos de partida são:
- Redefinir; não basta transformar a empresa no melhor lugar para trabalhar.
- Criar equipes que façam o que adoram fazer.
- Criar um senso de propósito, missão e paixão.
- Focar o significado do trabalho entre todos.
- Ligar compensação com engajamento. É a maior responsabilidade do gestor.
- Insistir em entrevistas de "permanecer", ou seja, o porquê estão ficando.
- Ouvir continuamente as pessoas e não apenas as pesquisas.
- Monitorar o nível de engajamento em todos os níveis.

- O engajamento precisa ser criado, medido, avaliado, monitorado e melhorado sempre.
- O papel dos gestores e dos colegas de trabalho que incentivem o engajamento.
- Como criar a melhor empresa para se trabalhar?
- Construir atratores para atrair e ampliar o ecossistema da comunidade colaborativa de talentos.

Os prejuízos do desengajamento são sobejamente conhecidos, pois envolvem:

- baixa produtividade;
- alta rotatividade;
- elevado absenteísmo;
- custos elevados;
- ausência de criatividade e inovação;
- baixo moral na organização etc.

3.3.1 Grau de engajamento dos talentos

Poucas organizações sabem como vai o engajamento de seus talentos. Na realidade, existem vários níveis ou graus de engajamento das pessoas nas organizações, em um *continuum* de varia desde uma rejeição negativa até uma atração positiva, conforme a Figura 3.11. Como o nível de engajamento muda de acordo com determinados fatores – que vislumbraremos adiante –, torna-se necessário buscar medi-lo não somente para verificar o seu nível, mas principalmente para conhecer as razões e identificar soluções para mantê-lo sempre elevado.

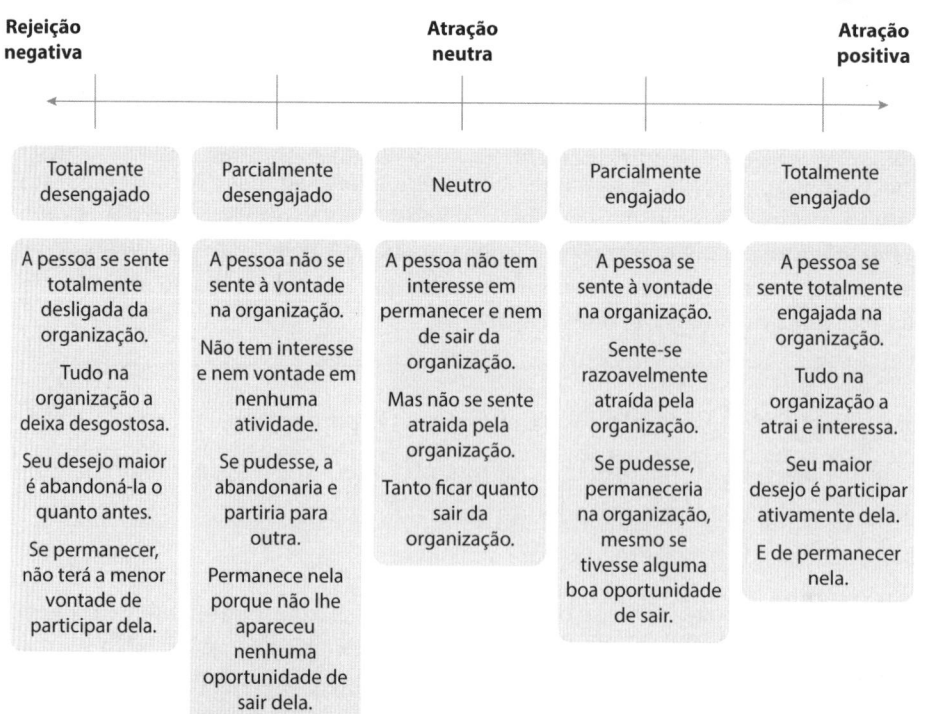

Rejeição negativa		Atração neutra		Atração positiva
Totalmente desengajado	Parcialmente desengajado	Neutro	Parcialmente engajado	Totalmente engajado
A pessoa se sente totalmente desligada da organização. Tudo na organização a deixa desgostosa. Seu desejo maior é abandoná-la o quanto antes. Se permanecer, não terá a menor vontade de participar dela.	A pessoa não se sente à vontade na organização. Não tem interesse e nem vontade em nenhuma atividade. Se pudesse, a abandonaria e partiria para outra. Permanece nela porque não lhe apareceu nenhuma oportunidade de sair dela.	A pessoa não tem interesse em permanecer e nem de sair da organização. Mas não se sente atraída pela organização. Tanto ficar quanto sair da organização.	A pessoa se sente à vontade na organização. Sente-se razoavelmente atraída pela organização. Se pudesse, permaneceria na organização, mesmo se tivesse alguma boa oportunidade de sair.	A pessoa se sente totalmente engajada na organização. Tudo na organização a atrai e interessa. Seu maior desejo é participar ativamente dela. E de permanecer nela.

Figura 3.11 Painel de níveis de engajamento dos talentos.[13]

Capítulo 3 – Comunidade Colaborativa de Talentos e Socialização Organizacional

Uma outra abordagem ao engajamento pode identificar outros aspectos importantes que merecem bastante reflexão, como mostra a Figura 3.12.

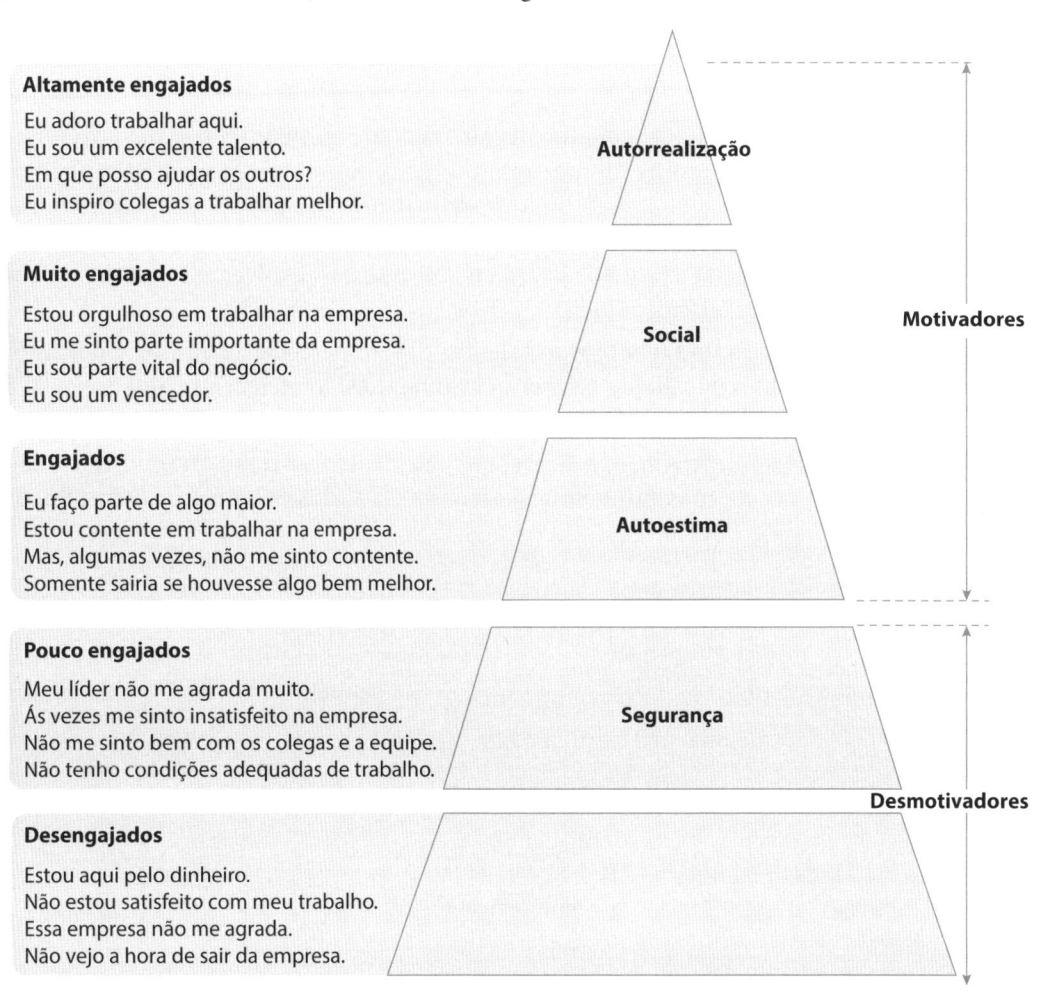

Altamente engajados
Eu adoro trabalhar aqui.
Eu sou um excelente talento.
Em que posso ajudar os outros?
Eu inspiro colegas a trabalhar melhor.

Autorrealização

Muito engajados
Estou orgulhoso em trabalhar na empresa.
Eu me sinto parte importante da empresa.
Eu sou parte vital do negócio.
Eu sou um vencedor.

Social

Motivadores

Engajados
Eu faço parte de algo maior.
Estou contente em trabalhar na empresa.
Mas, algumas vezes, não me sinto contente.
Somente sairia se houvesse algo bem melhor.

Autoestima

Pouco engajados
Meu líder não me agrada muito.
Ás vezes me sinto insatisfeito na empresa.
Não me sinto bem com os colegas e a equipe.
Não tenho condições adequadas de trabalho.

Segurança

Desmotivadores

Desengajados
Estou aqui pelo dinheiro.
Não estou satisfeito com meu trabalho.
Essa empresa não me agrada.
Não vejo a hora de sair da empresa.

Figura 3.12 Engajamento e motivação.

Muitas organizações tentam avaliar e medir o grau de engajamento de seus colaboradores por meio de pesquisas internas sobre o clima organizacional, quando poderiam sabê-lo em tempo real por meio de análises de pessoas (*people analytics*), utilizando tecnologias disponíveis para tal, inclusive para definir as ondas de mudanças e oscilações.

O engajamento depende de vários fatores integrados capazes de fazer a diferença para uma pessoa. Alguns deles são:

- **Atratividade da organização:** é o grau em que a organização sabe conquistar seus talentos, ouvi-los e mantê-los sempre satisfeitos e dispostos a participar e colaborar ativamente em suas atividades, cuidando do seu ambiente de trabalho e bem-estar.
- **Liderança:** gestores preparados e alinhados para oferecer uma liderança eficaz. Trata-se de garantir que os talentos sejam liderados, empoderados e engajados em suas atividades

na organização, e principalmente reconhecidos em suas atividades. Talentos devem ser liderados (como elementos ativos e proativos) e não administrados (como elementos passivos).

- **Motivação e alavancagem dos talentos:** para que estejam sempre motivados, estimulados e entusiasmados em suas atividades.
- **Desenvolvimento de competências:** a organização deve incentivar e proporcionar todas as condições de aprendizado no trabalho para que os talentos estejam sempre desenvolvendo conhecimentos, habilidades, julgamentos e atitudes que sempre proporcionem competências adicionais. Quando colaboradores engajados são desafiados e recebem as competências adequadas para crescer e se desenvolver, eles estão prontos para crescer e desenvolver mais ainda.
- **Propósito e significado do trabalho:** os talentos devem perceber claramente o propósito e o significado do seu trabalho e saber que com ele estão oferecendo algo especial à organização.
- **Criação de valor:** os talentos devem perceber claramente que estão criando valor não somente à organização, mas também à sociedade e a todos os públicos estratégicos (*stakeholders*)[14] do negócio.

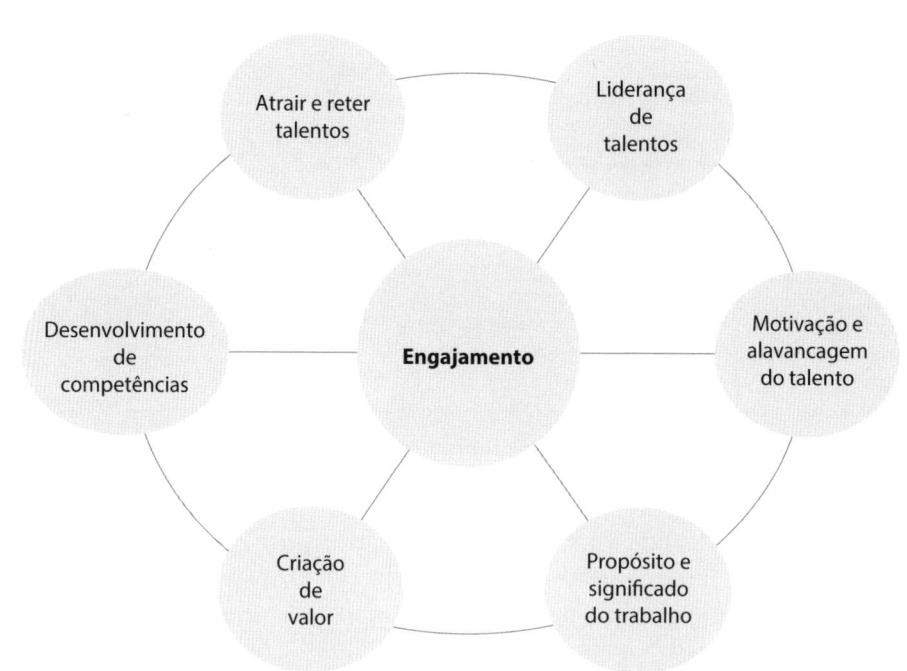

Figura 3.13 Fatores indispensáveis ao bom engajamento.[15]

Uma pesquisa da Accenture revela que quando os talentos estão adequadamente engajados na organização e em seu negócio, eles põem todas as suas energias físicas, mentais e emocionais a serviço do sucesso organizacional. Tudo isso implica em investimentos comportamentais, intelectuais e emocionais aplicados em seu trabalho. A pesquisa mostra que colaboradores engajados apresentam as seguintes características:[16]

Capítulo 3 – Comunidade Colaborativa de Talentos e Socialização Organizacional

- São entusiasmados em suas atividades na organização.
- Determinados a completar seus deveres.
- Sempre desejosos de ir além do seu trabalho.
- Preparados e devotados a um desempenho superior.
- Percebem o seu trabalho como fonte de orgulho pessoal.
- Enfrentam positivamente os desafios implícitos no seu trabalho.
- Tentam sempre melhorar seu desempenho.
- Colocam a mente e o coração em suas atividades.

Todas essas características se apoiam em três aspectos principais que se relacionam mutuamente, mas que dependem de um clima organizacional agradável, uma liderança apoiadora, uma cultura participativa e uma arquitetura organizacional integradora, como mostra a Figura 3.14.

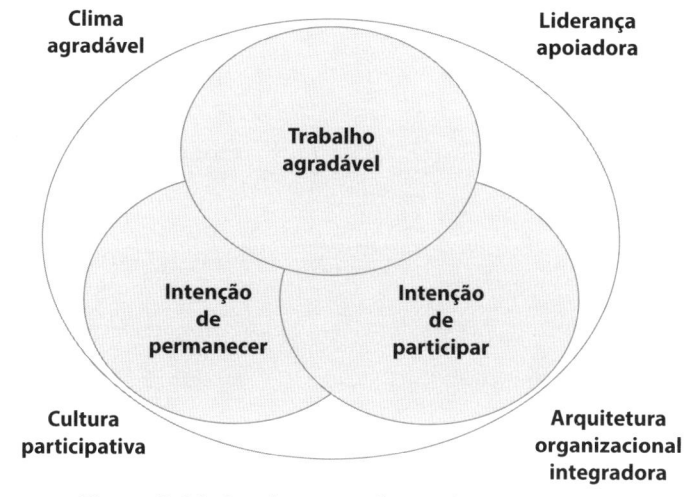

Figura 3.14 Condições e reflexos do engajamento.

SAIBA MAIS

A regra 70-20-10

Essa regra adota um esquema no qual 70% da aprendizagem acontece no desempenho do trabalho, 20% por meio de interação e colaboração com outros e 10% por meio de aprendizagem formal, como treinamento em sala de aula, currículos digitais etc. Obviamente, são porcentagens que variam enormemente conforme a atividade e a organização. Hoje, as tecnologias sociais desempenham uma importante função na conexão com especialistas e na criação e no compartilhamento do conhecimento. E as organizações estão incrementando as intervenções de aprendizagem informal, envolvendo treinamento e mentoria, instrução no trabalho, aprendizagem com base em ações, acesso sob demanda à aprendizagem digital etc. O fato é que tudo isso também ajuda a incrementar o engajamento dos colaboradores, além de proporcionar seu desenvolvimento. E o mais importante: cria um senso de propósito para os colaboradores: aprender sempre e em qualquer condição. Ou melhor: aprender ao longo da vida.

3.3.2 *Ikigai*

No Japão, o termo *ikigai* significa "razão de ser" e envolve todos os elementos da vida de uma pessoa, como carreira, *hobbies*, relacionamentos, existência, espiritualidade etc. Quando a pessoa descobre o seu *ikigai*, ela se torna satisfeita e sua vida se torna cheia de significado e propósito.

Figura 3.15 *Ikigai*: a razão de cada dia.[17]

As pessoas passam grande parte de suas vidas no trabalho, e o trabalho provoca forte impacto na saúde e no bem-estar de cada pessoa. É preciso gostar de fazer aquilo que se faz. Assim, torna-se imperativo oferecer às pessoas um trabalho agradável e significativo. E em um local de trabalho que muda rapidamente, as pessoas precisam continuar aprendendo a permanecer relevantes e imprescindíveis naquilo que fazem. Para mantê-las "ligadas", todas as pessoas devem ser estimuladas a:[18]

- **Focar em seu crescimento individual:** ao longo de toda a vida, por meio do aprendizado constante.
- **Tornar-se um mestre serial:** a longevidade e a expectativa de vida aumentam três meses a cada ano. Isso significa que as pessoas permanecerão no trabalho por mais tempo. Para manterem habilidades relevantes em um mundo mutável, elas precisarão aprender ao longo de toda a vida.

- **Alongamento:** é preciso sair de sua zona de conforto, tentar sempre algo novo para manter seu crescimento pessoal para manterem-se constantemente relevantes.
- **Construir sua marca pessoal:** que é a expressão que causa nos outros e que comunica o seu valor, os seus recursos e o seu diferencial. A marca pessoal não deve ser estática, mas deve evoluir com a carreira e ao longo da vida.
- **Ter o seu próprio desenvolvimento:** o emprego ao longo da vida toda está desaparecendo para mundo do trabalho para muitas organizações ou talvez para as próprias pessoas. Em um ambiente sem continuidade, as pessoas precisam se preparar para isso.
- **Fazer o que se ama:** adotar o *ikigai*, o senso de propósito. Para tanto, é preciso que a pessoa responda a quatro perguntas: "O que você ama?"; "Do que o mundo precisa?"; "Pelo que você pode ser pago?"; e "No que você é bom?". Um estudo sobre adultos japoneses mostrou que o risco de mortalidade era muito maior entre indivíduos que não encontraram um senso de *ikigai* do que aqueles que o encontraram. Pense nisso.
- **Mantenha-se vital:** a longevidade exige reinvenção e crescimento, e um reservatório de energia para definir as pessoas no caminho da aprendizagem ao longo da vida e fornecer a resiliência necessária para sustentar esses esforços.

Engajar talentos é atualmente um dos maiores desafios das organizações bem-sucedidas. Isso representa toda uma ação organizacional complexa e direcionada para todos e para o longo prazo. Algo que envolve conhecer profundamente cada talento individualmente, desvendar seu comportamento e suas motivações, suas características, suas competências, suas metas individuais, suas expectativas etc. Coisas que as modernas tecnologias podem acessar e oferecer *insights* valiosos.

VOLTANDO AO CASO INTRODUTÓRIO
Cia. de Aviação ASTOR S/A (ASA)

Depois de determinado tempo, os planos que Celso implantou começaram a gerar resultados satisfatórios. Todavia, ele percebia que os funcionários ainda não estavam engajados. Eles melhoraram bastante o desempenho e a satisfação em relação à situação anterior, mas faltava o engajamento. Em uma pesquisa, o grau de engajamento ficou posicionado como "neutro" na escala. Celso iniciou o desenvolvimento de um novo plano, com o desafio de buscar o engajamento desses profissionais. Se você estivesse no lugar de Celso, o que faria?

Fala-se muito em reter talentos, mas é preciso antes saber engajá-los na organização. Como os talentos fazem parte integrante do seu capital humano, as organizações procuram incessantemente criar todas as condições internas para mantê-los e reduzir o risco de perdas de talentos. Talento deve ser uma riqueza organizacional que precisa ser preservada em um mundo carregado de mudanças disruptivas e rápidas. A gestão de riscos futuros aconselha a repensar e reimaginar a maneira como preparar adequadamente os talentos para o mundo exponencial que se aproxima rapidamente.

RESUMO

A Era Digital trouxe consigo um novo conceito em relação ao olhar das pessoas que realizam o trabalho organizacional. O conceito de força de trabalho, existente até a Era Industrial, cede lugar ao conceito de comunidade colaborativa de talentos, ou seja, uma nova realidade, que une todos os gestores e colaboradores da organização em um trabalho integrado em busca de resultados sinérgicos. Essa comunidade, conduzida por uma GH, é apoiada com o uso de tecnologia (*people analytics*), que ajuda a alavancar os resultados. Esse novo olhar de comunidade colaborativa impacta no planejamento estratégico das organizações, haja vista que na Era Digital não existe mais a relativa certeza quanto ao futuro, como ocorria na Era Industrial. O planejamento, que existia para mitigar a incerteza, passa a ser delineado para conviver com ela. É nesse contexto que o planejamento estratégico de talentos se insere, a fim de adequar as competências necessárias no momento certo, procurando, assim, suprir a comunidade colaborativa de talentos. Todavia, o ponto nevrálgico do planejamento estratégico é sua execução. Para que o sucesso se realize, é necessário o entrosamento, a socialização e o engajamento de todos os funcionários. Mas para que isso ocorra, é necessário socializar os novos talentos. A socialização, portanto, existe para promover o aculturamento organizacional. O funcionário passa a compreender seus papéis, ou seja, suas atividades e o comportamento esperado pela organização. Todavia, os resultados ocorrerão a partir do engajamento dos talentos, que exige um complicado e balanceado ecossistema que envolve a comunidade colaborativa de talentos, a fim de oferecer condições saudáveis e agradáveis e incentivar o desejo do talento em permanecer e participar ativamente da organização.

TÓPICOS PRINCIPAIS

Comunidade colaborativa de talentos	Ecossistema da comunidade colaborativa de talentos	Engajamento
GH	Socialização	Desafios do engajamento
Estratégia organizacional	Personalização	Graus de engajamento
Estratégia colaborativa de talentos	Papéis	
People analytics	Discrepância de papéis	

QUESTÕES PARA DISCUSSÃO

1. Explique a diferença entre os conceitos *força de trabalho* e *comunidade colaborativa*.
2. Qual a funcionalidade do *people anlytics*?
3. Quais são as diferenças em relação às pessoas nas organizações que sofrerão mudanças em relação ao modelo industrial?
4. Explique o que mudou em termos de planejamento estratégico realizado da Era Industrial para a Era Digital.
5. Explique como o planejamento estratégico pode garantir uma comunidade colaborativa.
6. Quais áreas da organização compõem uma comunidade colaborativa de talentos?

7. Explique as etapas do planejamento estratégico da comunidade colaborativa de talentos.
8. Explique o que é e como pode ocorrer a socialização organizacional de novos colaboradores.
9. Explique a diferença entre socialização e personalização.
10. Explique os principais métodos utilizados para promover a socialização.
11. Explique o que são os papéis que os indivíduos assumem em uma organização e qual sua importância.
12. Explique quando ocorre a discrepância dos papéis.
13. Explique o significado de engajamento de talentos.
14. Comente sobre os pontos de partida que a organização deve realizar para o engajamento dos talentos.
15. Quais são os graus de engajamento e quais as consequências (positivas ou negativas) que cada grau pode causar para a organização?
16. Explique as vantagens de ter pessoas engajadas na organização.
17. Como medir o nível de engajamento?
18. Quais fatores as organizações podem utilizar para manter o engajamento?
19. Explique os níveis de engajamento e de motivação.
20. Identifique as características de um colaborador engajado.
21. Explique o significado de *ikigai* e sua relação com o engajamento organizacional.

Acesse um caso sobre **As regras de trabalho da Google** na seção *Caso de apoio* DHE 3.1

REFERÊNCIAS

1. BERSIN, J. The long view: putting the "human". *Human Resources*, april, 16, 2020. Vide: info@bersinacademy.com.
2. CHIAVENATO, I. *Gestão de Pessoas:* o novo papel da Gestão do Talento Humano. 5. ed. São Paulo: Atlas, 2020.
3. CHIAVENATO, I. *Gestão de Pessoas:* o novo papel da Gestão do Talento Humano, *op. cit.*
4. ABERDEEN GROUP. *Workforce Scheduling Management.* March 2011. Disponível em: https://pt.slideshare.net/RichelleMasse/aberdeen-group-workforce-management.
5. CHIAVENATO, I. *Recursos Humanos:* o capital humano das organizações. 11. ed. São Paulo: Atlas, 2020.
6. CHIAVENATO, I. *Recursos Humanos:* o capital humano das organizações, *op. cit.*
7. CHIAVENATO, I. *Recursos Humanos:* o capital humano das organizações, *op. cit.*
8. CHIAVENATO, I. *Recursos Humanos:* o capital humano das organizações, *op. cit.*
9. KATZ, D.; KAHN, R. L. *Psicologia social das organizações.* São Paulo: Atlas, 1970. p. 88.
10. GRAEN, G. Role-making processes within complex organizations. *In:* DUNNETTE, M. D. (org.). *Handbook of industrial and organizational psychology.* Chicago: Rand McNally, 1976.

11. GRAEN, G. *Role-making processes within complex organizations, op. cit.*
12. ACCENTURE. *How to Engage.* June, 14, 2021. Disponível em: www.accenture.com/how-to-engage.
13. CHIAVENATO, I. *Recursos Humanos:* o capital humano das organizações, *op. cit.*
14. *Stakeholders* ou públicos estratégicos ou, ainda, grupos de interesses são organizações, são grupos ou pessoas que mantêm interações ou interesses em uma determinada organização e que atuam direta ou indiretamente nela ou são influenciados por ela. São os proprietários, os acionistas, os investidores, os fornecedores, os intermediários (como atacadistas ou varejistas), os clientes e os consumidores, as agências reguladoras (como sindicatos ou órgãos governamentais de regulação) etc. Os *stakeholders* investem com algo na organização e dela recebem retornos de seus investimentos.
15. CHIAVENATO, I. *Gestão de Pessoas:* o novo papel da gestão do talento humano, *op. cit.*
16. ACCENTURE. *How to Engage.* June, 14, 2021. Disponível em: www.accenture.com/how-to-engage.
17. VAN DAM, N. *Learn or lose.* Breukelen, Netherlands: Nyenrode Publ., nov. 2016.
18. BRASSEY, J.; VAN DAM, N.; COATES, K. *Seven essential elements of a lifelong learning mind-set.* McKinsey & Co., fev. 2019. *Vide:* https://www.mckinsey.com/business-functions/people-and-organizational-performance/our-insights/seven-essential-elements-of-a-lifelong-learning-mind-set. Acesso em: 8 jun. 2021.

    Vide também: VAN DAM, N. *Elevating learning and development insights and practical guidance from de field.* Breukelein, Holanda: Nyenrode Publ., aug. 2018.

4 MODELAGEM DO TRABALHO

OBJETIVOS DE APRENDIZAGEM

- Apresentar os modelos de desenho de trabalhos.
- Discutir a modelagem de trabalhos.
- Indicar os meios para assegurar satisfação no trabalho.

O QUE VEREMOS ADIANTE

- Conceituação de trabalho.
- Conceituação de desenho do trabalho.
- Modelos de desenho do trabalho.
- Equipes de trabalho.

CASO INTRODUTÓRIO
O desafio de Metrópolis

Após assumir a presidência da Metrópolis, Alberto Mendes passou a enfrentar desafios. A sua empresa – tradicional produtora de produtos alimentícios – defrontou-se com a concorrência de empresas que ofereciam produtos de melhor qualidade e mais baratos. Para sobreviver, a Metrópolis deveria renovar-se inteiramente para poder sair novamente na frente dos concorrentes. Contudo, Alberto verificou que todas as empresas concorrentes dispunham dos mesmos artefatos concretos: máquinas, equipamentos e tecnologias equivalentes. Tudo isso pode ser comprado ou alugado no mercado. A vantagem competitiva da Metrópolis não deveria residir nessas mesmas coisas físicas e tangíveis. O seu foco deveria estar nas pessoas. Mas como aplicar rentavelmente o esforço intelectual humano? O segredo estava no desenho dos trabalhos da empresa, na maneira como as pessoas poderiam trabalhar. Como você poderia ajudar Alberto?

INTRODUÇÃO

Quase sempre as pessoas trabalham nas organizações por meio dos trabalhos, das tarefas ou das posições que ocupam. Quando alguém diz que trabalha em determinada empresa, a primeira coisa que lhe perguntamos é qual o trabalho ou posição que desempenha. Assim, sabemos o que ela faz na organização e temos uma ideia de sua importância e do nível hierárquico que ocupa. Para a organização, o trabalho ou posição constitui a base da aplicação das pessoas nas tarefas organizacionais, e para a pessoa, uma das maiores fontes de expectativas e de motivação na organização. Este capítulo mostra como entender o que os talentos estão fazendo na organização.

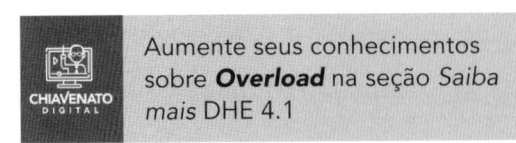

> Aumente seus conhecimentos sobre **Overload** na seção *Saiba mais* DHE 4.1

4.1 CONCEITUAÇÃO DE TRABALHO

Tradicionalmente, o conceito de trabalho ainda se baseia nas velhas noções de tarefa, atribuição, função e cargo derivadas do modelo burocrático:

- **Tarefa:** é toda atividade individualizada e executada por um ocupante de cargo. Geralmente é a atividade atribuída a trabalhos simples e repetitivos (trabalhos de horistas ou operários), como montar uma peça, rosquear um parafuso, usinar um componente, injetar uma peça etc.

- **Atribuição:** é toda atividade individualizada e executada por um ocupante de trabalho. Geralmente é a atividade atribuída a trabalhos mais diferenciados (mensalistas ou funcionários), como preencher um cheque, emitir uma requisição de material, elaborar uma ordem de serviço etc. Na realidade, a atribuição é uma tarefa um pouco mais sofisticada, mais mental e menos braçal.

- **Função:** é um conjunto de tarefas (trabalhos do pessoal horista) ou de atribuições (trabalhos do pessoal mensalista) exercido de maneira sistemática e reiterada pelo ocupante. Para que um conjunto de atribuições constitua uma função é necessário que haja reiteração em seu desempenho.

- **Cargo:** é um conjunto de funções (conjunto de tarefas ou de atribuições) com uma posição definida na estrutura organizacional, isto é, no organograma. A posição define as relações entre o trabalho e os demais trabalhos da organização. No fundo, são relações verticais (com o superior e os subordinados, se houver) e horizontais (entre colegas que entregam ou que recebem dados, informações ou sequenciamento de atividades).

Segundo esses conceitos tradicionais que vêm desde a Era Industrial, o cargo é o composto de todas as atividades desempenhadas por uma pessoa dentro de um todo unificado e que ocupa uma posição formal no organograma da organização. Para desempenhar suas atividades, cada pessoa ocupa um cargo, deve ter uma posição definida no organograma. Nessa concepção, um cargo constitui uma unidade da organização e consiste em um conjunto de deveres e responsabilidades que o tornam separado e distinto dos demais cargos. A posição do cargo no organograma define o seu nível hierárquico, a subordinação, os subordinados e o departamento ou divisão em que está situado. Posicionar um cargo no organograma significa estabelecer essas quatro vinculações ou condições.

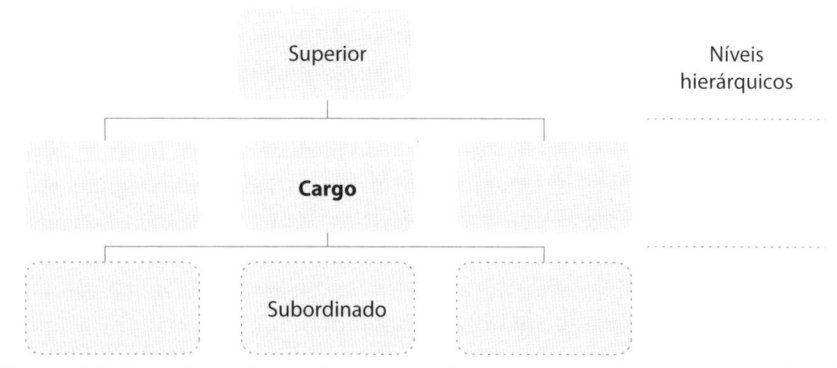

Figura 4.1 O tradicional posicionamento do cargo na arquitetura organizacional.[1]

A tradição mostra que o ocupante de cargo é a pessoa designada para desempenhar uma atividade ou trabalho. No fundo, toda pessoa que trabalha na organização ocupa um determinado cargo. Existem cargos que têm um único ocupante – como o diretor-presidente – e cargos que exigem vários ocupantes que realizam as mesmas tarefas – como é o caso de operadores de máquinas, escriturários, caixas, balconistas, vendedores etc. As tarefas ou atribuições constituem as atividades realizadas pelo ocupante do cargo. Quando uma pessoa ocupa determinado cargo, espera-se que ela execute as tarefas ou atribuições típicas daquele cargo, subordine-se a um superior que gere o trabalho de seus subordinados e responda por sua unidade de trabalho.

4.2 CONCEITUAÇÃO DE DESENHO DE CARGO

Desenhar um cargo significava estabelecer quatro condições fundamentais:[2]

- O conjunto de tarefas ou atribuições que o ocupante deverá desempenhar (conteúdo do cargo).
- Como esse conjunto de tarefas ou atribuições deverá ser desempenhado (métodos e processos de trabalho).
- A quem o ocupante do trabalho deverá se reportar (responsabilidade), isto é, a relação com seu superior.
- Quem o ocupante do trabalho deverá supervisionar ou dirigir (autoridade), isto é, a relação com seus subordinados.

O desenho do cargo (*job design*) constitui a especificação do conteúdo, dos métodos de trabalho e das relações com os demais cargos, no sentido de satisfazer os requisitos tecnológicos, organizacionais e sociais, bem como os requisitos pessoais de seu ocupante.[3] No fundo, o desenho dos cargos representa o modo pelo qual as organizações projetam os cargos individuais e os combinam em unidades e departamentos nos vários níveis organizacionais.

Aumente seus conhecimentos sobre **Afinal, quem desenha os cargos nas organizações?** na seção *Saiba mais* DHE 4.2

4.3 MODELOS DE DESENHO DE CARGOS

Provavelmente, o desenho do cargo é tão antigo quanto o próprio trabalho humano. Desde que o ser humano teve de se dedicar à tarefa de caçar, pescar, plantar ou colher, ele aprendeu, por meio de sua experiência acumulada ao longo dos séculos, a modificar seu desempenho para melhorá-lo continuamente. E quando a tarefa foi aumentando, exigindo um número maior de pessoas para realizá-la, a coisa se complicou. Mas a situação básica de um ser humano que desempenha tarefas sob a direção de outro jamais foi realmente alterada, apesar de todas as mudanças sociais, tecnológicas, políticas, econômicas, culturais e mesmo demográficas ocorridas durante a longa história da humanidade. Com a divisão do trabalho implantada no decorrer de toda a Era Industrial, se o conteúdo do trabalho se alterou, não se alterou a essência da situação de dependência de uma pessoa em relação a outra.[4] No decorrer de todo esse longo período, vários cientistas do comportamento e consultores de empresas demonstraram que as tradicionais abordagens de desenho de cargos conduzem a resultados contrários aos objetivos organizacionais. A partir daí, começam a surgir novos modelos de desenho de trabalhos.

4.3.1 Modelo tradicional de desenho de trabalhos

É o figurino utilizado pelos engenheiros pioneiros que iniciaram o movimento da Administração Científica no início do século 20. Antes disso, nunca houve uma preocupação de analisar o trabalho com profundidade. Taylor e seus seguidores Gantt e Gilbreth fizeram a primeira tentativa sistemática de aplicar certos princípios para a adequação do indivíduo ao trabalho e vice-versa. Essa postura apregoava que somente por meio de métodos científicos se poderia projetar trabalhos e treinar pessoas para se obter a máxima eficiência possível. A organização racional do trabalho buscava determinar a melhor maneira de executar as tarefas (*the best way*) e o uso de incentivos salariais (prêmios de produção) para assegurar a adesão aos métodos de trabalhos prescritos. Isso era o que se chamava de racionalização do trabalho. A melhor maneira era obtida por meio de técnicas de estudos de tempos e movimentos que levavam ao método de trabalho a ser seguido pelos trabalhadores. Procurava-se uma separação entre pensamento (gerência) e execução da atividade (operariado): os cargos eram projetados segundo o modelo de fazer e não de pensar. O gestor mandava e o operário simplesmente obedecia e executava.[5] O treinamento no trabalho era restrito às habilidades específicas necessárias à execução da tarefa. O ponto de vista dominante era o de que quanto mais simples e repetitivas as tarefas, maior a eficiência do trabalhador. Daí a ênfase na fragmentação das tarefas, na exagerada simplificação da atividade e na consequente superespecialização do operário.

O modelo clássico desenha os trabalhos a partir das seguintes etapas:[6]

- O pressuposto é o de que o homem é um simples apêndice da máquina, um mero recurso produtivo. A racionalidade que se busca é eminentemente técnica. A tecnologia vem antes e as pessoas vêm depois. A tecnologia (maquinário, ferramentas, instalações, arranjo físico) constitui a base para condicionar o desenho dos trabalhos. Em outras palavras, o desenho de trabalhos serve exclusivamente à tecnologia e aos processos de produção. O desenho é ótimo quando atende aos requisitos da tecnologia e dos processos produtivos. A maneira de encarar o trabalho é lógica e determinística: decompor a tarefa em suas partes componentes.

- O trabalho é dividido e fragmentado em partes fracionadas para que cada pessoa faça apenas uma subtarefa simples e repetitiva. Cada pessoa recebe uma incumbência parcial e fragmentada para executar de maneira rotineira e repetitiva, tendo em vista o tempo-padrão para realizá-la e os ciclos de produção que precisam ser atendidos. No conjunto, o trabalho de todas as pessoas deve ser feito de maneira harmoniosa, cadenciada e coordenada.
- O desenho clássico de trabalhos repousa na presunção de estabilidade e permanência do processo produtivo no longo prazo. Isso faz com que o desenho de trabalhos seja definitivo e feito para durar sempre. Não se cogita mudanças.
- A ênfase reside na eficiência individual de cada pessoa. O trabalho é medido por meio de estudos de tempos e movimentos (cronometragem) para definir os tempos médios de execução, que são denominados tempo-padrão. O tempo-padrão representa 100% de eficiência. A fim de incrementar a eficiência, existem prêmios de produção para quem ultrapasse o tempo-padrão com base no conceito de *homo economicus* (homem motivado exclusivamente por ganhos salariais).

O modelo clássico de trabalho visa projetar trabalhos dentro da seguinte lógica:[7]

- Segmentar e fragmentar os trabalhos em tarefas simples, repetitivas e facilmente treináveis.
- Por meio do estudo de tempos e movimentos, eliminar as atividades e os movimentos desnecessários que produzam fadiga e que não estejam relacionados com a tarefa a ser executada.
- Definir o método de trabalho para encontrar a melhor maneira (*best way*) para seus ocupantes se moverem, localizarem e lidarem fisicamente com a tarefa.
- Selecionar cientificamente o trabalhador e treiná-lo de acordo com as exigências da tarefa.
- Eliminar tudo o que possa provocar fadiga física ou perda de tempo, como: aproximar equipamentos de maneira que minimizem o esforço e a perda de tempo e projetar instrumentos que facilitem o trabalho humano, como linhas de montagem, transportadores, seguidores e outras máquinas para reduzir ações e esforços físicos desnecessários.
- Estabelecer o tempo-padrão para executar a tarefa, que equivale à eficiência de 100%. Um operário que trabalha com eficiência de 80% está produzindo 20% a menos do que normalmente seria solicitado. O ideal é eficiência igual ou maior do que 100%.
- Oferecer planos de incentivo salarial, ou seja, prêmios de produção para os operários que ultrapassem o tempo-padrão para incentivar a máxima eficiência possível, ou seja, rendimentos superiores a 100%, para repartir com os operários parte da economia auferida pela organização.
- Melhorar o ambiente físico da fábrica, de maneira que o ruído, a iluminação, a ventilação e outras facilidades de suporte não produzam fadiga, nem reduzam a eficiência. Isso significa projetar condições físicas e ambientais que favoreçam o trabalho e proporcionem conforto ao funcionário.

> Aumente seus conhecimentos sobre **O modelo tradicional de desenho de trabalhos** na seção *Saiba mais* DHE 4.3

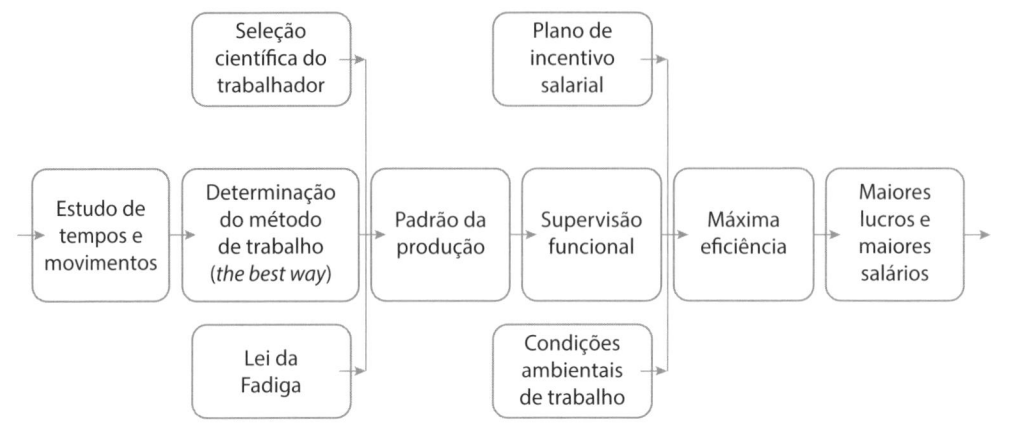

Figura 4.2 A abordagem mecanística da Administração Científica.[8]

A maneira clássica de configurar trabalhos busca as seguintes vantagens:

- Admissão de operários com qualificações mínimas e salários menores.
- Padronização das atividades.
- Facilidade de supervisão e controle, permitindo maior número de subordinados para cada gestor (maior amplitude de controle).
- Aplicação do princípio da linha de montagem.

Contudo, a exagerada simplificação dos trabalhos trouxe problemas e limitações que constituem sérias desvantagens, como:[9]

- Trabalhos simples e repetitivos tornam-se monótonos e chatos, provocando apatia, fadiga psicológica, desinteresse e perda do significado do trabalho. Em casos mais graves, trazem efeitos negativos, como ressentimento, abaixamento do moral e até resistência ativa dos operários. Esses efeitos negativos produzem maior rotatividade de pessoal, maior absenteísmo e precária dedicação das pessoas. São efeitos que pesam muito na pretendida redução de custos, chegando mesmo a ultrapassá-los em alguns casos.
- Com a desmotivação pelo trabalho chato e monótono, as pessoas tendem a se concentrar nas reivindicações e nas expectativas por maiores salários e melhores condições de trabalho como meio de compensar a insatisfação com a tarefa.

As rápidas transformações sociais, culturais e econômicas mostram que a supersimplificação dos trabalhos tende a criar ou transferir problemas para o futuro, por quatro razões fundamentais:[10]

- Os jovens de hoje estão recebendo melhor educação e informação, e deverão compor uma força de trabalho futura que certamente desejará trabalhos significativos e desafiadores, consistentes com o seu padrão de formação e de conhecimentos.

- As atitudes quanto à autoridade estão mudando a cada geração e as pessoas de hoje estão menos propensas do que seus antecessores a aceitar cegamente as ordens dadas por seus superiores.
- Com o gradual movimento de nossa sociedade em relação ao bem-estar social e à qualidade de vida, existe uma enorme possibilidade de certos trabalhos cíclicos e rotineiros serem tachados de indesejáveis, tornando-se necessária a adoção de um complexo de motivadores intrínsecos para captar e reter seus ocupantes, ou até mesmo automatizá-los ou recorrer a robôs.
- Com o advento da Era da Informação houve uma migração dos empregos industriais para empregos na área de serviços. Enquanto no setor industrial a automação e a robotização murcham de ano para ano as oportunidades de emprego, crescem as ofertas de trabalho no setor de serviços. Na Era Pós-industrial, as tarefas mecânicas e musculares estão sendo atribuídas a máquinas e equipamentos sofisticados (como robôs e equipamentos eletrônicos), enquanto se atribuem às pessoas novas e crescentes tarefas mentais, intelectuais e complexas.

Em resumo, os resultados obtidos pela abordagem clássica não corresponderam às vantagens esperadas, pelo fato de terem apostado em um raciocínio lógico e racionalista que não é consonante com a realidade humana das pessoas.[11]

Quadro 4.1 O que se esperava e o que se alcançou realmente com o modelo clássico de desenho do trabalho[12]

	Vantagens esperadas		Resultados reais
1.	As tarefas são aprendidas rapidamente, requerendo pouco treinamento.	1.	A elevada rotatividade de pessoal pesa mais do que as economias no custo de treinamento.
2.	Os cargos são ocupados por pessoas pouco habilitadas, fáceis de selecionar e com baixos salários.	2.	Elevados índices de absenteísmo exigem pessoas extras disponíveis. Isso eleva os custos laborais.
3.	Os operários são facilmente intercambiáveis devido às poucas habilidades requeridas e à facilidade de treinamento.	3.	É necessário pagar salários maiores para que as pessoas aceitem os trabalhos de cunho repetitivo da linha de montagem.
4.	Em face da mecanização, as pessoas não ficam fisicamente cansadas. A fadiga deve ser mínima.	4.	Problemas de qualidade e de produtividade ocorrem devido à falta de compromisso pessoal das pessoas.
5.	A padronização facilita o controle de qualidade. A probabilidade de erros é minimizada.	5.	A rotatividade do pessoal eleva os custos de recrutamento e seleção.
6.	A mecanização torna a produção perfeitamente previsível e planejável.	6.	O comportamento das pessoas torna a produção imprevisível.
7.	A gerência controla os trabalhadores por meio da simples observação.	7.	Problemas de supervisão aumentam a distância entre o trabalhador e a gerência.

Outro aspecto importante do modelo clássico é que o trabalho deve ser individualizado, separado e isolado, o que conduz ao confinamento social de seu ocupante. Mesmo trabalhando em conjunto com outras pessoas na linha de montagem, na operação da máquina ou em sua mesa, cada pessoa tem sua incumbência específica e individual e nenhum contato interpessoal ou social com os colegas. A interdependência é da tarefa e não dos contatos pessoais. As pessoas estão fisicamente juntas, mas socialmente distantes.

Além disso, a relação de trabalho de cada colaborador é diádica: cada ocupante relaciona-se exclusivamente com seu superior. O gestor monopoliza todos os contatos do colaborador com o restante da organização. Tudo passa por ele e nada ocorre sem sua anuência. Os pouquíssimos contatos com colegas são formais, impessoais e estritamente controlados. A programação e o fluxo sequencial do trabalho são de responsabilidade do gestor. O ocupante apenas executa e não pensa. Nesse modelo, ele não está interessado, nem é capaz de exercer autodireção e autocontrole. A organização o controla, fiscaliza e monitora continuamente seu comportamento. Espera-se apenas que o ocupante se interesse em executar as tarefas da maneira como foram impostas e de modo eficiente à medida que recebe uma remuneração e prêmios de produção.[13]

> **VOLTANDO AO CASO INTRODUTÓRIO**
> **O desafio da Metrópolis**
> A Metrópolis estava organizada tradicionalmente por cargos especializados e individualizados e por departamentos funcionais que garantiam a permanência do *status quo*. A eficiência da empresa era a somatória das eficiências individuais. Isso era bom, mas não bastava. Era preciso multiplicar e extrapolar. Se possível, exponenciar. Alberto Mendes decidiu juntar em vez de separar as pessoas, para obter sinergia. Passou a derrubar fronteiras internas, paredes e divisórias. Decidiu deixar de lado o velho conceito de cargos e passar a criar equipes de trabalho. Que ideias você daria a Alberto?

4.3.2 Modelo contingencial de modelagem de trabalhos

É uma abordagem mais complexa e envolvente, e que leva em conta dois aspectos na modelagem do trabalho: as diferenças individuais das pessoas e a diversidade das tarefas envolvidas. Daí ser um modelo contingencial, isto é, decorre e depende da adequação do desenho do trabalho a esses dois aspectos. No modelo contingencial, convergem três variáveis: a estrutura da organização, a tarefa e a pessoa que irá desempenhá-la.

Na realidade, o desenho de trabalhos repousa não somente nas presunções a respeito da natureza das pessoas, mas também sobre um conjunto de presunções implícitas a respeito do ambiente em que os trabalhos acontecem. O modelo clássico prescreve que o trabalho deve ser projetado para um ambiente estável e previsível: os métodos e os procedimentos são padronizados e repetitivos porque se baseiam na pressuposição de que a tecnologia utilizada permanecerá constante durante o tempo suficiente para compensar o investimento de tempo e esforço aplicado à análise e ao estudo do trabalho. A ênfase dada à estabilidade dos objetivos organizacionais, dos fatores ambientais e da tecnologia, mais do que ao grau de complexidade e sofisticação, é intencional, pois a estabilidade do produto e do processo é que serve de restrição ao projeto do trabalho nos modelos clássico e humanista. Uma tecnologia estável, duradoura e que não mude é essencial para a rotinização das atividades físicas e mentais dos ocupantes. Isso permite que o pensar seja separado do fazer e que as pessoas possam ser selecionadas e treinadas para executar tarefas simples, repetitivas e definidas. Daí o caráter definitivo e permanente dos trabalhos: a característica típica do desenho clássico e humanista. Como se os trabalhos fossem perfeitos e não devessem nunca ser modificados ou melhorados.

> **SAIBA MAIS** **Preparando para mudar**
>
> No modelo contingencial, as prescrições quanto ao desenho do trabalho não são baseadas na presunção de estabilidade e permanência dos objetivos e dos processos organizacionais, mas, ao contrário, são explicitamente dinâmicas e baseadas na ampliação do cargo por meio do enriquecimento de tarefas, como uma responsabilidade básica colocada nas mãos do gestor ou da sua equipe de trabalho. Assim, o desenho contingencial é flexível e mutável em conformidade com o desenvolvimento pessoal do ocupante e com o desenvolvimento tecnológico da tarefa. A tecnologia está influenciando profundamente o modelo contingencial.

Em um mundo de negócios em que tudo muda rapidamente, os trabalhos não podem ser estáticos ou permanentes, pois as tecnologias modernas assumem boa parte dos trabalhos. Além disso, em um mundo onde a forte concorrência exige produtividade e qualidade, a organização precisa alcançar altos níveis de desempenho com a melhoria contínua na aplicação dos talentos criativos e da capacidade de autodireção e autocontrole de seus membros, enquanto proporciona oportunidades de satisfação das suas necessidades individuais.

O modelo contingencial passou a exigir a utilização das capacidades de autodireção e autocontrole das pessoas e, sobretudo, dos objetivos planejados conjuntamente entre o ocupante e o gestor para tornar o trabalho um forte fator motivacional. O gestor deve criar mecanismos para que as contribuições das pessoas possam melhorar o desempenho departamental; para tanto, passou a consultar os subordinados para satisfazer às suas necessidades de participação e de consideração. Essas necessidades passaram de fins para meios. A satisfação das necessidades individuais se tornou um subproduto desejável, no início, para ser, depois, um aspecto importante. Assim, além da adoção de fatores tecnológicos, passou-se a levar em consideração certos fatores psicológicos, a fim de obter:

- Elevada motivação intrínseca do trabalho.
- Desempenho de alta qualidade no trabalho.
- Elevada satisfação com o trabalho.
- Redução das ausências (absenteísmo) e dos desligamentos espontâneos (rotatividade).

Embora exista uma diversidade nos padrões de satisfação no trabalho, sabe-se que a satisfação é um elemento dentro de uma rede de variáveis inter-relacionadas. Essa rede permite entender como os trabalhos influenciam as pessoas em sua motivação e desempenho, bem como em sua satisfação. Existem muitas pessoas que não estão satisfeitas com o trabalho que executam. As pessoas que executam trabalhos mais interessantes e desafiadores estão geralmente mais satisfeitas com eles do que as pessoas que executam tarefas repetitivas e rotineiras. As oportunidades para obter melhores resultados do pessoal e do seu trabalho aumentam quando estão presentes três estados psicológicos críticos nas pessoas que executam o trabalho:[14]

- Quando a pessoa encara seu trabalho como significativo ou de valor.
- Quando a pessoa se sente responsável pelos resultados do seu trabalho.
- Quando a pessoa conhece os resultados que obtém fazendo o trabalho.

Alguns autores[15] identificaram cinco dimensões essenciais de um trabalho, e verificaram que quanto mais um trabalho tiver a característica representada por cada uma dessas dimensões, maior será o seu potencial para criar os estados psicológicos citados anteriormente. A partir daí, surgiu o modelo contingencial segundo o qual cada trabalho deve ser desenhado no sentido de reunir essas cinco dimensões essenciais:

- **Variedade:** é o número e a variedade de habilidades exigidas pelo trabalho. Reside na gama de operações do trabalho ou no uso de uma diversidade de equipamentos e procedimentos para tornar o trabalho menos repetitivo e menos monótono. A variedade envolve a intervenção de diversas habilidades e conhecimentos do ocupante, a utilização de diversos equipamentos e procedimentos, e a execução de diversas tarefas diferentes. Os trabalhos com elevada variedade eliminam a rotina e a monotonia e são mais desafiantes, porque as pessoas devem utilizar ampla extensão de suas habilidades e capacidades para completar o trabalho com sucesso. Não há variedade quando o trabalho é sequencial e monótono, quando a pessoa não pode conversar com os colegas, quando seu trabalho é rigidamente programado por terceiros, quando sua área de trabalho é limitada pelo gestor ou quando os insumos de seu trabalho dependem totalmente dele. A variedade é introduzida à medida que o próprio ocupante planeja e programa o seu trabalho, supre seus insumos, utiliza diferentes equipamentos, ambientes, métodos de trabalho e operações, com criatividade e diversidade.

- **Autonomia:** é o grau de independência e de critério pessoal que o ocupante tem para planejar e executar o trabalho. Refere-se à maior autonomia e independência que o ocupante tem para programar seu trabalho, selecionar o equipamento que deverá utilizar e decidir que métodos ou procedimentos deverá seguir. A autonomia está relacionada com o lapso de tempo de que o ocupante dispõe para sofrer supervisão direta de seu gestor. Quanto maior a autonomia, maior o lapso de tempo em que o ocupante deixa de receber supervisão direta e maior a autogestão do próprio trabalho. Ocorre falta de autonomia quando os métodos de trabalho são predeterminados, os intervalos de trabalho são rigidamente controlados, a mobilidade física da pessoa é restrita e os insumos de seu trabalho dependem exclusivamente do gestor ou de outros. A autonomia proporciona liberdade de métodos, de programar o trabalho e os intervalos de repouso, mobilidade física ilimitada, e quando a própria pessoa supre os insumos de seu trabalho sem depender do gestor ou de outras pessoas.

- **Significado da tarefa:** é o volume do impacto reconhecível que o trabalho provoca em outras pessoas. Nada mais é do que a noção das interdependências do trabalho com os demais trabalhos da organização e da participação de seu trabalho na atividade geral do departamento ou da organização como um todo. Quanto maior o significado das tarefas, maior a responsabilidade experimentada pelo ocupante. Trata-se de aumentar a noção da importância das tarefas executadas e, consequentemente, do papel da pessoa dentro da organização. Quando o trabalho atende a essa dimensão, o ocupante pode distinguir perfeitamente o que é mais importante e o que é menos importante, o que é essencial e o que é acidental, o que é relevante e o que é irrelevante entre o que faz. Mais ainda, o ocupante pode criar condições para adequar o trabalho às necessidades do seu cliente interno ou externo. Há falta de significado das tarefas quando a pessoa recebe apenas ordens lacônicas para serem cumpridas e nenhum esclarecimento sobre sua finalidade ou objetivos de seu trabalho. O significado das tarefas requer uma explicitação completa do trabalho, de seus objetivos, sua utilidade e importância, sua interdependência com os demais trabalhos da organização e, principalmente, para qual cliente interno ou externo o trabalho é direcionado.

- **Identidade com a tarefa:** é o grau em que o trabalho requer que a pessoa complete uma unidade integrada e total do trabalho. Refere-se à possibilidade de a pessoa efetuar uma peça inteira ou global de trabalho e poder claramente identificar os resultados de seus esforços. O ocupante do trabalho identifica-se com a tarefa à medida que a executa cabal e integralmente como produto final de sua atividade. A montagem total de um produto em lugar da realização de apenas uma simples etapa da operação introduz identidade. Há falta de identidade com as tarefas quando o ocupante executa atividades fragmentadas, seccionadas e incompletas, que ele ignora para que servem, e quando o ambiente de trabalho é totalmente determinado pelo gestor. A pessoa aperta parafusos o dia inteiro e não sabe exatamente para que serve todo o seu trabalho. A identidade com as tarefas ocorre à medida que a pessoa executa um trabalho total e abrangente, cujo resultado final é um produto seu, uma realização sua, de forma que ela se sinta "dona" do local do trabalho ou do próprio trabalho realizado, ou seja, quando a pessoa executa um trabalho integral ou um módulo integral do trabalho, que lhe dê uma noção da totalidade, da extensão e do objetivo a alcançar.

- **Retroação:** é o grau de informação de retorno que o ocupante recebe para poder avaliar a eficiência de seus esforços na produção de resultados, que lhe revela como está desempenhando a sua tarefa. A retroação ocorre à medida que o ocupante do trabalho recebe informação de retorno (*feedback*) sobre como está indo na sua atividade, que é proporcionada pelo próprio resultado de seu trabalho. Essa retroação em tempo real lhe permite uma contínua e direta autoavaliação do seu desempenho sem necessidade de julgamento periódico de seu superior. A retroação constitui um problema de informação. Quando a produção do ocupante é misturada com a produção de outras pessoas, ou quando a produção é removida ou retirada com frequência, não há possibilidade de conhecimento dos resultados do trabalho pessoal. A retroinformação ocorre apenas quando o ocupante tem conhecimento dos resultados do seu trabalho ou quando a sua produção horária ou diária é perfeitamente visível e palpável.

Baixo grau		Alto grau
Trabalho parcial, sequencial, rotineiro, chato, monótono e repetitivo. As operações, equipamentos e habilidades são sempre os mesmos, sem nenhuma mudança, variação, ou inovação. Rotina.	**Variedade**	Trabalho variado com operações diferentes, equipamentos e habilidades variadas. Diversidade e desafio, em que a pessoa executa várias atividades diferentes, criativas e inovadoras. Variação.
Trabalho rigidamente programado com local e equipamentos definitivos e métodos preestabelecidos de trabalho. O chefe determina o que, quando, onde e como fazer.	**Autonomia**	Ampla liberdade para planejar e programar o trabalho, escolher o equipamento, local e método de trabalho. O ocupante programa seu trabalho, escolhe local, método e quipamento.
Desconhecimento do impacto e das interdependências da tarefa sobre as outras tarefas da organização. Visão estreita, confinada, isolada e míope da própria atividade.	**Significado da tarefa**	Conhecimento amplo da repercussão do trabalho sobre os demais trabalhos da organização. Visão abrangente das consequências e das interdependências do trabalho.
Trabalho específico, parcial e fragmentado, sem nenhum sentido psicológico para a pessoa, que se frusta e se aliena. Trabalho estranho.	**Identidade com a tarefa**	Trabalho integral, conjunto, global, com significado para as pessoas e que lhe permite identificar-se com ele. O trabalho peternce à pessoa.
Nenhuma informação sobre o desempenho ou resultado do trabalho. Completa ignorância sobre o desempenho. Necessidade de avaliação externa e de incentivo salarial para compensar.	**Retroação**	Informação clara sobre desempenho e resultado do trabalho. Perfeita e imediata noção do desempenho. Sensação de auto avaliação, autodireção e autocontrole. Autorrealização.

Figura 4.3 As cinco dimensões essenciais no desenho contingencial de trabalhos.[16]

Essas cinco dimensões essenciais ou dimensões profundas criam condições para que o ocupante do trabalho encontre satisfação intrínseca como resultado do cumprimento da tarefa que realiza. Essas condições permitem que o trabalho seja impregnado dos chamados fatores motivacionais ou satisfacientes. Com essas dimensões, pode-se assegurar que o desenho do trabalho permite que a pessoa realize o que se segue.[17]

- Utilize várias de suas habilidades e competências pessoais na execução das tarefas.
- Tenha certa autonomia, independência e autodireção na execução das tarefas.
- Faça algo significativo e que tenha certo sentido ou razão de ser.
- Sinta-se pessoalmente responsável pelo sucesso ou fracasso das tarefas decorrente de seus próprios esforços.
- Descubra e avalie seu próprio desempenho enquanto executa o trabalho, sem intervenção de terceiros ou do gestor.

> **SAIBA MAIS**
>
> **As dimensões essenciais do trabalho**
>
> As dimensões essenciais afetam intrinsecamente a qualidade dos trabalhos, produzem satisfação pessoal e envolvimento humano e geram maior produtividade. A nova abordagem de desenho de trabalhos antecipa-se à mudança e aproveita todos seus benefícios sob circunstâncias que exijam flexibilidade e adaptação criativa a novos problemas e objetivos, principalmente quando o ambiente é dinâmico e mutável e as mudanças são constantes e intensas. As mudanças desatualizam rapidamente o conteúdo e a estrutura do trabalho, impondo novas posturas e habilidades a seus ocupantes. Daí a necessidade de continuamente redesenhar os trabalhos e atualizá-los diante das mudanças ocorridas no contexto organizacional e nas características das pessoas. As pessoas também sofrem mudanças: elas aprendem novas habilidades, absorvem conceitos novos, desenvolvem atitudes e enriquecem seu comportamento diante do trabalho que executam. Assim, a principal mudança a ser considerada é a modificação permanente do comportamento humano em função da contínua atualização de seu potencial.

O desenho dos trabalhos – assim como a definição da estrutura organizacional mais adequada – deve ser orientado pelos objetivos e pelas estratégias da organização. Assim, a estrutura dos trabalhos – como a estrutura dos departamentos – deve servir tanto quanto possível à estratégia do negócio. Deve haver sempre um propósito e uma consistência na definição dos trabalhos dentro da organização. A existência de trabalhos de linhas de montagem em geral está relacionada com a estratégia de produção em massa a custos reduzidos, enquanto a existência de trabalhos especializados de rotina está relacionada com a estratégia de prestação de serviços de alta qualidade. Tudo deve ter um alinhamento com os objetivos que se pretende atingir.

Para compreender melhor o modelo de GH, pode-se abordar as organizações como sistemas multivariados, nos quais estão presentes, no mínimo, quatro amplas variáveis que interagem dinamicamente entre si:[18]

- **Tarefas:** constituem o que deve ser feito pela organização e representam a própria razão de sua existência (por exemplo, os produtos, os serviços etc.). As tarefas incluem enorme número de subtarefas diferentes e operacionalmente significativas.
- **Estrutura organizacional:** representa a maneira pela qual se organiza e estrutura a atividade organizacional. A estrutura é desdobrada em níveis hierárquicos (especialização vertical da autoridade) e em áreas ou órgãos (especialização horizontal das atividades ou departamentalização). Esse desdobramento vertical e horizontal é chamado diferenciação e decorre da divisão do trabalho. Quanto mais heterogêneo e diversificado o ambiente externo da organização, maior a diferenciação dentro da organização para poder lidar com a variedade ambiental. E quanto maior a diferenciação, maior a integração necessária para garantir a integridade e a sinergia do sistema.

- **Tecnologia:** significa a maneira pela qual a organização realiza suas operações e executa as tarefas. A tecnologia envolve sistemas físicos ou concretos (máquinas, equipamentos, instrumentos, instalações, circuitos etc., denominados *hardware*) e sistemas abstratos ou conceituais (conhecimentos, políticas, métodos e procedimentos, programas e processos etc., denominados *software*). A tecnologia incorporada é aquela representada por máquinas e equipamentos, e a tecnologia não incorporada, representada por conhecimentos (*know-how*) que ainda não foram convertidos em algo físico. Quando a tecnologia é incorporada e as operações são predominantemente realizadas por meio de equipamentos sofisticados, ela é denominada tecnologia de capital intensivo. Ao contrário, quando a tecnologia não é incorporada e as operações são predominantemente manuais ou feitas por meio de instrumentos rudimentares, ela é chamada tecnologia de "mão de obra"[19] intensiva. Na realidade, é a tecnologia que determina as características das pessoas que devem ingressar e permanecer na organização: seus conhecimentos, habilidades, experiência, aptidões e traços de personalidade.
- **Atores:** são as pessoas que participam da organização, desempenham papéis, ocupando posições na estrutura organizacional e executando tarefas por meio de tecnologias.

Essas quatro variáveis são altamente interdependentes: qualquer mudança em alguma delas provocará alguma mudança compensatória (ou retaliativa) nas outras. A mudança organizacional é, geralmente, consequência da mudança em uma ou mais dessas variáveis. Quando ocorre mudança estrutural rumo à descentralização, tanto o desempenho de certas tarefas organizacionais quanto a tecnologia (mudanças nos procedimentos contábeis, por exemplo) ou o comportamento dos atores (natureza, motivação ou atitudes das pessoas na organização) poderá sofrer modificações. Algumas dessas mudanças podem ser intencionais, enquanto outras ocorrem inconscientemente.

> **SAIBA MAIS** **Requisitos tecnológicos**
>
> Tradicionalmente, os requisitos tecnológicos constituíam os elementos fundamentais para projetar e desenhar um cargo. Taylor e os seguidores da Administração Científica desenvolveram esforços no sentido de aumentar a eficiência do operário estadunidense, racionalizando as tarefas. Os ajustamentos entre tecnologia e necessidades humanas eram feitos em termos de ajustamento individual ao sistema. Não se cogitava adequar o sistema às necessidades humanas. Com a recente influência dos autores behavioristas, passou-se a enfatizar os aspectos humanos no desenho dos cargos, no sentido de criar um trabalho significativo e que proporcionasse satisfação com o propósito de elevar a produtividade, não somente por meio de melhoria tecnológica, mas principalmente com base no clima motivacional. A concepção de que o trabalho é um processo tanto humano quanto técnico – que constitui a base do enriquecimento de cargos – é evidente na teoria dos dois fatores de Herzberg.

4.4 A MODELAGEM DO TRABALHO E O SER HUMANO

Em uma pesquisa acerca dos critérios correntes a respeito do desenho e do redesenho dos cargos, chegou-se às seguintes conclusões:[20]

- As práticas correntes de desenho do cargo ainda são consistentes com os velhos e tradicionais princípios da racionalização do trabalho e da Administração Científica de Taylor. Procuram minimizar a dependência da organização à habilidade do indivíduo ao mesmo tempo em que minimizam a contribuição do indivíduo ao trabalho da organização e ao processo de produção.
- Os princípios de desenho do cargo refletem ainda os tradicionais preceitos da produção em massa, da especialização dos cargos e da repetição constante do trabalho.
- As práticas de desenho do cargo minimizam os efeitos da ação individual sobre a organização, no que tange ao absenteísmo e à rotatividade, por definirem cargos que exijam pouco treinamento e baixos requisitos de talento individual. Essas práticas minimizam também os efeitos da escassez de "mão de obra", seja quanto aos custos elevados dos encargos sociais, seja quanto à inviabilidade das habilidades dos indivíduos que permitam um custo mínimo de salários de admissão.
- O desenho do cargo é feito sem métodos sistemáticos, sem critérios testados e sem avaliação de seus efeitos sobre a produtividade ou custos no longo prazo.
- As políticas e as práticas de desenho dos cargos são inconsistentes com os programas e as políticas de Gestão Humana (GH), o que dificulta a aplicação e a motivação das pessoas nas organizações.

De um modo geral, o desenho do cargo "foi longamente orientado pela ide de que a tecnologia vem primeiro e a pessoa depois e pela crença de que a chave para maior produtividade e baixos custos unitários é dividir as tarefas tão minuciosamente quanto possível. A manifestação clássica desta abordagem é a tradicional linha de montagem de automóveis. E, de fato, ela e outras aplicações da mesma lógica fizeram aumentar a produtividade e reduzir os custos unitários – pelo menos até agora".[21]

Contudo, a especialização no cargo traz efeitos colaterais negativos: em muitas situações, faz o trabalho psicologicamente menos recompensador e chegou a diminuir os lucros e tornar os trabalhadores alienados. Como resposta a essa situação, ganhou popularidade um movimento no sentido de enriquecer os cargos. Porém, ao ampliar e enriquecer os cargos, consegue-se transpor os efeitos negativos da excessiva divisão de trabalho e se introduz uma complexidade sem precedentes à gestão dos salários: cada cargo enriquecido fica diferente dos demais, com características próprias e exclusivas, dificultando os procedimentos convencionais de análise e descrição de cargos e os esquemas de classificação de cargos.

A GH precisa aprender a lidar com essa situação.

4.5 COMO OBTER SATISFAÇÃO INTRÍNSECA NO TRABALHO

Vários autores se preocuparam em verificar quais os tipos de condições que devem existir para que uma pessoa encontre satisfação intrínseca como resultado do cumprimento de seu trabalho. Em outros termos: quais as condições que fazem com que um trabalho contenha fatores motivacionais ou satisfacientes. Para oferecer tais fatores, são necessárias três condições:[22]

- É importante que a pessoa se sinta pessoalmente responsável pelo sucesso ou falha das tarefas que executa. Quando o gestor centraliza essa responsabilidade, o trabalhador percebe que os resultados não são devidos ao seu próprio esforço, o que reduz sua motivação interna a respeito do próprio trabalho. A dimensão de autonomia de um cargo está intimamente relacionada com o grau em que um trabalho é cumprido por meio do resultado do próprio esforço do ocupante. Em cargos com elevada autonomia, as pessoas sentem que o que fazem é "seu", enquanto em cargos com baixa autonomia, em que a supervisão é restrita e os procedimentos especificados minuciosamente, é muito raro a pessoa sentir que aquilo que faz individualmente é importante para o cumprimento do trabalho.
- O trabalho realizado deve ser significativo para o indivíduo. Se a pessoa percebe que o seu trabalho não faz diferença a ninguém – inclusive para si própria –, ela se desinteressa em fazê-lo bem. Há pelo menos duas maneiras pelas quais o trabalho pode ser experimentado como significativo pela pessoa:
  - Quando o trabalho é entendido como uma peça inteira ou global e os resultados são reconhecíveis: o trabalho torna-se intrínseca e obviamente importante e a pessoa identifica-se com a tarefa.
  - Quando o trabalho apresenta um significado pessoal para a pessoa, requerendo dela o uso de uma variedade de habilidades e competências valorizadas.
- A pessoa descobre seu próprio desempenho enquanto executa o trabalho. Se as duas condições gerais anteriores estiverem presentes, a pessoa estará apta a recompensar-se pelo seu bom desempenho pela retroação que poderá vir da própria tarefa ou de alguma outra pessoa.

Thorsrud[23] propõe novos modelos para o desenho do trabalho a partir das seguintes hipóteses:

- Constante ampliação ou enriquecimento do trabalho.
- Melhoria das condições para uma contínua aprendizagem no trabalho por meio da variação, do maior controle das entradas (*inputs*) e das saídas (*outputs*) da tarefa, e do maior envolvimento nos processos de resolução de problemas inerentes ao trabalho.
- Envolvimento da pessoa na coordenação e na tomada de decisões juntamente com aprendizagem de resolução de problemas.
- Apoio social e respeito mútuo entre os participantes.
- Relações significativas entre o trabalho e o mundo exterior.
- Um futuro mais desejável para a pessoa por meio do trabalho.

A partir desses postulados, Thorsrud apresenta os seguintes princípios que devem nortear o desenho do trabalho:[24]

- **Variedade de tarefas no trabalho:** a calibragem dessa variedade é importante, pois muita variedade pode ser ineficiente para o treinamento e para a produção, bem como frustradora para o ocupante, enquanto a pequena variedade pode conduzir à monotonia e à fadiga.

- **Padrão significativo de tarefas:** que dê a cada trabalho a aparência e o saber de uma atividade significativa e valiosa.
- **Extensão do ciclo de trabalho:** um ciclo muito curto leva a muitos inícios e términos, enquanto um ciclo muito longo causa dificuldades no ritmo do trabalho.
- **Padrões de quantidade e qualidade da produção:** e uma adequada retroação (*feedback*) que permita conhecer os resultados do trabalho.
- **Inclusão de tarefas auxiliares e preparatórias:** como planejamento e controle para garantir variedade e visão integrada do trabalho.
- **As tarefas deverão impor:** um grau de cuidado, habilidade, competências ou esforço dignos de respeito da comunidade de colegas e de toda a organização.
- **O trabalho deve proporcionar:** alguma contribuição perceptível para a empresa.
- **Espaço para intercâmbio de tarefas:** rotação de tarefas ou proximidade física para aumentar a interdependência entre trabalhos e a percepção de sua influência no produto final. Se possível, agrupar trabalhos e tarefas interligadas entre si.
- **Abertura de canais de comunicação:** de forma que os requisitos da pessoa possam alimentar novas definições de trabalhos mais amplos e complexos.
- **Abertura de canais para promoção:** que sejam aprovados pelas pessoas.

Argyris resume os problemas de adaptação inadequada das pessoas capazes de provocar absenteísmo, rotatividade, insatisfação, tensões, angústia, agressão e alienação – quase sempre decorrentes de um desenho inadequado do trabalho. Ele salienta que:

> "[...] as tarefas que são fracionadas e especializadas em obediência aos princípios da 'administração científica' exigem que as pessoas experimentem dependência e submissão e usem poucas de suas aptidões. Na medida em que elas estão predispostas ao êxito psicológico, elas tenderão a experimentar frustração, conflito e fracasso psicológico. O grau até onde experimentarão esses sentimentos aumenta à medida que se desce na cadeia de comando e à medida que a tarefa passa a controlar o indivíduo. Em uma tentativa de adaptar-se ao ambiente de trabalho – a fim de evitar a demissão do emprego –, a pessoa aceita parte da frustração, do conflito e do fracasso como algo inevitável. Mas ela também pode criar atividades adaptativas para modificar o ambiente. A natureza e quantidade dessas atividades adaptativas variam de acordo com a pessoa, com a organização e com as condições que se apresentam. As atividades adaptativas costumam ser o absenteísmo, rotatividade, esquivas às obrigações, redução voluntária do ritmo do trabalho, sindicalismo, ênfase crescente sobre os fatores materiais e ênfase decrescente sobre os fatores humanos, o não envolvimento, o alheamento ao trabalho e à alienação".[25]

4.5.1 Enriquecimento de trabalhos

Essa colocação do problema não é nova. Há 60 anos, Douglas McGregor[26] apregoava que a Teoria Y é aplicada nas empresas por meio de um estilo de direção baseado em uma série de medidas inovadoras e humanistas, entre as quais a ampliação do trabalho para obter maior significação para a pessoa. Em vez da superespecialização e da limitação de tarefas do modelo clássico, a ampliação do trabalho requer sua contínua reorganização e extensão de atividades para que a pessoa possa conhecer o significado daquilo que faz e, principalmente, ter uma ideia da contribuição do seu trabalho pessoal para a organização como um todo. Mais adiante, Herzberg[27] desenvolveu sua teoria dos dois fatores a respeito da motivação para o trabalho e preconizou o chamado enriquecimento do trabalho como a principal forma de obter satisfação intrínseca por meio do trabalho. É que o trabalho é pequeno demais para o espírito de muitas pessoas. Ou seja, o trabalho não é suficientemente grande para a maioria das pessoas e precisa ser redimensionado. E a maneira mais prática e viável para a adequação permanente do trabalho ao crescimento profissional do ocupante é o seu enriquecimento ou ampliação. Consiste em aumentar deliberada e gradativamente objetivos, responsabilidades e desafios das tarefas do trabalho. Esse enriquecimento pode se lateral ou horizontal (com a adição de novas responsabilidades do mesmo nível) ou vertical (com adição de novas responsabilidades de nível gradativamente mais elevado), como na Figura 4.4.

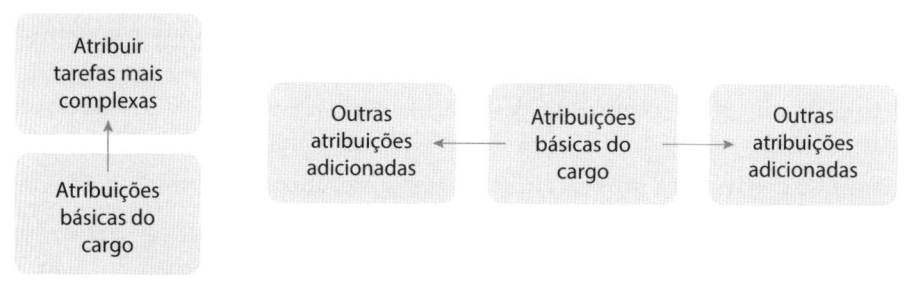

Figura 4.4 Enriquecimentos horizontal e vertical do trabalho.[28]

Se o trabalho é expandido a fim de que o ocupante faça maior variedade de tarefas ou maior número de operações, ele recebe um enriquecimento horizontal ou lateral. E se o ocupante é envolvido com o planejamento, a organização e a inspeção, além da execução do trabalho, ele recebe enriquecimento vertical.

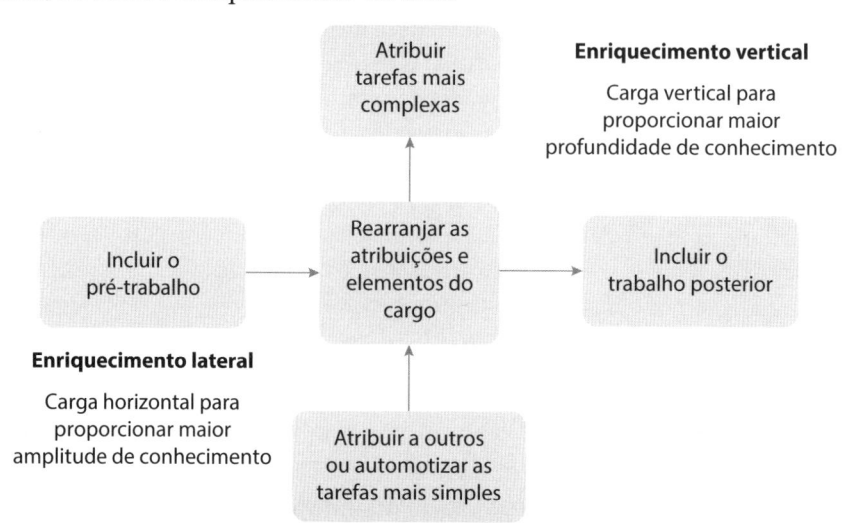

Figura 4.5 Passos para o enriquecimento de trabalhos.[29]

Capítulo 4 – Modelagem do Trabalho   69

> **SAIBA MAIS**
>
> **Mudando as bolas: adequação do trabalho ao ocupante**
>
> A contínua adequação do trabalho ao ocupante permite melhorar o relacionamento básico entre as pessoas e seu trabalho, incluindo novas oportunidades de iniciar mudanças na atividade e na cultura organizacional, além de melhorar a qualidade de vida no trabalho. O que se espera do enriquecimento de trabalhos é não apenas a melhoria das condições de trabalho, mas também o aumento da produtividade e a redução das taxas de rotatividade e de absenteísmo. Uma experiência desse tipo introduz um novo conceito de cultura e clima organizacional tanto na fábrica quanto no escritório, como reeducação da gerência, de descentralização, delegação de responsabilidades e mais oportunidades de participação.

As evidências indicadas pelas pesquisas sugerem que o enriquecimento de trabalhos – seja horizontal ou vertical, seja individual ou grupal – resulta em melhoria do desempenho e, no mínimo, em redução da insatisfação no trabalho.

Os três conceitos mais importantes no enriquecimento de cargos relacionam-se com fatores motivacionais, tais como:[30]

- As pessoas necessitam e buscam trabalho significativo como meio de utilizar no trabalho a sua capacidade de expressão.
- A motivação é função da satisfação no cargo e na autonomia pessoal.
- O conteúdo do cargo está intimamente relacionado com a satisfação no cargo.

> **CHIAVENATO DIGITAL**
>
> Aumente seus conhecimentos sobre **Consequências indesejáveis do enriquecimento de trabalhos** na seção *Saiba mais* DHE 4.4

Efeitos desejáveis		Efeitos indesejáveis
• Maior motivação • Maior produtividade • Maior engajamento • Maior crescimento • Menor absenteísmo • Menor rotatividade	← **Enriquecimento do cargo** →	• Maior ansiedade • Maior conflito • Dificuldade de adaptação • Maior dispêndio de energia • Menor relacionamento • Sentimentos de exploração

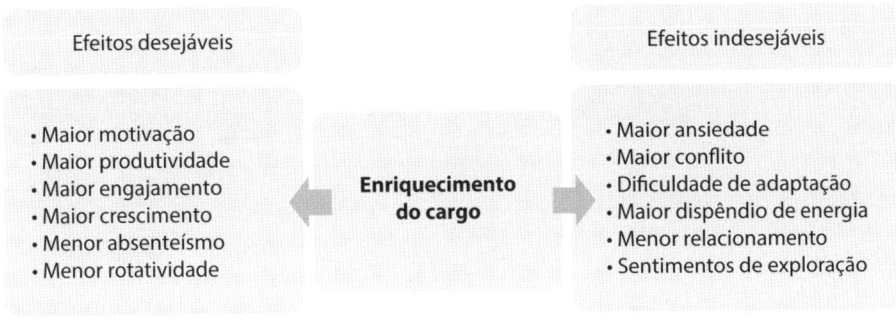

Figura 4.6 Efeitos desejáveis e efeitos indesejáveis do enriquecimento do trabalho.[31]

Os velhos meios	Aspectos	Os novos meios
Altas, com muitos níveis hierárquicos	**Estruturas**	Achatadas, com poucos níveis hierárquicos
Centralizada na cúpula da organização	**Autoridade**	Descentralizada em todos os níveis e com forte *empowerment*
Amplo e diversificado	**Papel do *staff***	Pequeno e concentrado
Simplificado e estreito. Os gestores pensam, e as pessoas fazem e executam	**Modelagem do trabalho**	Multifuncional e amplo. As pessoas pensam e melhoram seu trabalho continuamente
Importantes apenas como unidades funcionais formais	**Equipes de trabalho**	Sistemas sociotécnicos integrados e com ampla utilização de equipes
Salário fixo conforme a classificação do cargo e o desempenho individual	**Compensação**	Salário flexível definido por metas e pelo desempenho individual e de equipe
Foco limitado no cargo. O ocupante é descartável	**Treinamento**	Amplo e conceitual. O colaborador é valioso e é encorajado a aprender novas habilidades e competências

Figura 4.7 Novas tendências sobre a natureza do local de trabalho.

Quadro 4.2 As situações possíveis do enriquecimento de cargos[32]

	Situações de condicionamento pessoal	Situações de condicionamento social
TRABALHO Situações relacionadas com a tarefa (*task related*)	Trabalho interessante, criativo e desafiador.	Reconhecimento pelos superiores.
	Trabalho independente e sentimento de responsabilidade.	Reconhecimento pelos colegas.
	Oportunidade de realização.	Reconhecimento pelos subordinados.

(continua)

(continuação)

	Situações de condicionamento pessoal	Situações de condicionamento social
AMBIENTE Situações não relacionadas com a tarefa (non task related)	Avanço e aprendizagem.	Reconhecimento pelos clientes.
	Compensação salarial.	Competência e apoio dos superiores.
	Segurança no trabalho.	Boas relações com os colegas.
	Status e vida profissional pessoal.	Boas relações com os subordinados nos dois sentidos.
	Políticas e normas da companhia.	Boas relações com os clientes.
	Condições físicas de trabalho; conforto pessoal.	

4.5.2 Abordagem motivacional ao desenho de trabalhos

Quando as dimensões profundas estão presentes em um trabalho, é provável que elas criem três estados psicológicos críticos em seus ocupantes:[33]

- **Percepção do significado:** é o grau em que o ocupante do trabalho o experimenta como importante, valioso e contribuindo para alguma coisa.
- **Percepção da responsabilidade:** é a profundidade com que o ocupante se sente pessoalmente responsável e ligado aos resultados do trabalho desempenhado.
- **Conhecimento dos resultados:** é a compreensão que o ocupante recebe sobre como ele efetivamente desempenha o trabalho.

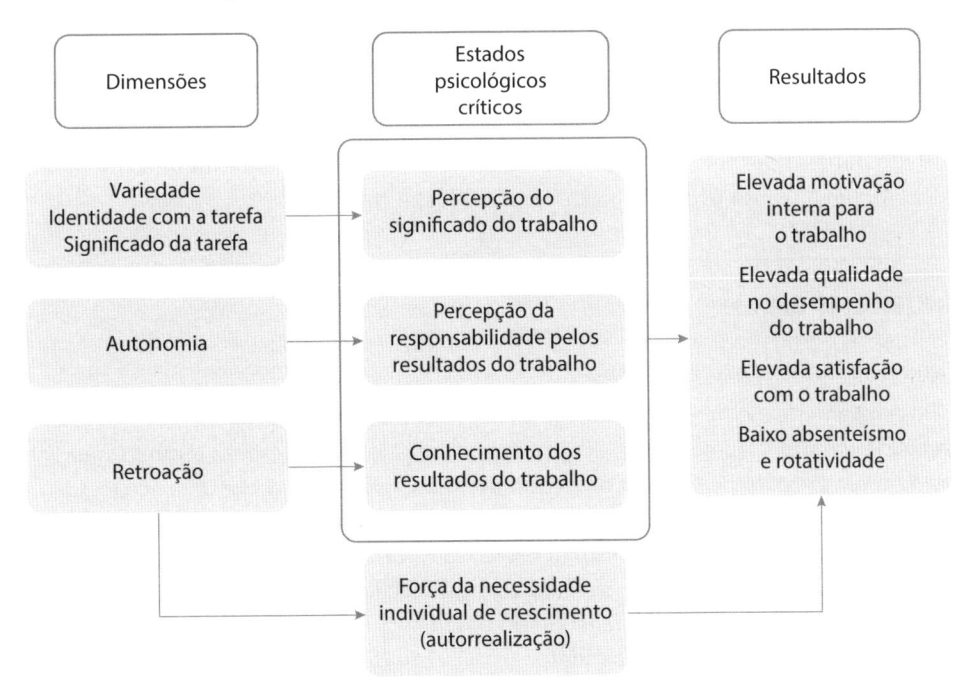

Figura 4.8 Características da tarefa para obter motivação para o trabalho.[34]

Com base nas cinco dimensões essenciais e nos três estados psicológicos críticos, foi desenvolvida uma abordagem para sua implementação por meio do aumento do volume de cada uma das cinco dimensões essenciais. A ideia é reunir as cinco dimensões essenciais e os três estados psicológicos por meio do enriquecimento de trabalhos e de recompensas individuais e grupais em seis conceitos implementadores.

Quadro 4.3 Os seis conceitos implementadores para unir as dimensões essenciais e os estados psicológicos almejado[35]

Cinco dimensões básicas	Três estados psicológicos	Seis conceitos implementadores
▪ Variabilidade ▪ Autonomia ▪ Significado das tarefas ▪ Identidade com a tarefa ▪ Retroação	▪ Percepção do trabalho como significativo e de valor ▪ Percepção de ser responsável pelos resultados do trabalho realizado ▪ Conhecimento dos resultados do trabalho	▪ Tarefas combinadas ▪ Unidades naturais de trabalho ▪ Relações diretas com o cliente ou usuário ▪ Carga vertical ▪ Canais de retroação ▪ Grupos autônomos

Os seis conceitos implementadores das cinco dimensões essenciais e dos três estados psicológicos são:

- **Tarefas combinadas:** consiste em combinar e juntar várias tarefas segregadas em uma só tarefa. Enquanto o desenho clássico de trabalhos preocupava-se em dividir e fragmentar o trabalho em tarefas especializadas menores, a tendência agora está em reunir essas partes divididas em módulos maiores de trabalhos integrados. Tal mudança aumenta a diversidade do trabalho e a identidade com a tarefa. A linha de montagem tradicional é substituída pela montagem de todo o produto por uma só pessoa, que passa a denominar-se generalista ou gestor da tarefa.

- **Formação de unidades naturais de trabalho:** consiste em identificar diferentes tarefas a serem executadas, agrupá-las em módulos significativos e atribuí-las a uma pessoa. Uma unidade natural de trabalho reúne certas partes especializadas funcionalmente de um processo, permitindo uma noção integral do trabalho.

TENDÊNCIAS EM GH

O que as empresas estão fazendo

O Citibank americano modificou o processo de tratar a correspondência referente às "cartas de crédito", que envolvia 30 etapas realizadas por 14 pessoas e que levava 30 dias para ser executada. O novo processo passou a ser realizado por uma só pessoa em apenas um dia por meio do trabalho enriquecido. A Guardian Life Insurance Co. tinha um processo de arquivamento no estilo de linha de montagem que envolvia várias pessoas, cada uma delas realizando uma etapa específica do longo processo, sem saber exatamente onde um arquivo estaria sendo processado quando o cliente ligava para tomar conhecimento. O enriquecimento incluiu a criação de um trabalho de "analista de conta", que passou a atender a um conjunto de clientes em determinado setor, reduzindo totalmente os atrasos e as queixas dos clientes. A formação de unidades naturais de trabalho aumenta o sentimento de propriedade e realça a identidade e o significado da tarefa.

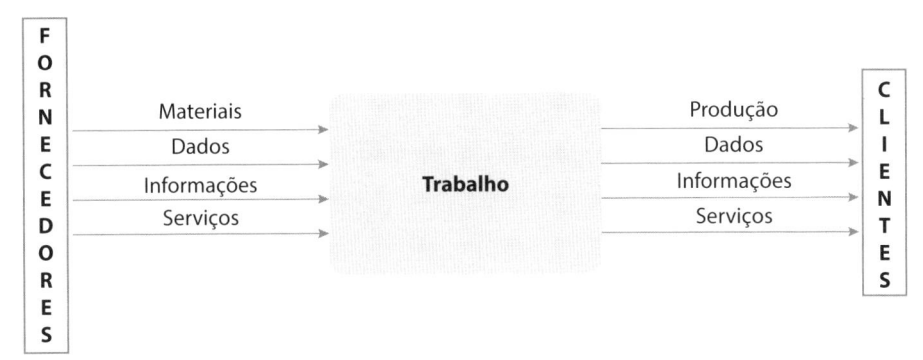

Figura 4.9 Relações entre o ocupante de um trabalho, seus fornecedores (entradas) e seus clientes (saídas).

- **Relações diretas com o cliente ou usuário:** consiste em estabelecer comunicações diretas entre o ocupante do trabalho e os vários usuários internos ou clientes externos do seu serviço, bem como com os seus fornecedores. A ideia de dar a cada trabalho um cliente é o principal objetivo do enriquecimento do trabalho. O cliente pode ser interno ou externo. Se qualidade significa o atendimento das exigências do cliente, então o primeiro item a pesquisar é saber quais são esses requisitos para se construir cadeias de qualidade que funcionem bem. A capacidade de atender às exigências do cliente é vital não apenas entre duas organizações diferentes (cliente externo), mas dentro da mesma organização (cliente interno).

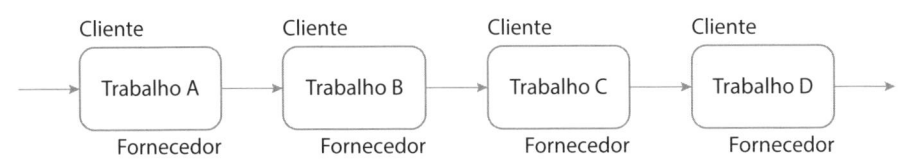

Figura 4.10 Cadeia de qualidade.

Para obter qualidade dentro da organização, cada pessoa da cadeia de qualidade, ou seja, cada ocupante de trabalho deve questionar cada interface da seguinte maneira:[36]

Quadro 4.4 Quem são os meus clientes e meus fornecedores

Clientes
■ Quem são meus clientes imediatos?
■ Quais são seus verdadeiros requisitos e exigências?
■ Como posso identificar esses requisitos?
■ Como posso medir minha capacidade de atendê-los?
■ Será que estou atendendo continuamente tais requisitos?

(continua)

(continuação)

Fornecedores
■ Quem são meus fornecedores imediatos? ■ Quais são meus verdadeiros requisitos? ■ Como comunico esses requisitos aos meus fornecedores? ■ Meus fornecedores têm capacidade para avaliar e atender meus requisitos? ■ Como lhes informo as mudanças em meus requisitos?

Acesse conteúdo sobre **Pondo o ocupante em contato direto com o cliente** na seção *Tendências em GH 4.1*

- **Carga vertical:** consiste em uma integração vertical que enriquece o trabalho com adição de tarefas mais elevadas ou atividades gerenciais. Corresponde ao enriquecimento vertical do trabalho. Aliás, um dos conceitos implementadores mais importantes do enriquecimento de trabalho é a ampliação vertical pelo acréscimo de deveres mais elevados, tornando o ocupante um pouco gestor. O ocupante cujo trabalho é carregado verticalmente recebe mais autoridade, responsabilidade e critério para planejar, organizar e controlar seu próprio trabalho. Isso também pode ser feito com a fixação de objetivos de desempenho e dando ao ocupante a liberdade suficiente para resolver sozinho seus problemas e para tomar decisões sobre como e quando executar as tarefas. A carga vertical aumenta a autonomia da pessoa.³⁷

- **Abertura de canais de retroação:** significa proporcionar uma tarefa que permita informação sobre como a pessoa está realizando seu trabalho, em vez de depender do gestor ou de terceiros. Quase sempre, a abertura de canais de retroação é feita atribuindo ao próprio ocupante o controle de seu desempenho, criando uma tarefa total e completa, com pleno conhecimento dos resultados. Isso aumenta diretamente o conhecimento dos resultados das atividades do trabalho. Quanto mais diretamente forem obtidas a realimentação e a retroação por meio do próprio trabalho, esta será mais aceitável do que quando obtida a partir do gestor.

- **Criação de equipes autônomas:** vários trabalhos individuais podem ser transferidos para equipes interativas ou equipes de trabalho. Pesquisas têm demonstrado que a dinâmica que ocorre dentro das equipes proporciona maior satisfação, pois a equipe influencia o comportamento individual criando soluções de trabalho com maior eficácia do que isoladamente. O fundamental na criação de equipes autônomas é a atribuição de uma tarefa completa, juntamente com boa dose de autonomia para decidir sua execução. O sistema de recompensas deve ser coerente com o próprio desenho grupal. As recompensas devem ser baseadas no desempenho da equipe como um todo e não no desempenho individual, para que as recompensas externas estejam de acordo com a motivação interna criada pelo próprio desenho de trabalho. Por outro lado, deve haver rotatividade das pessoas na execução das várias tarefas envolvidas na tarefa principal, o que proporciona treinamento, visão do todo, variedade e identificação com a tarefa.

A eficácia dependerá não somente do desenho da tarefa, mas, sobretudo, das características da própria equipe, de seus membros, do tipo de comunicação existente, do moral interno etc. Alguns tipos de círculos de controle de qualidade (CCQ), equipes transitórias, equipes multifuncionais, células de produção etc. são bons exemplos dessa abordagem de desenho de tarefas por meio do enriquecimento de trabalhos e da melhoria da qualidade de vida dentro das organizações.

E o que se pretende com toda essa preocupação com a modelagem do trabalho? Simples: que as pessoas tenham maior satisfação, que se transformem em colaboração, participação, solidariedade, espírito empreendedor, foco em metas e objetivos, e muito senso de equipe. E que o trabalho incentive sua curiosidade, imaginação, intuição, criatividade, empatia e sua inteligência emocional e social.

> Acesse conteúdo sobre **As organizações estão transformando a sua comunidade colaborativa de talentos** na seção *Tendências em GH 4.2*

4.6 EQUIPES DE TRABALHO

Uma forte tendência da moderna modelagem do trabalho é a substituição do trabalho individual e isolado pelo trabalho coletivo e social por meio da criação de equipes de trabalho – preferenciamente autônomas ou autogerenciáveis, isto é, engajadas e empoderadas, multifuncionais e altamente interagentes. Isso transforma profundamente a modelagem do trabalho. Equipes são conjuntos integrados de pessoas que trabalham com elevada interação e cujas tarefas são continuamente redesenhadas para criar alto grau de interdependência e que dispõem de autoridade para tomar decisões a respeito do trabalho a ser realizado, envolvendo programação, horário, métodos e processos, e com foco em objetivos a cumprir. Essas equipes de trabalho operam com um intenso processo solidário, participativo e colaborativo de tomada de decisões, tarefas compartilhadas e responsabilidade por resultados e entrega de valor. Os membros decidem a distribuição das tarefas entre si, programam o trabalho, treinam uns aos outros, avaliam e dão intenso *feedback* em tempo real à contribuição de cada um, e são responsáveis pela elevada qualidade do trabalho conjunto e pela melhoria contínua. Tudo com muita flexibilidade, colaboração, reciprocidade e, sobretudo, agilidade. É isso tudo que leva uma equipe à sinergia e à excelência, criando elevado valor e resultados incríveis. E o mais importante: gerando motivação e alegria.

4.6.1 Construção de equipes

Criar e construir equipes passa a ser o principal desafio dos gestores em todos os níveis organizacionais. O processo de construção de equipes passa normalmente por quatro etapas:

1. **Formação:** é o período inicial em que a equipe se reúne pelas primeiras vezes. É a etapa de autoconhecimento em que os membros gradativamente se conhecem: quem é quem e como são as pessoas que participam da equipe. É o momento em que os membros começam a trocar seus primeiros contatos e identificar suas relações de amizade e interesses comuns.

2. **Dinâmica de grupo:** quando os membros já se conhecem melhor e se sentem confiantes em trocar ideias, interagir mais intensamente e definir metas e objetivos comuns a serem alcançados pela ação conjunta de todos.
3. **Normatização:** quando os integrantes da equipe traçam um caminho melhor a ser seguido, começam a adotar um estilo comum de trabalho em torno das mesmas prioridades e objetivos. Os relacionamentos se intensificam e provocam reciprocidade. Aqui se definem aspectos como: quem vai fazer o que, como, quando e por que. Cada membro, à sua maneira, sabe qual seu papel na equipe e trabalha conjugadamente com os demais. A falta, ausência ou atraso de um é compensado pelo esforço dos demais. Aqui vale o adágio: "Um por todos e todos por um".
4. **Desempenho:** quando os membros começam a trabalhar em conjunto e de acordo com uma ideia comum. É a etapa em que realmente a atividade da equipe se concretiza. Aqui, a equipe formada, integrada e entrosada executa sua atividade com maestria e cada meta alcançada é festejada e recompensada para reforçar e incrementar cada vez mais seu desempenho.

Cada gestor precisa criar e desenvolver a sua equipe para que ela constitua a sua principal ferramenta de trabalho. E o sucesso de cada gestor de linha dependerá dela, seja ele presidente, diretor, gerente ou supervisor.

4.6.2 Gestor como líder de equipes

A base fundamental do trabalho de cada gestor – esteja ele no nível estratégico (presidente ou diretores), tático (gerentes) ou operacional (supervisores e líderes de equipes) – está na sua equipe de trabalho. Ela constitui a sua unidade de ação, a sua principal ferramenta de trabalho.

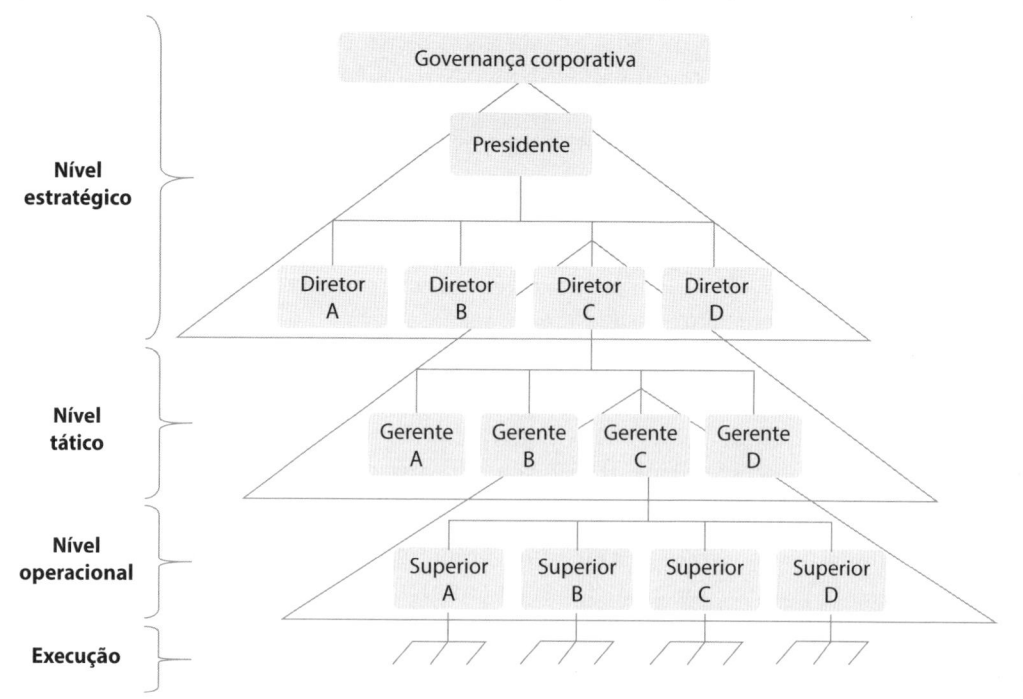

Figura 4.11 A liderança de lideranças em uma organização.[38]

Com sua equipe e por meio dela, o gestor - seja o presidente, diretores, gerentes, supervisores ou líderes de equipes – alcança metas, cria valor, ultrapassa objetivos e produz e entrega resultados excelentes. Para lidar com equipes, cada gestor precisa desenvolver as seguintes habilidades:[39]

- **Escolher sua equipe:** trata-se de selecionar os seus membros.
- **Modelar o trabalho da equipe:** para aplicar as competências da equipe.
- **Treinar e preparar a equipe:** para aumentar sua excelência.
- **Liderar:** e impulsionar a equipe.
- **Motivar a equipe:** para mantê-la entusiasmada e plugada em objetivos.
- **Proporcionar** *feedback* **em tempo real:** para melhorá-la cada vez mais.
- **Recompensar a equipe:** para reforçar e reconhecer seu valor.

Independentemente da área em que trabalha – Marketing, Produção ou Operações, finanças ou GH –, todo gestor é sempre um gestor de talentos. Essa responsabilidade é indelegável. Trabalhar com a equipe passa a ser a sua principal atividade. Ele deve ser um construtor de talentos. E a GH precisa ajudá-lo integralmente nesse sentido.

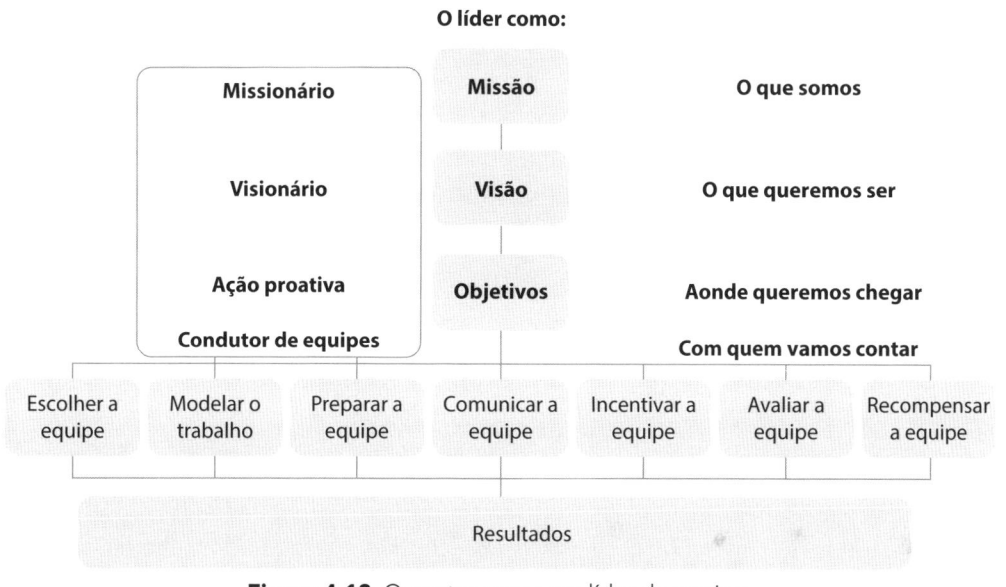

Figura 4.12 O gestor como um líder de equipe.

Aumente seus conhecimentos sobre **Tipos de equipe** na seção *Saiba mais* DHE 4.5

O trabalho em equipe exige os seguintes cuidados de cada gestor:[40]

- **Objetivos claros:** a missão e os objetivos da equipe devem ser claramente definidos e aceitos por todos os membros. O objetivo de cada membro da equipe deve também ser apoiado pela equipe toda. Um deve ajudar o outro. Se alguém faltar, os colegas compensarão a sua ausência.

- **Visão compartilhada:** os membros da equipe devem ter uma visão conjunta e coerente da situação e uma definição clara da missão e da visão de futuro, determinar as direções de seus movimentos, seus propósitos e seus objetivos, e especificar as atividades a executar.
- **Distribuição dos papéis e das posições:** os membros devem ser designados para suas posições de acordo com suas habilidades e competências; devem estar esclarecidos quanto aos seus papéis para desempenhar seus deveres com excelência.
- **Decisões colaborativas:** a equipe deve evitar formalidades e burocracia. O compromisso deve ser alcançado pela discussão aberta e pelo consenso espontâneo entre os membros. Nada deve ser imposto às pessoas.
- **Liderança compartilhada:** as funções de liderança devem passar de pessoa para pessoa dependendo da situação e das necessidades da equipe. Ela precisa ter o máximo de autonomia e liberdade para poder gerar ideias novas e criativas.
- **Novas ideias para a resolução de problemas:** a equipe aceita o desacordo como uma maneira de discutir novas ideias e resolver seus assuntos de maneira criativa e inovadora, buscando sempre novas soluções inteligentes.
- **Avaliação da eficácia da equipe:** a equipe deve avaliar continuamente o seu desempenho, como está realizando as tarefas, alcançado as metas e os objetivos, e construindo relacionamentos eficientes entre seus membros.
- **Retroação:** a equipe deve receber *feedback* intensivo e em tempo real para tomar conhecimento do seu progresso e de seus resultados.

Sem dúvida, transformar o trabalho individual, limitado, restrito, solitário e rotineiro em um trabalho social, conjunto, interativo, amplo, solidário e criativo por meio de equipes é uma tarefa obrigatória do gestor moderno.

4.6.3 Características de equipes de elevado desempenho

Uma equipe de elevado desempenho deve possuir as seguintes características:[41]

- **Compromisso e engajamento:** em relação ao objetivo a ser alcançado e às alternativas adequadas para superá-lo. O objetivo da equipe é um objetivo de todos e deve ser claro para que todos saibam aonde chegar, e as expectativas a respeito do trabalho da equipe também devem ser claras para que se produza identidade, isto é, a capacidade de cada um comportar-se como membro da equipe.
- **Intenso relacionamento interpessoal entre os membros:** na busca do consenso em relação às decisões tomadas e ao trabalho a ser feito.
- **Comunicação aberta e intensa:** entre os membros no sentido de incrementar o trabalho conjunto.
- **Colaboração e ajuda mútua e recíproca:** cada membro é um cliente interno para os demais e que precisa ser bem tratado e atendido.
- **Respeito e confiança entre os membros:** amizade e confiabilidade são indispensáveis para o trabalho em equipe.

- **Competências pessoais necessárias ao objetivo a alcançar:** a equipe deve ser um conjunto integrado de diferentes competências individuais que complementam o acervo de competências distintivas que tornam a equipe bem-sucedida. A qualificação dos membros é importante para que a equipe receba todas as contribuições possíveis de que necessita para alcançar seus objetivos.
- **Clima democrático e participativo:** as opiniões e as divergências são discutidas abertamente, na busca do consenso.
- **Trabalho conjunto e coletivo:** ao contrário do trabalho individualizado, segregado e isolado típico dos cargos definidos pelo modelo burocrático. O trabalho conjunto rende mais, produz melhores resultados e dá maior satisfação. "A união faz a força".
- **Autoavaliação:** a equipe deve fazer autoanálises constantes e contínuas do seu desempenho, não apenas no sentido de corrigir falhas internas, mas, sobretudo, para encontrar meios alternativos de se desenvolver cada vez mais.
- **Equipe como um meio e não como uma finalidade:** a equipe deve ser entendida como uma entidade fluida, flexível, mutável e dinâmica sujeita a mudanças para poder acompanhar adequadamente as mudanças no mundo dos negócios. À medida que a empresa muda, a equipe também precisa mudar na composição, nas competências e até nos seus objetivos.

Para ter sucesso, o gestor precisa saber trabalhar com sua equipe em qualquer nível organizacional em que esteja situado. Isso é mandatório no mundo dos negócios de hoje.

4.6.4 Empowerment

Para adotar uma gestão participativa, o gestor precisa desenvolver novas maneiras de trabalhar com sua equipe. Isso significa abandonar rapidamente os antigos métodos de comando autocrático e de controle impositivo e coercitivo sobre as pessoas para adotar o compartilhamento de ideias e de objetivos comuns. Estamos falando de *empowerment*: o fortalecimento ou o empoderamento das pessoas por meio da delegação de autoridade às pessoas e às equipes.

O empoderamento das pessoas passa por cinco providências fundamentais:[42]

- Participação direta das pessoas nas decisões da equipe.
- Atribuição de responsabilidade às pessoas pelo alcance de metas e resultados.
- Liberdade e autonomia para que as pessoas escolham métodos e processos de trabalho, façam seus programas de ação com a ajuda e o apoio do gestor.
- Atividade grupal e solidária e trabalho em equipe. Equipe, equipe e mais equipe. Tudo deve ser feito em trabalho conjunto. A equipe deve ser coesa, integrada, orientada, recompensada e apoiada.
- Avaliação do próprio desempenho da equipe. A autoavaliação do desempenho pela própria equipe torna-se um importante meio de retroação e melhoria constante.

Acesse conteúdo sobre **Empowerment** na seção *Tendências em GH 4.3*

Em resumo, o empoderamento provoca participação, engajamento, liberdade, responsabilidade e autoavaliação. E o óbvio, substitui a tradicional gerência por uma liderança renovadora que apoia e assessora fortemente as pessoas, treina e orienta continuamente, ajuda a tomar as decisões corretas, enfim, dá a elas toda a retaguarda necessária para que possam trabalhar com liberdade e autonomia. Em vez de ficar por cima e no comando, o executivo deve ficar atrás, dando todo suporte e retaguarda à equipe. Isso significa uma nova maneira de lidar com as pessoas. Porém, não basta apenas ser líder dentro do conceito convencional. É preciso ampliar o conceito de liderança convencional para o conceito de liderança renovadora. E qual é a diferença? A liderança convencional é uma liderança transacional, isto é, focada nos relacionamentos com os subordinados. Já a liderança renovadora é mais que isso, pois, além desse relacionamento, ela está focada principalmente na criatividade e na inovação por meio da aprendizagem e mudança constantes. Não basta manter o *status quo*. É indispensável que as pessoas aprendam novos hábitos e conceitos para contribuírem com novas ideias e novas soluções. Somente assim as organizações poderão enfrentar a grande competitividade que impera no cenário da globalização. E isso depende do trabalho do executivo como líder renovador, impulsionador e facilitador do aprendizado e da mudança.

4.6.5 Alavancadores do *empowerment*[43]

O gestor deve utilizar quatro alavancadores para proporcionar o *empowerment* à sua equipe:

- **Liderança:** esse é o papel do gestor. Liderar a equipe, orientar as pessoas, definir metas e objetivos, abrir novos horizontes, avaliar o desempenho e proporcionar retroação e incentivos.
- **Poder:** dar autoridade e valor às pessoas para que elas possam ter autonomia para tomar decisões, ações e recursos. O gestor reparte e delega autoridade às pessoas para que elas possam trabalhar de acordo com o que elas aprendem e dominam. Isso significa dar liberdade, poder e importância às pessoas.
- **Desenvolvimento:** fomentar o conhecimento e a informação para criar condições para tornar o conhecimento útil e produtivo para as pessoas e gerar competências. Ajudar as pessoas a aprender continuamente e a desenvolver habilidades e capacidades. É assim que se cria talentos dotados de competências necessárias para a organização.
- **Motivação:** proporcionar recompensas e incentivos compartilhados que promovam os objetivos organizacionais. Reconhecimento e recompensa são fortes motivadores e reforço positivo do trabalho bem feito.

Em toda organização, as pessoas guardam entre si relações de interações e de intercâmbios. É aí que podemos fazer melhorias rápidas e imediatas. Mais que isso, melhorias sem limites. Por onde começar? Devemos começar pelo mais simples: pelas pessoas que trabalham na empresa, isto é, modificando o relacionamento entre gestor e subordinados. É aí que está o fio inicial desse longo novelo que é a renovação organizacional. Algo mais que a simples direção ou gestão. Algo além da liderança convencional: a liderança renovadora e a liderança servidora. Somente assim o gestor pode se tornar um facilitador, incentivador, orientador e impulsionador do trabalho de sua equipe; um verdadeiro *coach* e um verdadeiro mentor.

Poder
- Dar poder às pessoas.
- Delegar autoridade e responsabilidade às pessoas.
- Confiar nas pessoas.
- Dar liberdade e autonomia.
- Dar importância às pessoas.

Motivação
- Proporcionar motivação.
- Incentivar as pessoas.
- Reconhecer o bom trabalho.
- Recompensar as pessoas.
- Festejar o alcance de metas.
- Participar nos resultados.

Empowerment

Liderança
- Proporcionar liderança.
- Orientar as pessoas.
- Definir metas e objetivos.
- Abrir novos horizontes.
- Avaliar o desempenho.
- Proporcionar retroação.

Desenvolvimento
- Dar recursos às pessoas.
- Treinar e desenvolver.
- Proporcionar informação.
- Compartilhar conhecimento.
- Criar talentos e competências.

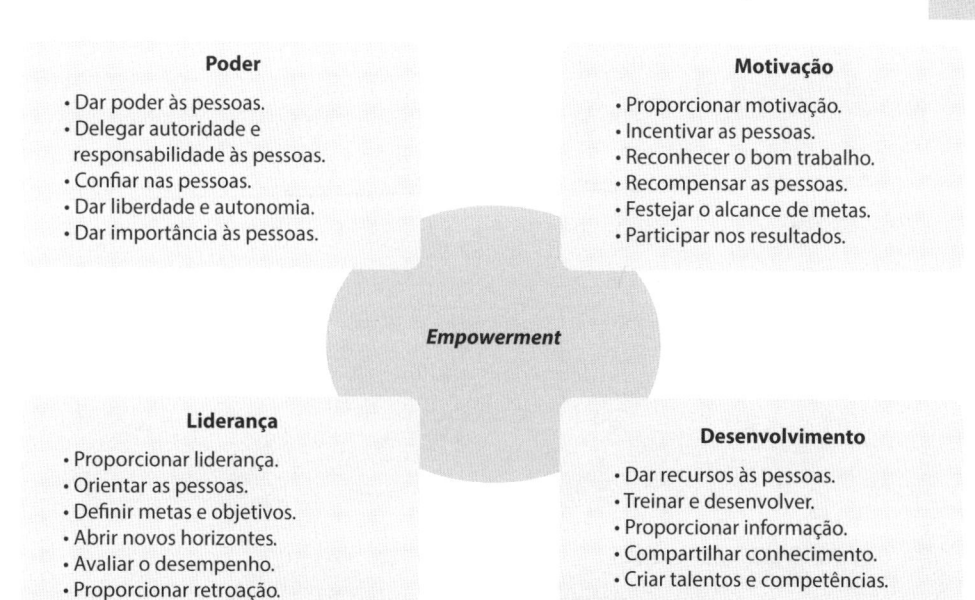

Figura 4.13 Os alavancadores do *empowerment*.[44]

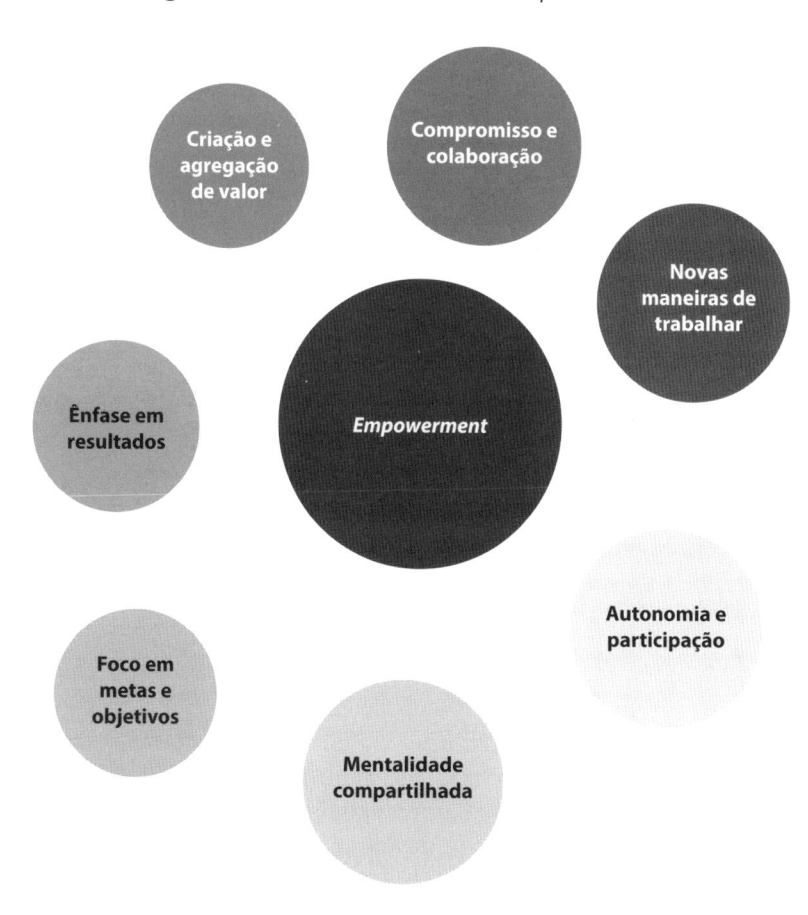

- Criação e agregação de valor
- Compromisso e colaboração
- Novas maneiras de trabalhar
- Ênfase em resultados
- *Empowerment*
- Autonomia e participação
- Foco em metas e objetivos
- Mentalidade compartilhada

Figura 4.14 Os benefícios do *empowerment*.

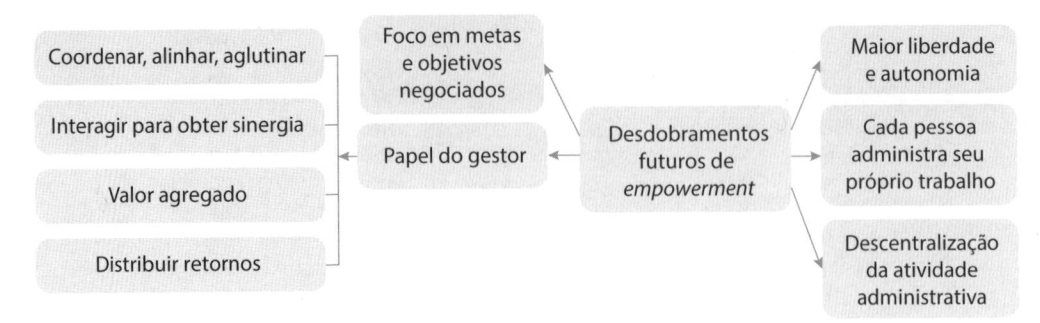

Figura 4.15 Os desdobramentos futuros do *empowerment*.

VOLTANDO AO CASO INTRODUTÓRIO
O desafio da Metrópolis

O próximo passo que Alberto Mendes tem em mente é transformar as equipes de trabalho da Metrópolis de unifuncionais para multifuncionais por meio do agrupamento de pessoas com várias especialidades. Isso deve ser feito de uma maneira em que cada equipe inclua todas as competências necessárias para serem bem-sucedidas em suas tarefas. Como você agiria no lugar de Alberto?

Aumente seus conhecimentos sobre **Capital intelectual: o principal recurso da organização** na seção *Saiba mais* DHE 4.6.

Em suma, a modelagem do trabalho constitui o aspecto nuclear da atividade de cada pessoa na organização. Constitui a essência do seu trabalho e, portanto, o condicionador principal de sua qualidade de vida na organização e sua satisfação profissional. Em todos os aspectos, constitui a tarefa mais importante e decisiva da GH no engajamento, na motivação e na aplicação do talento humano, e faz parte integrante da qualidade de vida na organização.

4.6.6 Agilidade organizacional

As organizações tradicionais foram projetadas para garantir a estabilidade e a permanência. Para tanto, envolvem uma estrutura hierárquica, estática e isolada, com base em uma modelagem de trabalho rígida e ultrapassada. As metas e direitos de decisão fluem de cima para baixo, com a governança no topo, operando como sistemas de controle para os acionistas. Porém, apesar de forte, essa estrutura é rígida, cara e burocrática. São organizações introvertidas, pesadas e lentas feitas para a Era Industrial, que já passou. O contexto ambiental de forte volatilidade, incerteza, complexidade e ambiguidade de hoje faz com que essas organizações tradicionais não tenham condições de sobreviver por muito tempo. Elas precisam ser reinventadas.

Hoje, na Era Digital, as organizações precisam de agilidade estratégica: a capacidade de rápida e continuamente ajustar e adaptar a sua direção estratégica na identificação de oportunidades ou ameaças que surgem rápida e inesperadamente pela frente. Nos tempos atuais, o foco é ser alerta, maleável, flexível e capaz de alterar agilmente a sua formulação estratégica frente às mutáveis condições do mercado. Isso requer sensitividade estratégica e fluidez na mobilização rápida e eficiente, a partir de uma compreensão das mutáveis características do ambiente externo em que a organização opera, junto a uma compreensão de suas próprias capacidades e interações internas. Essa mobilidade e essa agilidade exigem uma modelagem do trabalho essencialmente flexível, maleável, moldável e adaptável a novas e rápidas circunstâncias.

Organizações ágeis são continuamente projetadas para o dinamismo, a mudança e a inovação. São constituídas de mutáveis redes de equipes e de uma cultura centrada nas pessoas e nas equipes por meio de aprendizado rápido e de ciclos decisórios rápidos graças à agilidade proporcionada pela tecnologia avançada. São focadas no objetivo comum de gerar e entregar valor para todos os seus públicos de interesses: os *stakeholders*. São modelos operacionais velozes que partem de reconfigurações rápidas e eficientes de estrutura, processos, tecnologia e talentos, e de estratégias direcionadas às oportunidades que surgem inesperadamente para a criação e a entrega de valor. Organizações ágeis adicionam adaptabilidade e velocidade, criando vantagem competitiva em condições ambientais voláteis, incertas, complexas e ambíguas.[45]

A McKinsey define as cinco marcas que distinguem as organizações ágeis:[46]

- **O foco em uma "estrela do norte" incorporada em toda a organização:** e que norteia todas as suas atividades. A liderança define a direção e as prioridades, e as equipes estabelecem os seus próprios objetivos e iterações.
- **Uma rede integrada de equipes altamente capacitadas:** a estrutura é horizontal e plana com moderada hierarquia e nada na gestão do meio do campo. Equipes autônomas e empoderadas têm responsabilidades e propósitos claros.
- **Ciclos rápidos de tomada de decisão e de aprendizado constante e permanente:** a assunção de riscos e o falhar e aprender rapidamente são encorajados em toda a organização.
- **Um modelo dinâmico de talentos inflamados de entusiasmo e de paixão:** a cultura forte e dinâmica empodera a maneira ágil de trabalhar.
- **Utilizando tecnologia avançada e inteligente:** que possibilita a próxima geração tecnológica. A gestão do desempenho habilita o uso das tecnologias disruptivas.

Três práticas são cruciais nas organizações ágeis:[47]

- **Ligação dos objetivos com as prioridades do negócio:** os objetivos da equipe substituem metas individuais. Eles são definidos pela equipe, sempre discutidos para criar transparência de alvos e de desempenho. O *feedback* em tempo real em uma cultura de assumir riscos, falhar rapidamente e buscar desenvolvimento pessoal contínuo em todos os níveis.
- **Investimentos em habilidades de *coaching* nos gestores:** para esclarecer papéis no desenvolvimento e na avaliação, focalizando o *feedback* contínuo e proporcionando conversações e desenvolvimento. Os insumos são frequentemente coletados de fontes múltiplas quando se faz a revisão do desempenho.

- **Consequências diferenciadoras:** a contribuição individual para o desempenho da equipe é baseada em valores, mentalidade e comportamentos desejados. Isso eleva o poder da motivação intrínseca nas recompensas não monetárias.

E as organizações ágeis são mais propensas a inovar e prosperar quando liberam o enorme potencial dos indivíduos e o poder incrível da auto-organização. Elas se movem rapidamente ao se redesenharem para oferecer velocidade e estabilidade. E por que razão isso não acontece nas organizações tradicionais? Devido ao falso engano de escolher entre velocidade e flexibilidade, de um lado, e entre estabilidade e escala, de outro, como se fossem alternativas únicas e mutuamente exclusivas. Essas duas características podem ser equilibradas. A capacidade de ser simultaneamente estável e dinâmica constitui a essência da agilidade organizacional em diferentes dosagens, como fazem a Apple, a Coca-Cola, a Amazon etc. As empresas ágeis projetam suas organizações com uma espinha dorsal de elementos estáveis juntamente com recursos dinâmicos, como equipes transversais ou autônomas que mudam rapidamente, se dissolvem e se redimensionam, utilizam o *feedback* em tempo real de colegas e os alvos de cada equipe são definidos e redefinidos em intervalos regulares de medição.[48] As três áreas principais em que a tensão entre equilibrar a dosagem de estabilidade e de flexibilidade é maior são: na estrutura organizacional (principalmente na modelagem do trabalho), na governança e nos processos táticos ou operacionais.

4.6.7 Transformação ágil

Pesquisa da McKinsey mostra que as principais barreiras para o sucesso de uma empresa na Era Digital são três deficiências da cultura organizacional: os silos departamentais e funcionais (e seus desdobramentos na modelagem do trabalho), a aversão aos riscos e a dificuldade em criar e agir com uma única e integrada visão do cliente.[49] Contudo, os *players* digitais estão mostrando às demais organizações como imitar sua velocidade, dinamismo e foco no cliente. Em 2015, o grupo bancário holandês ING embarcou nessa jornada, transformando a sua tradicional organização em um modelo ágil, inspirado em exemplos do Google, da Netflix e do Spotify. O primeiro passo foi a modelagem do trabalho por meio da criação de 350 "esquadrões" de nove pessoas em 13 tribos. Essa transformação melhorou o seu tempo de colocação no mercado, incrementou o envolvimento dos colaboradores e aumentou a produtividade por meio de uma maneira ágil de trabalhar.[50] É que o movimento ágil tem o foco nas pessoas e nos clientes, e não nas ferramentas e nos processos – que passam a ser altamente digitalizados –, para fazer a mudança organizacional acontecer com maior velocidade e eficácia. Trata-se de um novo sistema para um novo ambiente caracterizado pela radical democratização e proliferação de tecnologias digitais.[51]

4.6.8 Cultura empreendedora

A GH pode criar na organização – seja ela grande, média ou pequena – uma verdadeira cultura empreendedora. Na verdade, organizações pequenas têm até mais flexibilidade e facilidade, pela intimidade com seus colaboradores. No darwinismo organizacional de nossos tempos, não é a empresa mais forte, nem a mais inteligente que sobrevive a tantas mudanças e transformações ao seu redor, mas aquela que se adapta melhor ao seu meio ambiente. Isso representa um prato cheio para pequenas e médias empresas que entendem que o intraempreendedorismo e a inovação são a oportunidade de competir no mercado. Se a empresa é rígida, fechada e inflexível e não permite o protagonismo de cada pessoa, jamais conseguirá um ambiente de colaboração e inovação. E isso requer uma mudança de mentalidade, uma cultura de empreendedorismo interno que incentiva iniciativas individuais, que muda a maneira como os colaboradores trabalham e como eles podem ajudar a remodelar e reimaginar o seu trabalho. Trata-se de fazer com que os gestores promovam ideias de flexibilização e agilidade dos seus colaboradores e em suas próprias atividades, equipes ou departamentos, tais como:[52]

- Cada um deve identificar e reduzir aquele trabalho que entrega baixo valor ou resultados.
- Esclarecer o que se espera de cada colaborador em termos de entrega de valor.
- Encorajar os colaboradores a interagir e compartilhar intensamente com os colegas.
- Mostrar que tempo é dinheiro e aproveitar eficiência e eficácia para elevar a produtividade.
- Focar menos no quando, onde e como o trabalho agrada, e mais em resultados a entregar.
- Permitir que cada colaborador decida quando e onde ele vai trabalhar.
- Reconhecer como concentrar no tempo de ação para que o trabalho seja ágil e excelente.
- Identificar problemas que requerem soluções de TI, *softwares* ou plataformas de interação.
- Trabalhar conectado com seu cliente interno ou externo e com o próprio negócio
- Trabalhar conectado com seu gestor, suas necessidades e as do negócio.
- Entender as necessidades do consumidor final e oferecer meios alternativos para satisfazê-las.
- Resolver problemas de clientes internos e externos para melhorar sua satisfação.
- Buscar e apontar soluções técnicas e de TI para suas atividades.
- Ajudar a desenvolver planos para a execução de projetos importantes.
- Identificar e reduzir tarefas que não proporcionam entrega de valor.
- Conversar com os colegas sobre o trabalho também faz parte integrante do trabalho.
- Discutir problemas de desempenho para ver quais aspectos merecem atenção especial.
- Estar seguros de que a sua autoavaliação seja prática, útil e transformadora.
- Apoiar a vida das pessoas em suas prioridades individuais fora do trabalho.
- Estimular mudança nas rotinas de trabalho para se adequar aos compromissos pessoais.
- Responder a problemas que requerem análise, experiência e competências.
- Localizar dados importantes de sistemas operacionais de uso cotidiano.
- Sugerir mudanças que podem levar a uma melhor gestão do desempenho.

Tudo isso promove significado e relevância ao trabalho e melhora incrivelmente a qualidade de vida na organização.

Mentalidade convencional:	Mindset ágil:
Estruturas hierárquicas	Plataformas
Órgãos	Redes colaborativas
Fronteiras organizacionais	Organizações abertas
Sigilo	Transparência
Prescritibilidade	Adaptabilidade
Retenção de talentos	Engajamento
Rotina	Inspiração
Obrigação	Ambição
Recompensas extrínsecas	Motivação intrínseca
Trabalho	Diversão

Figura 4.16 Mudanças no *mindset*.[53]

4.7 QUALIDADE DE VIDA NO TRABALHO

O trabalho em toda organização deve centrar-se na qualidade de vida das pessoas que o realizam. A qualidade de vida no trabalho (QVT) representa o grau em que os membros da organização são capazes de satisfazer suas necessidades pessoais por meio de suas experiências na organização e no trabalho. A QVT afeta atitudes pessoais e comportamentos importantes para a produtividade individual, a motivação para o trabalho, a adaptabilidade a mudanças no ambiente de trabalho, a criatividade e a vontade de aceitar mudanças e de inovar.

Fernandes[54] sugere um modelo da pesquisa da QVT, conforme a Figura 4.17.

Capítulo 4 – Modelagem do Trabalho

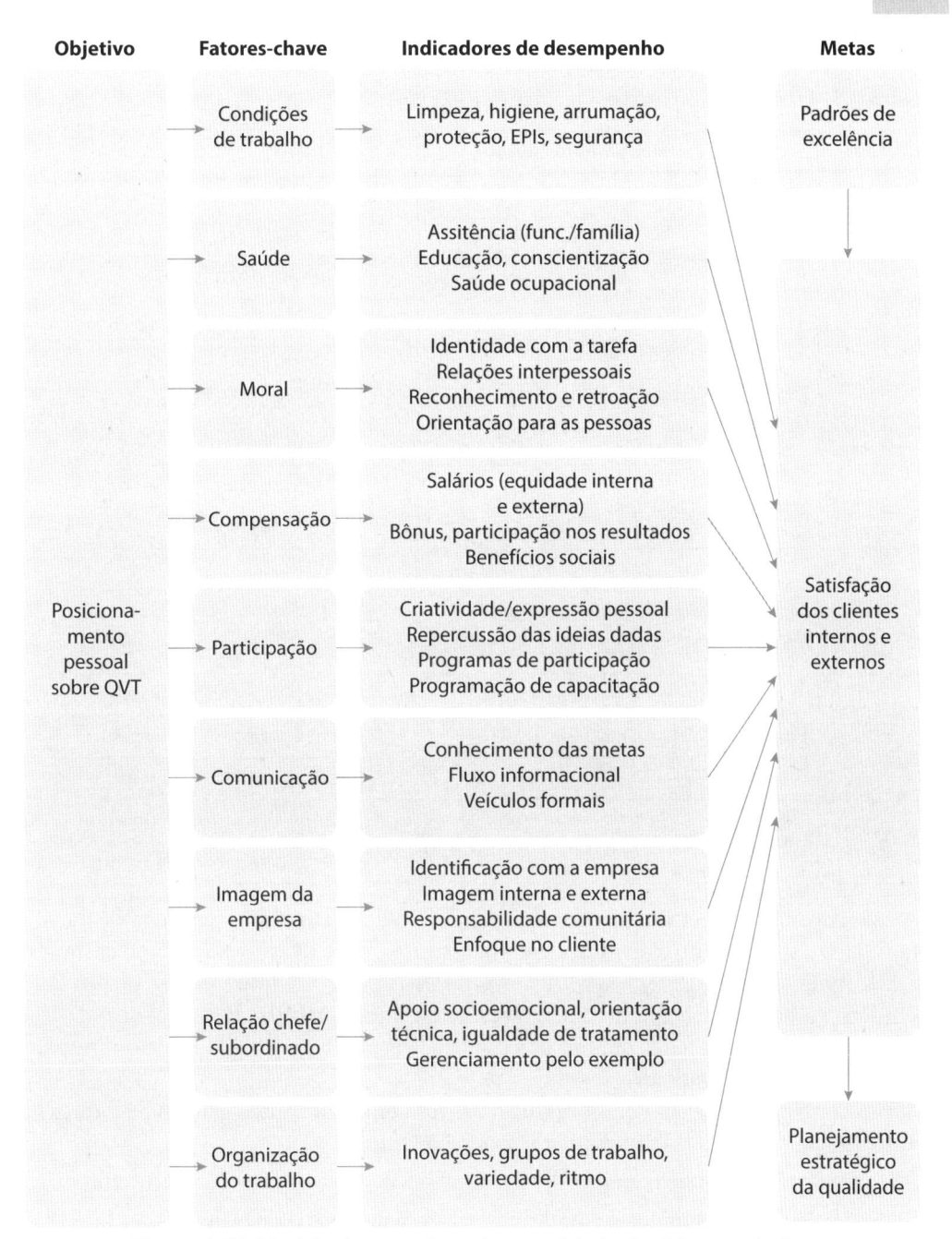

Objetivo	Fatores-chave	Indicadores de desempenho	Metas
Posicionamento pessoal sobre QVT	Condições de trabalho	Limpeza, higiene, arrumação, proteção, EPIs, segurança	Padrões de excelência
	Saúde	Assitência (func./família) Educação, conscientização Saúde ocupacional	
	Moral	Identidade com a tarefa Relações interpessoais Reconhecimento e retroação Orientação para as pessoas	
	Compensação	Salários (equidade interna e externa) Bônus, participação nos resultados Benefícios sociais	Satisfação dos clientes internos e externos
	Participação	Criatividade/expressão pessoal Repercussão das ideias dadas Programas de participação Programação de capacitação	
	Comunicação	Conhecimento das metas Fluxo informacional Veículos formais	
	Imagem da empresa	Identificação com a empresa Imagem interna e externa Responsabilidade comunitária Enfoque no cliente	
	Relação chefe/subordinado	Apoio socioemocional, orientação técnica, igualdade de tratamento Gerenciamento pelo exemplo	
	Organização do trabalho	Inovações, grupos de trabalho, variedade, ritmo	Planejamento estratégico da qualidade

Figura 4.17 Modelo de pesquisa sobre qualidade de vida no trabalho.

Nessa pesquisa, Fernandes identificou os principais fatores determinantes da QVT:[55]

Quadro 4.5 Principais fatores determinantes da QVT[56]

Ordem	Denominação do fator	Variáveis determinantes
1ª	Competência gerencial	Apoio socioemocional
		Orientação técnica
		Igualdade de tratamento
		Gerenciamento pelo exemplo
2ª	Identificação com a empresa	Identidade com a tarefa
		Identificação com a empresa
		Imagem da empresa
3ª	Preocupação assistencial com pessoas	Assistência aos funcionários
		Assistência familiar
4ª	Oportunidade efetiva de participação	Criatividade
		Expressão pessoal
		Repercussão das ideias dadas
5ª	Visão humanista da empresa	Educação/conscientização
		Orientação para as pessoas
		Responsabilidade comunitária
6ª	Equidade salarial	Salários com equidade interna
		Salários com equidade externa

A preocupação da sociedade com a qualidade de vida das pessoas deslocou-se há pouco tempo para a situação de trabalho, como parte integrante de uma sociedade complexa e de um ambiente heterogêneo. A QVT assimila duas posições antagônicas: de um lado, a reivindicação das pessoas quanto ao bem-estar e à satisfação no trabalho; e de outro lado, o interesse das organizações quanto aos seus efeitos potenciadores sobre a qualidade e a produtividade como resultados.

Nossa contribuição à QVT nas organizações leva em conta cinco grupos de fatores condicionantes ao redor do trabalho que cada pessoa realiza:[57]

1. **Fatores de primeira ordem:** o próprio trabalho da pessoa e seus condicionantes.
2. **Fatores de segunda ordem:** estão no entorno imediato da pessoa, como líder superior, colegas fornecedores e colegas clientes do trabalho, demais colegas da equipe e subordinados.
3. **Fatores de terceira ordem:** são elementos ao redor, como amizades com colegas de outras equipes, ambientes físico e psicológico, fornecedores e clientes externos, recompensas e benefícios, imagem da empresa etc.

4. **Fatores de quarta ordem:** são elementos da política de GH da organização, como liberdade e autonomia, *empowerment*, autorrealização, satisfação pessoal, identidade com o trabalho, variedade nas tarefas, reconhecimento e perspectivas futuras.
5. **Fatores de quinta ordem:** são elementos de aspectos gerais da organização, como sua missão, visão de futuro, valores organizacionais, estilo de gestão, estrutura organizacional, cultura corporativa e estratégia organizacional.

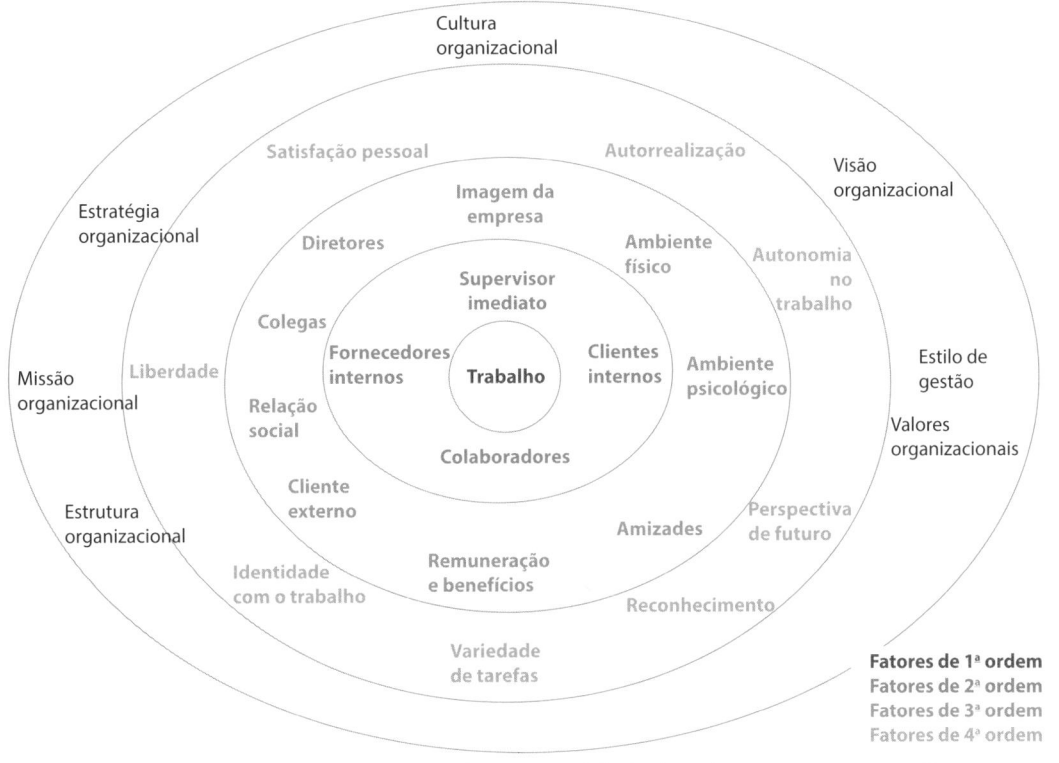

Figura 4.18 Os fatores que envolvem a qualidade de vida nas organizações.[58]

Esses cinco fatores se relacionam intimamente entre si, se alternam e influenciam poderosamente, de maneiras diferentes, o nível de QVT de cada pessoa e em graus distintos, conforme sua incidência. Daí a complexidade do assunto, pois alguns aspectos podem impactar de maneira positiva ou negativa, provocando alterações profundas na maneira como cada pessoa se sente na organização.

Como a importância das necessidades humanas varia conforme a cultura de cada indivíduo e de cada organização, a QVT não é determinada somente pelas características individuais (necessidades, valores, expectativas) ou situacionais (estrutura organizacional, tecnologia, sistemas de recompensas, políticas internas), mas, sobretudo, pela atuação sistêmica dessas características individuais e organizacionais.

O desempenho no trabalho e o clima organizacional representam fatores importantes na determinação da QVT. Se a qualidade for pobre, conduzirá à alienação do empregado e à insatisfação, à má vontade, ao declínio da produtividade, a comportamentos contraproducentes (como absenteísmo, rotatividade, roubo, sabotagem, militância sindical etc.).

Se a qualidade for boa, conduzirá a um clima de confiança e respeito mútuo, no qual o indivíduo tenderá a aumentar suas contribuições e a elevar suas oportunidades de êxito psicológico, e a Administração tenderá a reduzir mecanismos rígidos de controle social.

> Acesse um caso sobre **O empowerment na Semco** na seção *Caso de apoio* DHE 4.1

RESUMO

Os processos de aplicação de recursos humanos envolviam o posicionamento das pessoas nos cargos e a avaliação de seu desempenho nesses cargos. Hoje, entendemos que cada organização é um sistema de papéis. Um papel é um conjunto de atividades e comportamentos solicitados a uma pessoa. Para que uma pessoa possa compreender e entender os papéis que lhe são atribuídos na organização, ela deve passar por um processo de socialização organizacional. Trata-se de um processo de aprendizagem dos valores, das normas e dos comportamentos requeridos pela organização. Todavia, o desempenho de papel é complexo e está sujeito a muitas discrepâncias e dissonâncias.

O velho Recursos Humanos (RH) tratava os papéis como cargos. E os cargos nem sempre eram desenhados ou especificados pelo RH, mas por outros órgãos que utilizam velhos modelos de desenho de cargos, como o desenho clássico ou tradicional, o desenho humanístico ou, ainda, o desenho contingencial. Modernamente, os trabalhos estão sendo ajustados e adequados ao desenvolvimento das organizações e ao crescimento profissional das pessoas: é o que chamamos de enriquecimento ou ampliação dos trabalhos.

Atualmente, os trabalhos estão deixando de ser individuais e confinados socialmente para se transformarem em atividades de equipes com elevado teor social, conjunto, colaborativo e integrativo. Tudo para melhorar a QVT, isto é, o grau de satisfação das pessoas com a sua atividade e com a sua organização. Em pleno século 21, na Era Digital das mudanças e das transformações exponenciais, chegou a hora de analisarmos e reimaginarmos urgentemente o trabalho em nossas organizações. Ele tem um enorme significado para as pessoas, para a organização como um todo e no seu papel na sociedade.

TÓPICOS PRINCIPAIS

Conceitos clássicos de trabalho	Desenho tradicional de cargos	Impactos da modelagem dos cargos no trabalho
Desenho tradicional de trabalho	Mudança geracional e o trabalho	O trabalho na Era da Informação
Modelagem contingencial do trabalho	Dimensões do modelo contingencial de trabalhos	Aspectos da modelagem contingencial do trabalho
Fatores da modelagem contingencial	Motivação no trabalho	Significado do trabalho
Estratégia dos negócios e a estrutura dos trabalhos	Enriquecimento dos cargos e do trabalho	Estados psicológicos críticos

Construção de equipes de trabalho	Liderança das equipes de trabalho	Equipes de alto desempenho
Empoderamento (*empowerment*)	Gestão participativa	Delegação
Autonomia	Responsabilidade	Alavancadores do *empowerment*
Agilidade estratégica	Organizações ágeis	Transformação ágil
Cultura empreendedora	Flexibilização	*Mindset* convencional
Mindset ágil	Fatores da QVT	

QUESTÕES PARA DISCUSSÃO

1. O que é socialização organizacional?
2. Explique a organização como um sistema de papéis.
3. Explique o desempenho de papel e as possíveis discrepâncias ou dissonâncias.
4. O que é desenho de cargos e quem o faz dentro das organizações?
5. Explique e compare os modelos de desenho de cargos.
6. Quais as dimensões profundas no desenho de um cargo?
7. Como essas dimensões podem ser implementadas?
8. Explique enriquecimento e ampliação de cargo.
9. O que é satisfação intrínseca?
10. Quais são os estados psicológicos?
11. Como desenvolver equipes de trabalho?
12. O que é QVT?

REFERÊNCIAS

1. Extraído de: CHIAVENATO, I. *Recursos Humanos:* o capital humano das organizações. São Paulo: Atlas, 2020.
2. DAVIS, L. E. The Design of Jobs. *Industrial Relations*, p. 21-45, Oct. 1966.
3. FRENCH, W. L. *The personnel management process:* human resources administration. Boston: Houghton Mifflin, 1964. p. 72.
4. CHIAVENATO, I. *Introdução à Teoria Geral da Administração*. São Paulo: Atlas, 2020.
5. TAYLOR, F. W. *Princípios de Administração Científica*. São Paulo: Atlas, 1978.
6. SCOTT, W. G.; MITCHELL, T. R. *Organization Theory:* a structural and behavioral analysis. Homewood: Richard D. Irwin, 1976. p. 334-335.
7. CHIAVENATO, I. *Introdução à Teoria Geral da Administração*. São Paulo: Atlas, 2020. p. 72-73.
8. CHIAVENATO, I. *Introdução à Teoria Geral da Administração*, op. cit., p. 71.
9. SORCHER, M.; MEYER, H. H. Motivating factory employees. *In*: DAVIS, K. *Organizational Behavior:* a book of readings. New York: McGraw-Hill, 1974. p. 63.

10. SCOTT, W. G.; MITCHELL, T. R. *Organization Theory*: a structural and behavioral analysis. Homewood: Richard D. Irwin, 1976. p. 334-335.
11. ARGYRIS, C. *A integração indivíduo-organização*. São Paulo: Atlas, 1975. p. 49-50.
12. Extraído de: CHIAVENATO, I. *Recursos Humanos:* o capital humano das organizações, *op. cit.*
13. ARGYRIS. C. *A integração indivíduo-organização, op. cit.*, p. 50.
14. CHIAVENATO, I. *Manual de Reengenharia:* um guia para reinventar e humanizar a sua empresa com a ajuda das pessoas. São Paulo: Makron Books, 1995. p. 91.
15. LAWLER III, E.; HACKMAN, J. R. Corporate profits and employee satisfaction: must they be in conflict?. *In:* DAVIS, K. *Organizational Theory:* a book of readings. New York: McGraw-Hill, 1974. p. 198.
16. CHIAVENATO, I. *Manual de Reengenharia, op. cit.*, p. 96.
17. CHIAVENATO, I. *Manual de Reengenharia, op. cit.*, p. 95.
18. LEAVITT, H. J. Applied organization change in industry: structural, technical and human approaches. *In:* VROOM, V. H.; DECI, E. L. (orgs.). *Management and motivation:* selected readings. Middlesex: Penguin Books, 1973. p. 363.
19. Denominação que abominamos por se tratar de um reducionismo desumano. Preferimos "tecnologia de talentos intensiva".
20. DAVIS, L. E.; CANTER, R. R.; HOFFMAN, J. Current job design criteria. *In:* DAVIS, L. E.; TAYLOR, J. C. (orgs.). *Design of jobs:* selected readings. Middlesex: Penguin Books, 1972. p. 80-82.
21. HAMPTON, D. R. *Contemporary management*. New York: McGraw-Hill, 1977. p. 269.
22. LAWLER III, E. E.; HACKMAN. J. R. *Corporate profits and employee satisfaction:* must they be in conflict?, *op. cit.*, p. 199.
23. THORSRUD, E. Job design in the wider context. *In:* DAVIS, L. E.; TAYLOR, J. C. (orgs.). *Design of jobs:* selected readings. Middlesex: Penguin Books, 1972. p. 452-453.
24. THORSRUD, E. *Job design in the wider context, op. cit.*, p. 455-457.
25. ARGYRIS, C. *A integração indivíduo-organização, op. cit.*, p. 111.
26. McGREGOR, D. *The human side of enterprise*. New York: McGraw-Hill, 1960.
27. HERZBERG, F. *The work and nature of man*. Cleveland, Ohio: The World Publ. Co., 1966.
28. CHIAVENATO, I. *Recursos Humanos:* o capital humano das organizações, *op. cit.*
29. CHIAVENATO, I. *Recursos Humanos:* o capital humano das organizações, *op. cit.*
30. RELF, W. E.; LUTHANS, F. Does job really pay off?. *In:* DAVIS, K. *Organizational behavior:* a book of readings. New York: McGraw-Hill, 1974. p. 101.
31. Extraído de: HAMPTON, D. R. *Contemporary management*. New York: McGraw-Hill, 1977. p. 262.
32. PORTER, L. W.; LAWLER III, E. E.; HACKMAN, J. R. *Behavior in organizations*. New York: McGraw-Hill, 1975. p. 309.
33. HACKMAN, J. R.; OLDHAM, G. R. Motivation through the design of work: test of a theory. *Organizational Behavior and Human Performance*, p. 250-279, Aug. 1976.
34. Adaptado de: HACKMAN, J. R.; OLDHAM, G. R. Motivation through the design of work: test of a theory. *Organizational Behavior and Human Performance*, p. 256, Aug. 1976.
35. HACKMAN, R. J.; OLDHAM, G. R. Motivation through the design of work: test of a theory. *Organizational Behavior and Human Performance*, p. 250-279, Aug. 1976.
36. OAKLAND, J. S. *Gerenciamento da qualidade total:* TQM. São Paulo: Nobel, 1994. p. 20.
37. OAKLAND, J. S. *Gerenciamento da qualidade total:* TQM. São Paulo: Nobel, 1994. p. 20.

38. CHIAVENATO, I. *Gestão de Pessoas:* o novo papel da Gestão do Talento Humano. São Paulo: Atlas, 2020. p. 22.

39. CHIAVENATO, I. *Gerenciando com as pessoas:* transformando o executivo em um excelente gestor de pessoas. Barueri: Editora Manole, 2014. p. 93.

40. CHIAVENATO, I. *Gerenciando com as pessoas:* transformando o executivo em um excelente gestor de pessoas, *op. cit.*, p. 78.

41. CHIAVENATO, I. *Gerenciando com as pessoas:* transformando o executivo em um excelente gestor de pessoas, *op. cit.*

42. CHIAVENATO, I. *Gerenciando com as pessoas:* transformando o executivo em um excelente gestor de pessoas, *op. cit.*, p. 79.

43. CHIAVENATO, I. *Gerenciando com as pessoas:* transformando o executivo em um excelente gestor de pessoas, *op. cit.*, p. 80.

44. CHIAVENATO, I. *Gerenciando com as pessoas:* transformando o executivo em um excelente gestor de pessoas, *op. cit.*, p. 80.

45. CHIAVENATO, I. *Administração nos novos tempos*. São Paulo: Atlas, 2020.

46. *Performance management in agile organizations*, Jan. 2018. Vide: www.mckinsey.com/business-functions/organization/our-insights/performance-management-in-agile-organizations?cid=other-eml-alt-mcqck&hlkif&=a0ebae3780034a824859a678s04a318&hctly=.

47. DARINO, L.; SIEBERGER, M.; WILLIAMS, O. *Performance management in agile organizations*. McKinbsey & Company, Apr., 29, 2019. Vide: www.mckinsey.com/business-functions/organization/our-insights/performance-management-in-agile-organizations.

48. AGHINA, W.; DE SMET, A.; WEERDA, K. *Agility it rhymes with stability*. McKinsey Quarterly, Dec., 1, 2015. Vide: www.mckinsey.com/business-functions/organization/our-insights/agility-it-rhymes-with-stability.

49. GORAN, J.; LABERGE, L.; SRINIVASAN, R. *Culture for a Digital Age*. McKinsey Quarterly, Jul., 20, 2017. Vide: www.mckinsey.com/business-functions/mckinsey-digital/our-insights/culture-for-a-digital-age.

50. JACOBS, P.; SCHLATMANN, B. INGs agile transformation. *Interview*, McKinsey Quarterly, Jan., 10, 2017. Vide: www.mckinsey.com/industries/financial-services/our-insights/ings-agile-transformation.

51. PERKIN, N. *Agile transformation:* structures, processes and mindsets for the Digital Age. Londres: Kogan Page Ltd, 2020. Vide também: PERKIN, N.; ABRAHAM, P. *Building the agile business through digital transformation*. New York: Kogan Page Ltd., 2017.

52. KELLY, E. L.; MOEN, P. *Overload:* how good jobs went bad and what we can do about it. Princeton, NJ: Princeton University Press, 2020.

53. CHIAVENATO, I. *Gestão de Pessoas:* o novo papel da Gestão do Talento Humano, *op. cit.*, p. 35.

54. FERNANDES, E. C. Auditoria operacional de Recursos Humanos e as metas da qualidade no contexto da Readministração. *In*: BJUR, W.; CARAVANTES, G. R. *Readministração em ação: a prática da mudança rumo ao sucesso*. Porto Alegre: AGE, 1995. p. 179.

55. FERNANDES, E. C. *Auditoria operacional de Recursos Humanos e as metas da qualidade no contexto da Readministração, op. cit.*

56. FERNANDES, E. C. *Auditoria operacional de Recursos Humanos e as metas da qualidade no contexto da Readministração, op. cit.*

57. Extraído de CHIAVENATO, I. *Calidad de Vida en las Organizaciones*. Palestra realizada na Universidad Católica de Santiago, Chile, em 2015. Direitos autorais reservados ao autor.

58. Extraído de CHIAVENATO, I. *Calidad de Vida en las Organizaciones*. Palestra realizada na Universidad Católica de Santiago, Chile, em 2015.

5 DESCRIÇÃO E ANÁLISE DE TRABALHOS

OBJETIVOS DE APRENDIZAGEM

- Explicar como se descreve e analisa trabalhos.
- Discutir o porquê se faz a descrição e a análise de trabalhos.

O QUE VEREMOS ADIANTE

- Descrição de trabalhos.
- Análise de trabalhos.
- Métodos de descrição e análise de trabalhos.
- Fases da análise de trabalhos.
- Objetivos da descrição e análise de trabalhos.

CASO INTRODUTÓRIO
A Target

Cargos são ainda necessários nas organizações atuais? Era a dúvida de Roberto Gomes. Afinal, o trabalho organizacional mudou muito nos últimos dez anos em que trabalha na Target, uma empresa de aviação comercial. No começo, todas as pessoas tinham de vir à empresa para poder trabalhar. O trabalho era presencial e tinha horário e local definitivos. Os clientes tinham de vir ao balcão da companhia para adquirir seus bilhetes de voo, que eram de papel. Muita coisa mudou. Parte do trabalho agora é feita fora da empresa por pessoas que trabalham em suas casas ou por empresas a quem foram transferidas essas atividades. A Target faz o essencial e a terceirização carregou para fora boa parte da atividade que antes era feita dentro da empresa. Mas como saber o que as empresas terceirizadas fazem?

INTRODUÇÃO

No passado, sempre foi assim. Tradicionalmente, a divisão do trabalho e a consequente especialização funcional nas organizações exigiam que as atividades das pessoas fossem detalhadas e estabelecidas por meio de um rigoroso e detalhado esquema de descrição e especificação de cargos. As descrições de cargos relacionavam todas as tarefas, deveres e responsabilidades, enquanto as especificações de cargos alinhavam os requisitos necessários aos seus ocupantes. Assim, os cargos eram preenchidos de acordo com essas descrições e especificações. O ocupante do cargo deveria ter as características pessoais compatíveis com as especificações do cargo, enquanto o papel a desempenhar seria o conteúdo do cargo registrado na descrição. Assim, a descrição do cargo relatava impessoalmente o conteúdo do cargo, enquanto as especificações do cargo forneciam a percepção da organização a respeito das qualificações humanas desejáveis para o trabalho, expressas em termos de educação prévia, experiência, competências, iniciativa etc. E todo esse acervo era construído e constantemente atualizado pelos Recursos Humanos (RH).

E quando os cargos eram projetados e desenhados à revelia da área de RH, restava saber como foram projetados e desenhados pelos outros órgãos e, então, descrever e analisar os cargos para conhecer seu conteúdo e suas especificações. Tudo para poder gerir os recursos humanos neles aplicados. E quando eventualmente surge um novo cargo, o desafio é conhecê-lo em sua totalidade. A descrição e a análise de cargos eram o melhor caminho para isso. E a burocracia sempre estava por trás.

> **SAIBA MAIS** — **Conceito de cargo**
>
> O conceito de cargo é um subproduto do modelo burocrático de organização e uma decorrência do método cartesiano e da divisão do trabalho organizacional que imperou durante quase toda a Era Industrial. Conceitos como cargo ou departamento são definitivos, imutáveis e permanentes dentro da concepção burocrática, porque não levam em conta as mudanças ambientais e a necessidade de adaptação da organização ao mutável e exponencial mundo dos negócios. Daí o fato de muitas organizações bem-sucedidas substituírem seus departamentos por equipes multifuncionais. A razão? Simples: flexibilidade, adaptabilidade, agilidade, integração, coordenação e inovação. Isso muda tudo. O conceito de cargo está com os dias contados desde a Era da Informação. O trabalho não é mais realizado por meio do velho e limitado conceito de cargo. O trabalho pode ser individual ou coletivo, em tempo integral ou parcial, local e interno, ou virtual e em qualquer tempo ou local. Hoje, o trabalho requer uma nova e diferente abordagem dotada de imaginação, criatividade e inovação. Trabalho é flexível, adaptável, mutável, variável. A transformação digital exige tudo isso. Então, vamos falar, de agora em diante, de trabalho e não mais de cargos. Vamos falar de descrição de trabalhos e análise de trabalhos.

Capítulo 5 – Descrição e Análise de Trabalhos

5.1 DESCRIÇÃO DE TRABALHOS

Para conhecer o conteúdo de determinado trabalho, torna-se necessário descrevê-lo previamente. A descrição de trabalhos é um processo que consiste em enumerar todas as tarefas ou atribuições que compõem um trabalho e que o fazem distinto de todos os demais trabalhos existentes na organização. Ou seja, ela representa o detalhamento de todas as atribuições ou tarefas do trabalho (o que o ocupante faz), a periodicidade da execução (quando faz), os métodos utilizados para a execução dessas atribuições ou tarefas (como faz) e os objetivos do trabalho (por que faz). É um levantamento escrito dos principais aspectos significativos do trabalho e dos deveres e responsabilidades que envolve.

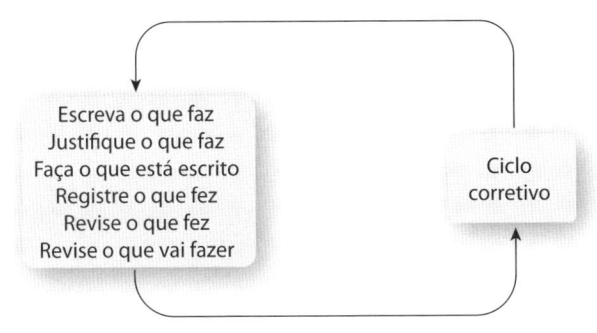

Escreva o que faz
Justifique o que faz
Faça o que está escrito
Registre o que fez
Revise o que fez
Revise o que vai fazer

Ciclo corretivo

Figura 5.1 Sistema de qualidade e melhoria contínua.[1]

Aumente seus conhecimentos sobre **O que é um trabalho?** na seção *Saiba mais* DHE 5.1

5.2 ANÁLISE DE TRABALHOS

Feita a descrição do trabalho, segue-se a sua análise. Em outros termos, identificado o conteúdo do trabalho (seus aspectos intrínsecos), o passo seguinte é analisar o trabalho em relação aos requisitos que ele impõe ao seu ocupante (seus aspectos extrínsecos).

Embora intimamente relacionadas em suas finalidades e no processamento de obtenção de dados, a descrição e a análise do trabalho são distintas entre si. Enquanto a descrição se preocupa com o conteúdo do trabalho (o que o ocupante faz, quando faz, como faz e por que faz), a análise estuda e determina todos os requisitos qualificativos, as responsabilidades envolvidas e as condições exigidas pelo trabalho para o seu adequado desempenho. É por meio da análise que os trabalhos serão avaliados e devidamente classificados para efeito de comparação.

A Figura 5.2 mostra o desdobramento da descrição e da análise do trabalho.

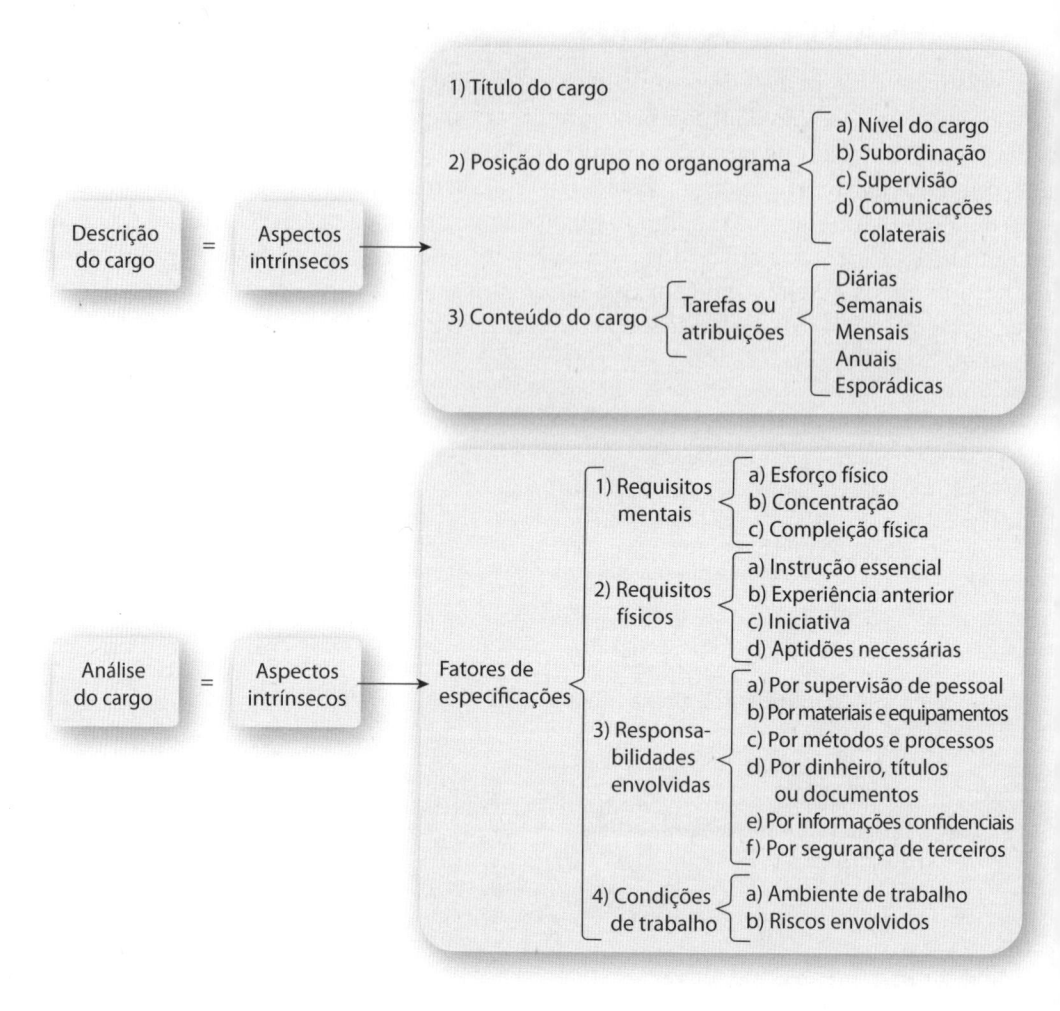

```
Descrição     Aspectos         1) Título do cargo
do cargo   =  intrínsecos  →                                 ┌ a) Nível do cargo
                               2) Posição do grupo no        │ b) Subordinação
                                  organograma             ┤  │ c) Supervisão
                                                             │ d) Comunicações
                                                             └    colaterais

                                                             ┌ Diárias
                               3) Conteúdo do cargo ┤ Tarefas ou │ Semanais
                                                      atribuições │ Mensais
                                                             │ Anuais
                                                             └ Esporádicas
```

```
                                                    ┌ a) Esforço físico
                               1) Requisitos        │ b) Concentração
                                  mentais           └ c) Compleição física

                                                    ┌ a) Instrução essencial
                               2) Requisitos        │ b) Experiência anterior
                                  físicos           │ c) Iniciativa
                                                    └ d) Aptidões necessárias

Análise     Aspectos       Fatores de                ┌ a) Por supervisão de pessoal
do cargo  = intrínsecos →  especificações            │ b) Por materiais e equipamentos
                                                     │ c) Por métodos e processos
                               3) Responsa-          │ d) Por dinheiro, títulos
                                  bilidades          │    ou documentos
                                  envolvidas         │ e) Por informações confidenciais
                                                     └ f) Por segurança de terceiros

                               4) Condições         ┌ a) Ambiente de trabalho
                                  de trabalho       └ b) Riscos envolvidos
```

Figura 5.2 Abrangência da descrição e da análise de trabalhos.[2]

5.2.1 Estrutura da análise de trabalhos

Enquanto a descrição de trabalhos é um simples arrolamento das tarefas ou atribuições que o ocupante desempenha, a análise de trabalhos é uma verificação comparativa de quais as exigências (requisitos) que essas tarefas ou atribuições impõem ao seu ocupante. Em outros termos, quais são os requisitos intelectuais e físicos que o ocupante deve ter para desempenhar adequadamente o trabalho, quais as responsabilidades que o trabalho impõe ao ocupante e em que condições o trabalho deve ser desempenhado pelo ocupante.

Em geral, a análise de trabalhos concentra-se em quatro áreas de requisitos quase sempre aplicadas a qualquer tipo ou nível de trabalho:

- Requisitos mentais.
- Requisitos físicos.

Responsabilidades envolvidas.

Condições de trabalho.

Cada um desses requisitos é dividido em vários fatores de especificações. Mais adiante, no capítulo sobre gestão de salários, os fatores de especificações, por meio de um tratamento statístico, serão transformados em fatores de avaliação de trabalhos. No fundo, os fatores de especificações funcionam como pontos de referência para se poder analisar uma grande quantidade de trabalhos de maneira objetiva. Constituem verdadeiros instrumentos de mensuração, construídos de acordo com a natureza dos trabalhos existentes na organização. Variando a natureza dos trabalhos a serem analisados, variarão igualmente não apenas os fatores de especificações considerados, mas também sua amplitude de variação e suas características de comportamento.

Fatores de especificações:

- **a) Requisitos mentais**
  1) Instrução essencial
  2) Experiência anterior essencial
  3) Adaptabilidade do cargo
  4) Iniciativa necessária
  5) Aptidões necessárias

- **b) Requisitos físicos**
  1) Esforço físico
  2) Concentração visual
  3) Destreza ou habilidade
  4) Compleição física

- **c) Responsabilidade por**
  1) Supervisão de pessoal
  2) Material, ferramental e equipamento
  3) Dinheiro, títulos ou documentos
  4) Contatos internos e externos
  5) Informações confidenciais

- **d) Condições de trabalho**
  1) Ambiente de trabalho
  2) Riscos

Figura 5.3 Esquema simplificado de fatores de especificações.[3]

Vejamos cada um dos fatores de especificações separadamente.

Requisitos mentais:

Considera as exigências do trabalho no que se refere aos requisitos mentais que o ocupante deve possuir para poder desempenhá-lo adequadamente. Entre os requisitos mentais, estão os seguintes fatores de especificações:

- Instrução essencial.
- Experiência anterior essencial.
- Adaptabilidade ao trabalho.
- Iniciativa necessária.
- Aptidões necessárias.

Requisitos físicos:

- Considera a quantidade e a continuidade de energia e de esforços físico e mental requeridos, a fadiga provocada, além da compleição física exigida do ocupante para o adequado desempenho do trabalho. Entre os requisitos físicos, estão os seguintes fatores de especificações:
    - Esforço físico necessário.
    - Concentração visual.
    - Destreza ou habilidade.
    - Compleição física necessária.

Responsabilidades envolvidas:

- Considera a responsabilidade que o ocupante do trabalho, além do desempenho normal de suas atribuições, tem com relação à supervisão direta ou indireta do trabalho de seus subordinados; ao material, ferramental ou equipamento que utiliza; ao patrimônio da empresa; ao dinheiro, títulos ou documentos; aos prejuízos ou lucros da empresa; aos contatos internos ou externos; e às informações confidenciais. Considera, portanto, responsabilidade por:
    - Supervisão de pessoas.
    - Material, ferramental ou equipamento.
    - Dinheiro, títulos ou documentos.
    - Contatos internos ou externos.
    - Informações confidenciais.

Condições de trabalho:

- Considera as condições de ambiente e arredores onde o trabalho é executado, tornando-o desagradável, adverso ou sujeito a riscos, exigindo do ocupante um severo ajustamento a fim de manter sua produtividade e seu rendimento nas funções. Avalia o grau de adaptação do ambiente e do equipamento ao elemento humano, facilitando seu desempenho. Engloba os seguintes fatores de especificações:
    - Ambiente de trabalho.
    - Riscos envolvidos no trabalho.

Abordada no ponto de vista de fatores de especificações, a análise de trabalhos pode ser montada em um esquema de estandardização e padronização que facilite a colheita de informação e permita uma base aceitável de comparações a serem efetuadas entre os trabalhos.

ALFA S.A.

Descrição sumária: _____
Redigir em português, datilografar em inglês e português, programar reuniões, encaminhar visitas e manter arquivos.

DESCRIÇÃO DO TRABALHO

- Receber, classificar e distribuir correspondência (circular), pastas, relatórios e impressos, anotando sua devolução e arquivando.
- Preparar correspondência e textos em português, digitando-os.
- Devolver textos e assuntos básicos recebidos, para fins de correspondências a compilação de relatórios.
- Organizar e manter arquivos de documentos e cartas geralmente confidenciais e registros, determinando sua localização, quando necessária, e comunicando compromissos ao superior.
- Prevenir oportunamente necessidades básicas do componente, como material de escritório, serviços gerais, facilidades, requisições, pedidos, providenciando sua manutenção; atuar em encargos que constituem detalhes da tarefa do superior, lembrando-o e assistindo-o.
- Executar outras tarefas correlatas a critério de seu superior.

ANÁLISE DO TRABALHO

Requisitos mentais
- **Instrução essencial:** de ensino médio. Secretariado ou equivalente.
- **Experiência posterior:** 6 a 12 meses desenvolvendo prática em digitação e familiarização com as normas e funções da empresa.
- **Aptidões acessórias:** personalidade atraente e cortês; caráter discreto e responsável; boa redação; destreza digital; fluência oral; memória associativa de nomes, fatos e fisionomias; capacidade de síntese e desenvolvimento; coordenação mental e excelente raciocínio abstrato; noção de tempo; e capacidade para prevenir e adaptar-se a novas situações.

Responsabilidade
- **Contatos:** exigem discrição acentuada em assuntos confidenciais e tato para obter cooperação; trabalho onde a frequência de contatos é muito acentuada.

Condições de trabalho:
- **Ambiente de trabalho:** comum de escritório; trabalho em salas coletivas.

Figura 5.4 Exemplo de descrição e análise de um trabalho.

5.3 MÉTODOS DE DESCRIÇÃO E ANÁLISE DE TRABALHOS

A descrição e a análise de trabalhos são uma responsabilidade de linha e função de *staff*, ou seja, a responsabilidade pelas informações prestadas é unicamente da linha, enquanto a prestação de serviços de obtenção e arranjo das informações é responsabilidade de *staff*, representado pelo analista de trabalhos.[4] Contudo, o analista do trabalho pode ser um funcionário especializado do *staff*, o gestor do departamento em que está localizado o trabalho a ser descrito e analisado, ou até mesmo o próprio ocupante do trabalho. Isso depende do grau de qualificação das pessoas envolvidas.

Os métodos mais utilizados para descrição e análise de trabalhos são:

- Observação direta.
- Questionário.

- Entrevista direta.
- Métodos mistos.

Vejamos cada um dos métodos de descrição e análise de trabalhos.

5.3.1 Método da observação direta

É um dos métodos mais utilizados, tanto por ser o historicamente mais antigo quanto por sua eficiência. Sua aplicação é muito eficaz quando se consideram estudos de micromovimentos e de tempos e métodos. A análise do trabalho é efetuada por meio da observação direta e da dinâmica do ocupante em pleno exercício de suas funções, enquanto o analista de trabalhos registra os pontos-chave de sua observação na folha de análise de trabalhos. É o mais aplicável aos trabalhos que envolvam operações manuais ou àqueles que tenham caráter simples e repetitivo. Alguns trabalhos rotineiros e repetitivos permitem uma observação direta, pois o elevado volume de conteúdo manual pode ser facilmente verificado por meio de observação visual. Como nem sempre produz todas as respostas e dissipa todas as dúvidas, a observação é geralmente acompanhada de entrevista e discussão com o ocupante ou com seu gestor.

- **Características da observação direta:**
    - A colheita de dados sobre um trabalho é feita por meio da observação visual das atividades do ocupante pelo analista de trabalhos.
    - Enquanto a participação do analista de trabalhos na colheita de dados é ativa, a participação do ocupante é passiva.

- **Vantagens da observação direta:**
    - Veracidade dos dados obtidos, em virtude da unidade de origem (analista de trabalhos) e ao fato de o analista de trabalhos ser alheio aos interesses de quem executa o trabalho.
    - Não requer a paralisação do ocupante do trabalho.
    - Método ideal para trabalhos simples e repetitivos.
    - Adequada correspondência entre os dados obtidos e a fórmula básica da análise de trabalhos ("O que faz?"; "Como faz?"; "Por que faz?").

- **Desvantagens da observação direta:**
    - Custo elevado, pois o método, para ser completo, requer tempo prolongado do analista de trabalhos.
    - A simples observação, sem o contato direto e verbal com o executante, não permite a obtenção de dados realmente importantes para a análise.
    - Contraindicado para trabalhos que não sejam simples e repetitivos.

É aconselhável que esse método seja utilizado em combinação com outros, a fim de que a análise seja bem mais completa e fiel.

> **SAIBA MAIS**
>
> **Quem deve fazer a observação**
>
> O método da observação deve ser utilizado por um analista de trabalhos ou por uma pessoa treinada com o método. Na verdade, a observação é tipicamente uma função de *staff*. E quem deve fazê-la? O gestor ou o especialista em Gestão Humana (GH); e, quem sabe, o próprio ocupante em um tipo de autoanálise, sujeita à avaliação posterior.

5.3.2 Método do questionário

Nesse método, a análise é feita por meio do preenchimento por escrito de um questionário de análise de trabalho pelo ocupante do trabalho a ser analisado ou pelo seu gestor.

Quando se trata de um grande número de trabalhos similares e de natureza rotineira e burocrática, é mais econômico e rápido estruturar um questionário que seja distribuído a todos os ocupantes daqueles trabalhos. O questionário deve ser elaborado sob medida para permitir respostas corretas e obter informação utilizável. Um pré-requisito do questionário é submetê-lo experimentalmente pelo menos a um ocupante e ao seu gestor para sentir a pertinência e a adequação das perguntas, e eliminar detalhes desnecessários, distorções, hiatos ou dubiedades das questões.

- **Características do questionário:**
  - A colheita de dados sobre um cargo é feita por meio do preenchimento de um questionário de análise de cargo pelo ocupante ou pelo seu superior.
  - Enquanto a participação do analista de cargos na colheita de dados (preenchimento do questionário) é passiva, a participação do ocupante (quando ele o preenche) é ativa.

- **Vantagens do questionário:**
  - O questionário pode ser preenchido, conjuntamente ou sequencialmente, pelos ocupantes do trabalho e pelos gestores diretos, contribuindo, assim, para uma visualização mais ampla de seu conteúdo e de suas características, além de possibilitar a participação de vários escalões.
  - É o método mais econômico de análise de trabalhos.
  - É o método mais abrangente: o questionário pode ser distribuído a todos os ocupantes de trabalhos, preenchido por eles e devolvido com relativa rapidez. Isso não ocorre com os demais métodos de análise de trabalhos.
  - É o método ideal para analisar trabalhos de alto nível, sem afetar o tempo e as atividades dos executivos.

- **Desvantagens do questionário:**
  - O questionário é contraindicado para aplicação em trabalhos de baixo nível nos quais o ocupante tem dificuldade em interpretá-lo e de responder por escrito.

- Exige planejamento e cuidadosa montagem.
- Tende a ser superficial ou distorcido, ante a qualidade das respostas escritas.

> **SAIBA MAIS**
>
> **Quem deve montar e aplicar o questionário?**
>
> O questionário deve ser montado por um analista de trabalhos em função dos fatores de especificações escolhidos. Em seguida, ele deve ser enviado aos gestores ou aos ocupantes de trabalhos para que o preencham e o devolvam. Com o questionário, o analista de trabalhos tem todas as informações necessárias a respeito de cada trabalho. A responsabilidade de linha – do gestor – é preservada ao lado da função de *staff* em termos de preparação e obtenção de dados.

5.3.3 Método da entrevista

A abordagem mais flexível e produtiva é a entrevista que o analista de trabalhos conduz com o ocupante do trabalho. Quando bem estruturada, a entrevista pode obter informações sobre todos os aspectos do trabalho, a natureza e a sequência das várias tarefas componentes, e os "porquês" e "quandos". Ela pode ser feita com relação às habilidades requeridas pelo trabalho e possibilita o cruzamento de informações obtidas com ocupantes de outros trabalhos similares, verificando as discrepâncias nos relatórios e, se necessário, a consulta ao gestor para assegurar-se da validade dos detalhes obtidos. Assegura uma interação face a face entre analista e ocupante, o que permite eliminação de dúvidas. É o método que tem recebido as preferências dos responsáveis pelos planos de análise de trabalhos. Baseia-se no contato direto e nos mecanismos de colaboração e participação.

O método da entrevista direta consiste em recolher os elementos relativos ao trabalho que se pretende analisar, por meio de um contato direto e verbal com seu ocupante ou com seu gestor. Pode ser efetuado com apenas um ou com ambos, juntos ou separadamente.

- **Características da entrevista direta:**
  - A colheita de dados sobre o trabalho é feita por meio de uma entrevista entre o analista e o ocupante do trabalho, em que são realizadas perguntas e respostas verbais.
  - A participação na colheita de dados, tanto do analista quanto do ocupante, é ativa.
- **Vantagens da entrevista direta:**
  - Obtenção de dados relativos a um trabalho por meio das pessoas que melhor o conhecem.
  - Possibilidade de discutir e aclarar todas as dúvidas.
  - É o método de melhor qualidade e que proporciona maior rendimento na análise, pela reunião normalizada e racional dos dados.
  - Não tem contraindicação: pode ser aplicado a qualquer tipo ou nível de trabalho.

Desvantagens da entrevista direta:

- Uma entrevista mal dirigida pode levar a reações negativas do pessoal, resultando em falta de compreensão e não aceitação de seus objetivos.
- Possibilidade de induzir a uma confusão entre opiniões e fatos.
- Perda de tempo quando o analista de trabalhos não se preparou convenientemente para essa tarefa.
- Custo operacional elevado: exige analistas experientes e a paralisação do trabalho do ocupante.

Quadro 5.1 Participação da colheita de dados sobre o cargo

Métodos	Participação	
	do analista	do ocupante
Observação	Ativa	Passiva
Questionário	Passiva	Ativa
Entrevista	Ativa	Ativa

SAIBA MAIS — **Quem deve utilizar a entrevista?**

A entrevista com o ocupante – e posteriormente com seu gestor, para efeito de confirmação – deve ser feita pelo analista de trabalhos. A função de *staff* – entrevistar para colher dados – e a responsabilidade de linha – fornecer informações a respeito dos trabalhos – são preservadas nessa metodologia tradicional.

5.3.4 Métodos mistos

É evidente que cada um dos métodos de análise do trabalho tem certas características, vantagens e desvantagens. Para neutralizar as desvantagens e tirar o maior proveito possível das vantagens, a opção é utilizar métodos mistos, combinações ecléticas de dois ou mais métodos de análise. Os métodos mistos mais utilizados são:

- **Questionário e entrevista:** ambos com o ocupante do trabalho. O ocupante preenche o questionário e depois é submetido a uma entrevista rápida, tendo por referência o questionário.
- **Questionário com o ocupante e entrevista com o gestor:** para aprofundar e aclarar os dados obtidos.
- **Questionário e entrevista:** ambos com o gestor.
- **Observação direta com o ocupante e entrevista com o gestor.**
- **Questionário e observação direta:** ambos com o ocupante.

- Questionário com o gestor e observação direta com o ocupante.

A escolha dessas combinações deve considerar as particularidades de cada empresa, como os objetivos da análise e descrição de trabalhos, o pessoal disponível para essa tarefa etc.

> **VOLTANDO AO CASO INTRODUTÓRIO**
> **A Target**
> Roberto Gomes, Diretor de GH da Target, pretende descrever e analisar os trabalhos que restaram dentro da companhia. Contudo, o seu orçamento de despesas é limitado e ele não tem condições de contratar analistas de trabalho para isso. Como Roberto poderia desenvolver um programa de descrição de trabalhos com um mínimo de despesas e um máximo de participação dos executivos e colaboradores da companhia? Qual a sua sugestão?

5.4 FASES DA ANÁLISE DE TRABALHOS

De maneira sintética, um programa de análise de trabalhos envolve três fases: planejamento, preparação e execução.

5.4.1 Fase de planejamento

É a fase em que a análise de trabalhos é planejada. É uma fase de gabinete e laboratório. O planejamento exige as seguintes etapas:

- Determinação dos trabalhos a serem descritos, analisados e incluídos no programa de análise, suas características, natureza, tipologia etc.
- Elaboração do organograma de trabalhos e posicionamento dos trabalhos no organograma. Ao se posicionar um trabalho no organograma, obtém-se a definição dos seguintes aspectos: nível hierárquico, autoridade, responsabilidade e área de atuação.
- Elaboração do cronograma de trabalho, especificando por onde iniciar o programa de análise. Poderá ter início nos escalões superiores, descendo gradativamente aos inferiores, ou vice-versa, como nos escalões intermediários, ou uma sequência horizontal, por áreas da empresa.
- Escolha do(s) método(s) de análise a ser(em) aplicado(s): dependendo da natureza e das características dos trabalhos a serem analisados, escolhem-se os métodos de análise adequados. Em geral, utiliza vários métodos de análise, pois dificilmente os trabalhos apresentam natureza e características semelhantes. A escolha deve recair sobre os métodos que apresentam vantagens ou, pelo menos, as menores desvantagens em função dos trabalhos a analisar.
- Seleção dos fatores de especificações a serem utilizados na análise, que é feita na base conjunta de dois critérios:
  - **Critério da generalidade:** os fatores de especificações devem estar presentes na totalidade ou em, pelo menos, 75% dos trabalhos a serem analisados, para que possam

comparar as características ideais dos ocupantes. Abaixo daquela percentagem, o fator torna-se ausente e deixa de ser um instrumento adequado de comparação.

- **Critério da variedade ou discriminação:** os fatores de especificações devem variar conforme o trabalho. Em outras palavras, não podem ser constantes ou uniformes. O fator instrução essencial necessária, por exemplo, atende ao critério da generalidade – todos os trabalhos exigem certo nível de instrução ou escolaridade – e ao critério da variedade – todos os trabalhos exigem um volume diferente de escolaridade, desde o curso primário incompleto até o curso superior. Para atender ao critério da generalidade, os trabalhos geralmente são divididos em diferentes sistemas: trabalhos de supervisão, mensalistas, horistas etc., porque são poucos os fatores de especificações que conseguem atender ao amplo leque de características dos trabalhos de uma organização.

- Dimensionamento dos fatores de especificações, ou seja, determinação do campo ou amplitude de variação de cada fator dentro do conjunto de trabalhos que se pretende analisar. A amplitude de variação corresponde à distância compreendida entre o limite inferior (ou mínimo) e o limite superior (ou máximo) que um fator apresenta em um conjunto de trabalhos. Dimensiona-se um fator para adaptar ou ajustar o instrumento de medida que ele é em relação ao objetivo que se pretende medir. No fundo, os fatores de especificações constituem um conjunto de mensuradores para analisar um trabalho. Torna-se necessário dimensioná-los para estabelecer o segmento de sua extensão, que terá serventia para analisar determinado conjunto de trabalhos. O fator de especificações, instrução necessária essencial, por exemplo, quando aplicado a trabalhos horistas não qualificados, poderá ter um limite inferior (alfabetização) e um superior (instrução primária completa) diferentes quando aplicado a trabalhos de supervisão. Nesse caso, o limite inferior (instrução de primeiro grau completa) e o limite superior (instrução superior completa) serão bem mais elevados.

- Graduação dos fatores de especificações, ou seja, transformar cada fator de variável contínua (que pode assumir quaisquer valores ao longo de sua amplitude de variação) em variável discreta ou descontínua (que pode assumir apenas determinados valores graduados que representam segmentos da sua amplitude de variação). Gradua-se um fator de especificações para facilitar e simplificar sua aplicação. Geralmente, o número de graus de um fator de especificações situa-se entre 4, 5 e 6 graus. Assim, cada fator, em vez de assumir n valores contínuos, poderá ter apenas 4, 5 ou 6 graus de variação.

5.4.2 Fase de preparação

É a fase em que os esquemas e os materiais de trabalho deverão ser preparados e os analistas devidamente treinados:

- Recrutamento, seleção e treinamento dos analistas de trabalhos que comporão a equipe de trabalho.
- Preparação do material de trabalho (formulários, impressos, materiais etc.).
- Preparação do ambiente (esclarecimentos à Direção, à Gerência, à Supervisão e a todo o pessoal envolvido no programa de análise de trabalhos).

- Colheita de dados prévios (nomes dos ocupantes dos trabalhos a analisar, relação dos equipamentos, ferramentas, materiais e formulários utilizados pelos ocupantes dos trabalhos).

A fase de preparação do programa de análise de trabalhos pode ser simultânea à fase de planejamento.

> **SAIBA MAIS** **Fase de preparação**
>
> Ambas as fases – planejamento e preparação do programa de análise de trabalhos – são predominantemente função de *staff*. O analista de trabalhos – ou quem faça suas vezes – deve planejar e preparar todo o material para colher informação sobre os trabalhos a serem descritos e analisados.

5.4.3 Fase de execução

É a fase em que se faz a colheita de dados a respeito dos trabalhos a analisar e a redação da análise:

- Coleta dos dados sobre os trabalhos por meio do(s) método(s) de análise escolhido(s) (com o ocupante do trabalho ou com o seu gestor).
- Triagem dos dados obtidos.
- Redação provisória da análise do trabalho pelo analista de trabalhos.
- Apresentação da redação provisória da análise ao supervisor imediato, para ratificação ou retificação.
- Redação definitiva da análise do trabalho.
- Apresentação da redação definitiva da análise do trabalho para aprovação final (ao comitê de trabalhos e salários ou ao gestor responsável por sua oficialização dentro da organização).

Na fase de execução do programa de análise de trabalhos, nota-se a função de *staff* (obter informação a partir da metodologia adotada) e a responsabilidade de linha (fornecer a informação por meio da metodologia adotada).

> **VOLTANDO AO CASO INTRODUTÓRIO**
> **A Target**
>
> Roberto Gomes quer ir além do convencional. Sua ideia é transformar a estrutura organizacional da Target por meio de uma remodelagem dos trabalhos. A estratégia que pretende adotar é a seguinte:
>
> **1.** Começar pelo enriquecimento de trabalhos para flexibilizar a estrutura dos trabalhos e adequá-los continuamente às características individuais dos ocupantes.

2. Definir as competências essenciais da empresa (*core business*) e de cada uma das suas áreas principais – de suporte e de operação.
3. Mapear as competências que atualmente os colaboradores já dispõem.
4. Criar equipes multifuncionais e multicompetências para dinamizar a organização.

Como Roberto poderia apresentar sua estratégia à diretoria da empresa? Como você poderia ajudar Roberto nessa empreitada?

A pergunta que faço é: tudo isso é necessário nos tempos atuais? Em vários momentos deste livro, abordamos o fenômeno atual das organizações flexíveis e ágeis. Nelas, não existe espaço para a descrição e a análise de cargos, nem para processos burocráticos do passado.

> Acesse conteúdo sobre **A vantagem essencial** na seção *Tendências em GH* 5.1

5.5 OBJETIVOS DA DESCRIÇÃO E ANÁLISE DE TRABALHOS

A utilização dos resultados da análise de trabalhos é ampla: ela constitui a base para o recrutamento e a seleção de pessoal, o levantamento de necessidades de treinamento, a definição de programas de treinamento, o planejamento da força de trabalho, a avaliação de trabalhos para efeito de faixas salariais, o projeto de equipamento e métodos de trabalho etc. Quase todas as atividades de GH baseiam-se em informações proporcionadas pela análise dos trabalhos.

Realmente, são muitos os objetivos da análise e descrição de trabalhos, pois os trabalhos constituem a base fundamental para qualquer programa de GH. Os seus principais objetivos são:

- **Subsídios à elaboração de anúncios:** demarcação do mercado de candidatos onde se deve recrutar e como base para o recrutamento de pessoal.
- **Determinação do perfil do ocupante do trabalho:** por meio do qual se aplicará a bateria adequada de testes, como base para a seleção do pessoal.
- **Material necessário ao conteúdo dos programas de treinamento:** como base para o treinamento de pessoal.
- **Determinação das faixas salariais por meio da avaliação e da classificação de trabalhos:** de acordo com a posição relativa dos trabalhos dentro da organização e do nível dos salários no mercado de trabalho, como base para gestão de salários.
- **Estímulo à motivação do pessoal:** para facilitar a retroação do desempenho e do mérito funcional.
- **Guia para o gestor:** no trabalho com seus subordinados e guia para o empregado no desempenho de suas funções.

- **Subsídios para a higiene e a segurança industrial:** no sentido de minimizar a insalubridade e a periculosidade de determinados trabalhos.

DESCRIÇÃO E ANÁLISE DE TRABALHO

Título: **Pintor de manutenção** Seção: *Industrial*

Descrição sumária: Pintar, a revólver ou pincel, superfícies metálicas e de madeira que compõem o patrimônio da sociedade.

DESCRIÇÃO DO TRABALHO

- Preparar as superfícies a pintar, raspando-as e lixando-as, removendo impurezas e a tinta velha. Passar camadas de massa rápida e sintética.
- Preparar as tintas a utilizar, efetuando misturas de outras tintas, diluentes, secantes e pigmentos em quantidades convenientes até atingir cor e viscosidade ideais. Introduzir a tinta em recipiente de pulverizador de ar comprimido, ligando o equipamento à tomada de ar e regulando o jato por meio de válvulas. Isolar com tiras de papel ou com fitas colantes as superfícies que não devem ser pintadas. Dirigir o revólver sobre as partes a pintar, realizando movimentos compassados em sentido vertical, horizontal e circular: lixar as camadas de tinta, após a secagem, como preparação à aplicação da camada seguinte, até atingir acabamento perfeito. Retocar a pincel os pontos e cantos inacessíveis.
- Utilizando-se de pincéis, brochas, escovas, trinchas, pintar manualmente paredes e fachadas de prédios e placas; fazer filetes e emblemas sobre superfícies pintadas.
- Conservar todo o equipamento utilizado, removendo detritos e desobstruindo o bico dos revólveres com líquidos diluentes e gaze.
- Executar outras tarefas correlatas às já descritas, a critério de seu superior.

ANÁLISE DO TRABALHO

A) **Requisitos mentais**
- **Instrução:** Curso primário: cálculos com números inteiros; conhecimento de materiais inerentes e dos processos de pintura.
- **Experiência:** de pelo menos um ano; período julgado necessário à aquisição das habilidades e à completa familiarização com seu campo de atividade.
- **Aptidões:** Inteligência (grupo médio inferior); introversão equilibrada; iniciativa; espírito crítico e criador; resistência à fadiga física e, em especial, à fadiga visual; percepção discriminativa e diferencial (acurada); grande destreza manual, reação rápida a estímulos; acuidade visual.

B) **Requisitos físicos**
- **Esforço físico:** Constante movimentação de braços e pernas; coordenação de movimentos braçais, verticais, horizontais e circulares; firmeza de pulsos, articulação do joelho e da coluna vertebral em sequência de operações; abaixar-se, levantar-se, subir e descer escadas; o trabalho é sempre executado em pé.

C) **Responsabilidades envolvidas**
- **Patrimônio:** Perdas parciais ou totais podem ser verificadas no que diz respeito ao material de pintura empregado e à mão de obra desperdiçada; danos causados ao equipamento são pouco prováveis – prejuízos de pequena monta.

D) **Condições de trabalho**
- **Ambiente:** Condições ligeiramente desagradáveis resultantes da presença continuada de pó de lixa, vapores de tinta considerados prejudiciais à saúde do ocupante, odores, ruído, frio e calor (condições de trabalho externas).
- **Segurança:** Condições consideradas às vezes perigosas, possíveis quedas em trabalho sobre andaimes; torções, escoriações e pequenos cortes sem grande gravidade.

Figura 5.5 Exemplo de uma descrição e análise de um trabalho horista.

> **SAIBA MAIS**
>
> **Existem organizações sem cargos?**
>
> Na verdade, o conceito de cargo sempre esteve ligado à permanência e ao definitivo nas organizações no decorrer da Era Industrial. No mundo de hoje, onde tudo muda rapidamente e as organizações precisam mudar para poderem sobreviver – e, se possível, antecipar-se às mudanças externas –, os trabalhos também precisam mudar continuamente. Daí a necessidade de flexibilizar e agilizar o conceito de trabalho e torná-lo dinâmico e mutável. Isso requer uma constante remodelagem dos trabalhos. Quem deve fazer isso? Se você disser que é a área de GH, então você está tentando centralizar uma atividade que a área não pode jamais conhecer em detalhes. Então, quem deve fazê-lo? Cada pessoa que realiza um trabalho, com a ajuda do seu gestor e da área de GH. E a pergunta anterior? A resposta é positiva: muitas organizações bem-sucedidas estão abandonando gradativamente o conceito de cargo e partindo definitivamente para o conceito de trabalho em equipe. *Empowerment* na ponta! E juntando colaboração, engajamento, muito relacionamento humano, troca de experiências e conhecimentos, ajuda mútua e recíproca. A flexibilidade e a agilidade constituem outras alternativas importantes.

Em resumo, descrever e analisar trabalhos sempre constituiu a maneira de obter dados e informações a respeito daquilo que as pessoas fazem ou deverão fazer em seu trabalho. No fundo, todos os processos de GH – provisão, aplicação, manutenção, desenvolvimento e monitoração – se baseavam nesses dados e informações como fundamentos sobre os quais funcionavam. Sem esses dados e informações básicas, a GH não teria bases sólidas para funcionar a contento. A qualidade desses fundamentos é essencial para o sucesso da GH. Daí a sua importância e sua atualização constante em busca de criatividade e inovação.

Nos dias de hoje, com a incrível torrente de mudanças e transformações e a poderosa influência das novas tecnologias, o mundo organizacional passa por profundas e rápidas mudanças. O enorme e vertiginoso volume de dados a respeito das operações e das pessoas passa por algoritmos e análises descritivas e prescritivas por meio de inteligência artificial, e oferece *insights* significativos para a constante atualização, flexibilidade e agilidade. Não dá mais para caminhar no ritmo das velhas burocracias. É preciso transformar tudo o que vimos em conceitos atuais que façam nossas organizações caminharem rápida e velozmente. Isso envolve:

- Definição de claros objetivos organizacionais estratégicos.
- Intensa colaboração e comunicação entre equipes de elevado desempenho.
- Definição de indicadores e métricas rigorosos e em tempo real.
- Dados e informações acuradas e plenamente disponíveis para todos.
- Buscar a excelência operacional por meio da Gestão do Desempenho Humano.
- Buscar a mudança organizacional ágil para adequação a um mundo exponencial.

> Acesse um caso sobre **Chrysler Corporation** na seção *Caso de apoio* DHE 5.1

RESUMO

Quando os trabalhos são desenhados pelos demais órgãos, o departamento de GH precisa descrevê-los e analisá-los para melhor conhecer as características, as habilidades, as aptidões e os conhecimentos que precisam ter os seus ocupantes, para melhor poder desenvolvê-los. A fim de melhor conhecer as exigências que os trabalhos impõem aos seus ocupantes, a análise de trabalhos baseia-se geralmente em quatro grupos de fatores: requisitos mentais, requisitos físicos, responsabilidades envolvidas e condições de trabalho. Os métodos de análise de trabalhos são: observação, entrevista, questionário e métodos mistos. A análise de trabalhos exige geralmente três fases: planejamento, preparo e execução. No passado, a descrição e análise de trabalhos representava a base fundamental de todo e qualquer trabalho de GH, pois permite subsídios para o recrutamento e a seleção das pessoas, o treinamento, a gestão de salários, a gestão e retroação do desempenho, a higiene e a segurança do trabalho, além de informar o gestor a respeito do conteúdo e das especificações dos trabalhos de sua área, já que a descrição e análise de trabalhos é uma responsabilidade de linha e uma função de *staff*.

TÓPICOS PRINCIPAIS

Análise de cargo	Cargo	Descrição de cargo
Entrevista	Fatores de especificações	Métodos mistos
Observação direta	Questionário	Requisitos do cargo

QUESTÕES PARA DISCUSSÃO

1. Quais as noções fundamentais no conceito de trabalho ou cargo?
2. Explique descrição de cargo.
3. Explique a análise de cargos.
4. Explique a estrutura de cargos.
5. Explique as características, as vantagens e as desvantagens do método de observação.
6. Explique as características, as vantagens e as desvantagens do método da entrevista.
7. Explique as características, as vantagens e as desvantagens do método do questionário.
8. Explique as alternativas de métodos mistos.
9. Explique as fases da análise de cargos.
10. Quais os objetivos da descrição e análise de cargos?
11. Nos tempos atuais, as empresas estão procurando flexibilizar a sua estrutura de cargos. Como você poderia fazê-lo por meio da análise de cargos?
12. Como você poderia adotar maior agilidade na estrutura de cargos em sua empresa?

REFERÊNCIAS

1. OAKLAND, J. S. *Gerenciamento da qualidade total:* TQM. São Paulo: Nobel, 1994. p. 111.
2. CHIAVENATO, I. *Recursos Humanos:* o capital humano da empresa. São Paulo: Atlas, 2020. p. 238.
3. CHIAVENATO, I. *Recursos Humanos:* o capital humano da empresa, *op. cit.*, p. 239.
4. O analista de trabalhos "colige, analisa e desenvolve dados ocupacionais relativos aos trabalhos, qualificações necessárias aos trabalhos e características do ocupante, que servem de base para aconselhamento vocacional, avaliação de salários etc. Estuda trabalhos desempenhados em organizações e escreve a descrição de elementos dos trabalhos e requisitos físicos e mentais necessários ao ocupante. Define, classifica e correlaciona dados ocupacionais. Utiliza dados para desenvolver sistemas de avaliação de salários e recomenda mudanças na classificação dos trabalhos. Prepara organogramas, escreve monografias, descrevendo padrões ou tendências industriais, desenvolve esquemas de testes para medir conhecimento ocupacional e habilidades dos trabalhadores e desempenha pesquisa ocupacional relacionada".

(UNITED STATES EMPLOYMENT SERVICE, *Dictionary of Occupacional Titles,* v. 1, Definitions of Titles. Washington: United States Government Printing Office, 1949. p. 818).

6 GESTÃO E REVISÃO DO DESEMPENHO HUMANO

OBJETIVOS DE APRENDIZAGEM

- Explicitar a Gestão do Desempenho Humano.
- Apresentar os prós e os contras a respeito da revisão do desempenho humano.
- Mostrar como construir um processo de revisão do desempenho dinâmico e flexível.
- Apontar as novas perspectivas da revisão do desempenho.

O QUE VEREMOS ADIANTE

- Conceito de desempenho humano.
- Gestão do Desempenho Humano.
- Revisão do desempenho humano.
- Métodos tradicionais de revisão do desempenho humano.
- Tendências em revisão do desempenho humano.
- Entrevista de revisão do desempenho humano.

CASO INTRODUTÓRIO
Têxtil Catalina

Na Têxtil Catalina, todos os executivos detestam a revisão do desempenho humano. Eles acham que o processo é trabalhoso, demorado e não conduz a nada. Além disso, para eles, em vez de melhorar as relações entre executivos e subordinados, esse processo cria inevitavelmente atritos, conflitos e dissabores. Contudo, todos os executivos – sem exceção – consideram a revisão do desempenho um processo fundamental na melhoria e na excelência organizacional. Esse é o diagnóstico que Elisa Mendes levou ao Diretor Presidente da Catalina. Ela queria mostrar a ele a necessidade de mudar o processo tradicionalmente usado na organização.

INTRODUÇÃO

Após o subsistema de provisão de Gestão Humana (GH) alimentar a organização com a adição de novos talentos, o subsistema de aplicação se incumbe de desenhar o modelo de trabalho e preparar as bases para a ação organizacional. É a ocasião em que as ações organizacionais que foram planejadas e organizadas são dirigidas, lideradas e postas em prática pela ação conjunta dos órgãos, das equipes e das pessoas. É o ponto em que a gestão age no sentido de fazer com que as coisas aconteçam de acordo com a estratégia organizacional. É a execução que faz a organização funcionar, ser produtiva e capaz de construir riqueza, agregar valor e compartilhar retornos. No fundo, o que é planejado, organizado e implementado é liderado, executado e controlado, e se transforma em atividades e operações desempenhadas pelos talentos em todos os níveis da organização.

A palavra *desempenho* significa ação, execução, realização, posta em marcha, ou seja, tornar real o que antes foi planejado, idealizado ou esperado. Acontece que muito do que foi planejado e organizado nem sempre é desempenhado dentro das expectativas. Em outras palavras, o desempenho nem sempre consegue chegar ao nível daquilo que foi planejado e esperado, ou até mesmo pode ultrapassá-lo. Acontece que todo trabalho – independentemente de sua natureza ou complexidade – envolve ação, execução e desempenho. Alguém sempre tem de fazer alguma coisa. E a natureza ou complexidade dessas atividades varia enormemente de uma organização para outra, de uma pessoa para outra, e nem sempre as coisas ocorrem da maneira planejada e esperada.

6.1 CONCEITO DE DESEMPENHO

O desempenho da organização faz parte integrante da execução da sua estratégia organizacional. Daí a sua enorme importância. É o momento em que tudo o que foi planejado e organizado é dirigido e posto em prática pela ação conjunta de todos os órgãos, equipes e colaboradores para o alcance dos objetivos do negócio. É o ponto em que as lideranças decidem e agem no sentido de fazer com que as coisas aconteçam por meio dos colaboradores, de acordo com o que foi planejado e organizado. Assim, o planejamento, a organização e a execução do trabalho fazem a empresa ser produtiva e capaz de gerar riqueza, agregar e entregar valor, e compartilhar retornos com todos os *stakeholders* envolvidos.

Vejo o desempenho (*performance*) "como o conjunto de características ou capacidades de comportamento ou rendimento de uma pessoa, equipe ou organização de acordo com os objetivos estratégicos da organização. Ou ainda, de seres vivos, máquinas, equipamentos, produtos ou sistemas, quando comparados com objetivos, padrões ou expectativas previamente definidos. É o ato de executar, exercitar, cumprir uma determinada atividade com objetivos negociados e estabelecidos. É a maneira pela qual pessoas, equipes ou organizações executam suas tarefas e atividades e, com isso, alcançam os objetivos organizacionais e promovem resultados excelentes".[1] Ou seja, todo trabalho exige desempenho, e todo desempenho precisa ser previamente planejado, organizado e liderado para então ser avaliado de acordo com determinados indicadores, padrões ou métricas.

Objetivos organizacionais

Definição de objetivos departamentais
- Missão
- Visão
- Estratégias
- Prioridades

Revisão do desempenho
- Avaliação dos resultados
- Definição da avaliação
- *Feedback* dos resultados
- Planos de desenvolvimento

Gestão do desempenho

Planejamento do desempenho
- Foco no desempenho
- Articulação de objetivos
- Alinhamento com departamento
- Organização do recursos

Conduzindo o desempenho
- Determinar requisitos
- Proporcionar liderança
- Apoio e supervisão
- *Coaching* e *mentoring*

Figura 6.1 As bases fundamentais da Gestão do Desempenho Humano.[2]

Pode-se expressar o desempenho por meio de uma medida ou métrica frente a um indicador ou índice em relação a metas, objetivos, requisitos, padrões ou expectativas definidos previamente. Assim, o desempenho pode ser baixo, médio, elevado ou excepcional em relação a esses pressupostos, e constitui um dos principais responsáveis pela produtividade e pelos resultados da organização em termos de competitividade e sustentabilidade. É o elemento que produz a excelência operacional responsável pela eficiência e pela eficácia de uma organização.

Proponho um processo cíclico de gestão do desempenho como um ecossistema integrado, que pode ser desdobrado em oito etapas:[3]

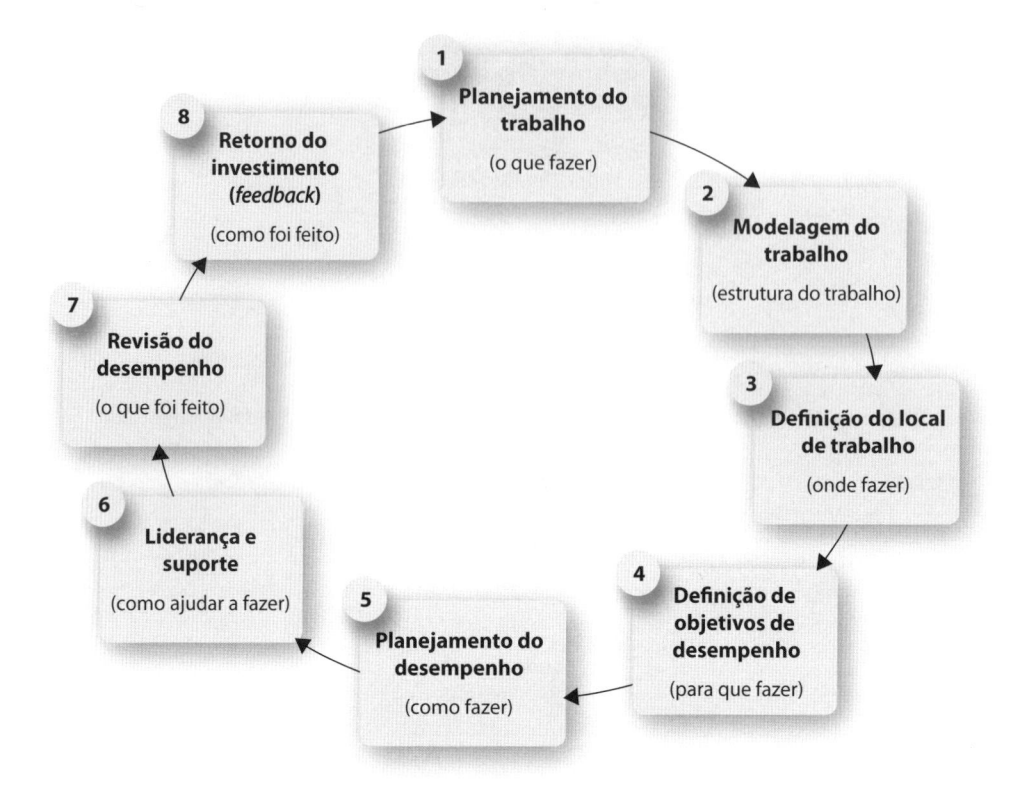

```
        1. Planejamento do trabalho (o que fazer)
        2. Modelagem do trabalho (estrutura do trabalho)
        3. Definição do local de trabalho (onde fazer)
        4. Definição de objetivos de desempenho (para que fazer)
        5. Planejamento do desempenho (como fazer)
        6. Liderança e suporte (como ajudar a fazer)
        7. Revisão do desempenho (o que foi feito)
        8. Retorno do investimento (feedback) (como foi feito)
```

Figura 6.2 O processo cíclico da gestão do desempenho.[4]

SAIBA MAIS — Engenharia reversa?

Mais do que sempre partir do trabalho atual e caminhar para a frente, é preciso retroagir a partir do futuro. Em toda a Era Industrial, tradicionalmente planejamos, organizamos, dirigimos e controlamos sempre em uma única direção (para a frente), como se fosse o único caminho, já que tudo era relativamente estável e previsível. Se fizermos isso hoje em dia, quando chegarmos lá, tudo terá mudado e o objetivo almejado deixará de ser alcançado. Peter Drucker já dizia que a melhor maneira de predizer o futuro é inventá-lo. Por isso, na Era Digital, precisamos ver o que está acontecendo lá na frente e na tendência do mercado e retroagirmos a todo instante para replanejar, reorganizar, dirigir e controlar. É o mesmo que dirigir um carro à noite, em altíssima velocidade, em uma autopista escura com os faróis altos (visão distante e retroação) e os faróis baixos (visão local e ação rápida) ligados ao mesmo tempo. Ou seja, é preciso visualizar o longo e o curto prazo simultaneamente para termos uma visão ágil e flexível pela frente, para podermos caminhar mais velozmente, vendo o imediato e o eventual futuro. A alta velocidade vai depender da conciliação dessas duas visões.

Caminho tradicional

```
Presente  ──────────►  Futuro
         ◄──────────
         Retroação
```

Figura 6.3 Flexibilidade e agilidade na retroação do desempenho.

E todo desempenho envolve uma sequência de atividades, um fluxo de trabalho, cuja melhoria é tão importante quanto o seu produto final. Dependendo dos objetivos de desempenho, existem trabalhos que exigem um ciclo de gestão curto – como trabalhos manuais e simples – e trabalhos mais complexos que requerem um ciclo de tempo mais prolongado – como trabalhos mais complicados e sofisticados.

6.1.1 Objetivos de desempenho

Todo desempenho tem um objetivo a alcançar no curto ou no longo prazo. E toda estratégia corporativa é desdobrada ao longo dos níveis organizacionais até chegar ao nível operacional. Para que isso aconteça, é necessário alinhamento em relação a ela por meio de objetivos gradativos de desempenho para que o nível operacional possa contribuir com algo para melhorar a vantagem competitiva da empresa.

Os principais objetivos de desempenho visam melhorar os seguintes aspectos:[5]

- **Qualidade:** produção totalmente isenta de erros, oferecendo produtos ou serviços dentro das especificações.
- **Rapidez:** prontidão e tempo de entrega reduzido.
- **Baixo custo:** para proporcionar preços menores.
- **Confiabilidade:** produção correta e entrega certa e confiável.
- **Flexibilidade:** por meio da habilidade em constantes melhorias e da inovação nos produtos e nos serviços.

Cada um desses objetivos produz efeitos internos e efeitos externos, como mostra a Figura 6.4.

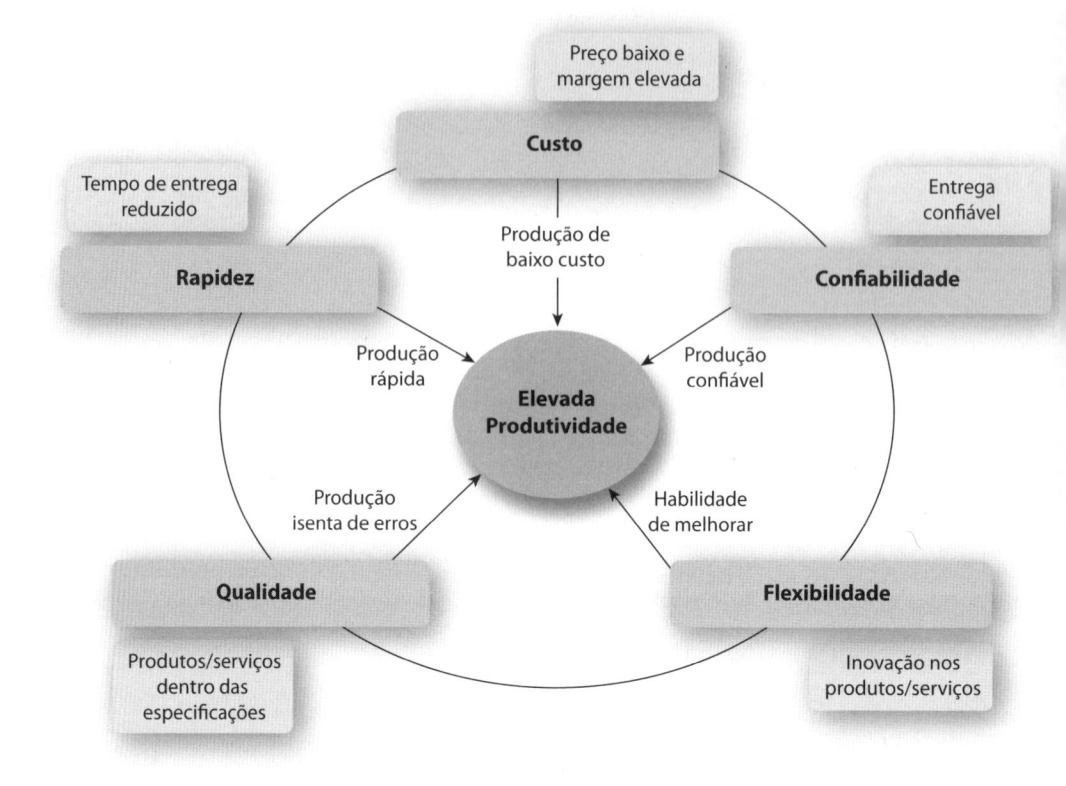

Figura 6.4 Efeitos internos e efeitos externos dos cinco objetivos de desempenho.[6]

Os principais habilitadores para garantir o bom desempenho humano são:

- Quais são as metas e os objetivos de trabalho que cada pessoa deverá alcançar?
- Quais são os resultados que cada pessoa deverá oferecer à organização?
- Como cada pessoa fará o seu trabalho no conjunto e o que é necessário para ela?
- Como cada equipe deverá se integrar para alcançar sinergia no esforço total?

Todas essas questões devem ser analisadas antecipadamente. Se elas estiverem satisfatoriamente respondidas, o desempenho terá condições de permitir o resultado desejado. Desempenho é resultado. E o resultado é o mais importante.

Aumente seus conhecimentos sobre **Os dez mandamentos da colaboração para um excelente desempenho das pessoas** na seção *Saiba mais* DHE 6.1

6.2 GESTÃO DO DESEMPENHO HUMANO

A Gestão do Desempenho Humano implica em planejar, organizar, liderar e controlar todo o fluxo da atividade organizacional em todas as áreas e em todos os níveis no sentido de garantir o alcance dos objetivos organizacionais e a entrega de excelentes resultados. A Figura 6.5 dá uma ideia resumida de todo o processo de gestão do desempenho como um ciclo recorrente e os laços de retroação ao longo do seu caminho. A fase de controle é geralmente denominada "avaliação do desempenho". Durante décadas, o interesse esteve mais focado na avaliação do que no processo integrado de Gestão do Desempenho Humano.

Planejamento	Organização	Supervisão	Controle
Fixação de objetivos Planos de trabalho O que fazer Como Quando Onde Por quem	Implementação Atribuição de recursos Geração de competências Sistemas de apoio Sistemas de informação Infraestrutura de trabalho	Treinamento Desenvolvimento Liderança Comunicação Motivação e engajamento Orientação e apoio Espírito de equipe Espírito empreendedor Reuniões Discussões Sugestões	Avaliação de resultados Indicadores alcançados Métricas alcançadas Criação de valor Soluções de problemas Conhecimentos Habilidades Atitudes Competências

Retroação

Figura 6.5 O processo integrado de Gestão do Desempenho Humano.[7]

SAIBA MAIS — Motivos principais das falhas de desempenho

Desempenho é execução, a etapa mais importante e crítica de todo e qualquer plano estratégico, tático ou operacional, pois é onde ocorre a maioria dos problemas, dos erros e das falhas, devido a quatro motivos principais:

- O gestor e a equipe não conhecem os objetivos a serem alcançados.
- O gestor e a equipe não sabem exatamente a maneira ou as etapas, e como deverão atingi-la(s).

- Não há indicadores ou métricas que mostrem claramente como o gestor e a equipe estão caminhando.
- Em razão dos três primeiros motivos, as pessoas nada medem, nem recebem acompanhamento ou *feedback* adequado que lhes indique o grau de progresso efetuado.

O desempenho humano pode e deve ser melhorado de maneira gradativa e incessante. Para tanto, o gestor precisa não somente supervisionar, orientar e proporcionar *feedback* em tempo real aos membros de sua equipe a respeito de seus resultados apresentados, mas também incentivá-los, de maneira que aprendam cada vez mais com seus erros ou falhas e que possam alcançar níveis extraordinários de desempenho futuro. É o que denominamos de "excelência operacional". E para isso, nada melhor do que utilizar o ciclo de Deming ou ciclo PDCA (*plan, do, check, act*), que mostra que se deve planejar antes de fazer, definir metas e métodos para atingi-las, preparar as pessoas para executá-los, e fazer, checar e agir corretivamente.

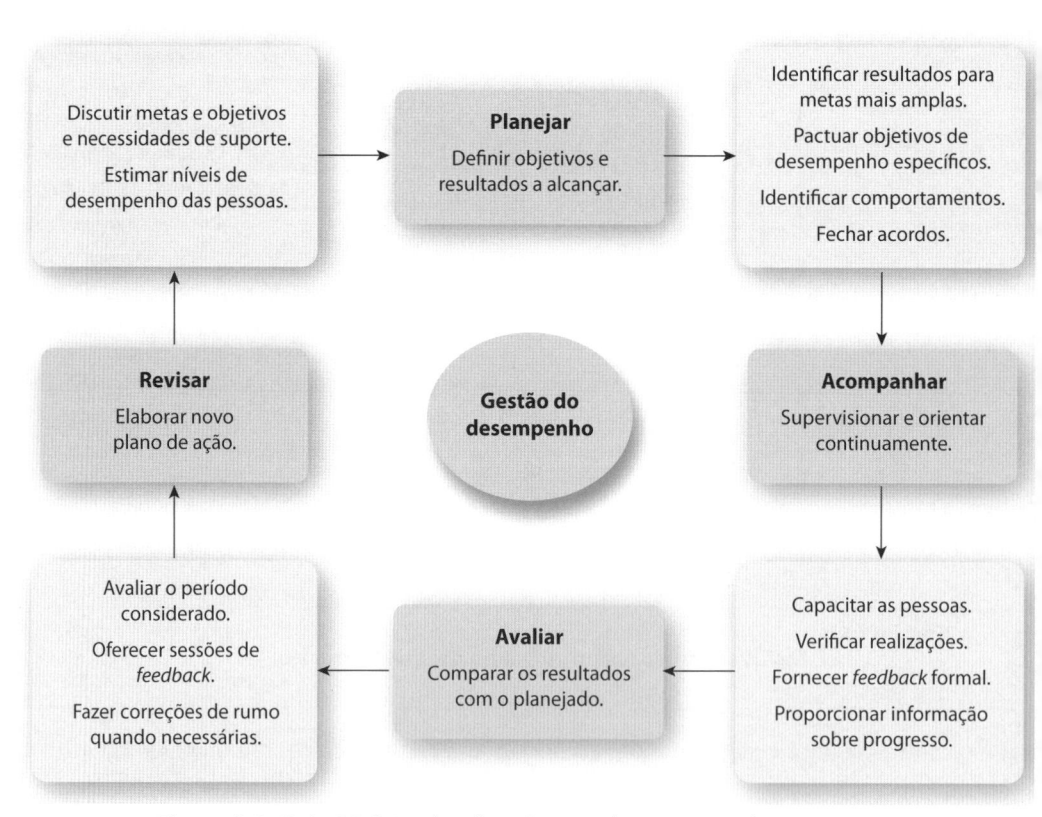

Figura 6.6 Ciclo PDCA aplicado à Gestão do Desempenho Humano.[8]

O desempenho humano deve ser uma jornada agradável, significativa e até mesmo divertida, uma experiência promissora e construtiva para todos e não apenas um destino a alcançar. Uma trajetória em que as pessoas possam aprender e agregar valor constantemente, em uma viagem de aprendizagem promissora.

Assim,

"as organizações mais inovadoras estão reinventando a maneira como estão gerindo e medindo o desempenho das pessoas, criando abordagens mais ágeis construídas ao redor de *check-ins*, compartilhando objetivos que são desenvolvidos a partir da base para cima e transparentes para toda a equipe, envolvendo conversações que vão de colaborador para colaborador e entre colaborador e gestor nas duas vias".[9] Quando os colaboradores se reúnem frequentemente e se responsabilizam mutuamente, eles se comprometem entre si, e tal compromisso com suas próprias ideias torna-se mais importante do que as ordens vindas de cima. E o compromisso com os colegas vai muito além do trabalho.

> Acesse um caso sobre **Repensando o trabalho na era da inteligência artificial** na seção *Tendências em GH* 6.1

6.2.1 Agilidade em uma era exponencial

Em um cenário de rápidas e intensas mudanças, as organizações precisam agir e reagir tão rapidamente quanto possível para não se tornarem despreparadas e desatualizadas, correndo o perigo de desaparecerem do mapa. Elas precisam ser suficientemente flexíveis e ágeis. A flexibilidade é o contrário da velha burocracia. A flexibilidade requer derrubar incessantemente limites e fronteiras que criam silos e separações entre órgãos, velhos níveis hierárquicos, processos e ações. As fronteiras inibem contatos e comunicações, fechando entradas e saídas, bloqueando interações. Ainda existem limitações e fechaduras, tais como:

- **Fronteiras verticais e hierárquicas na cadeia escalar:** entre diretorias, gerências, equipes e executores. São os vários andares que separam as pessoas de acordo com suas posições hierárquicas.
- **Fronteiras horizontais:** entre diretorias, departamentos e seções devido à especialização dos órgãos. São várias paredes que impedem contatos entre as diversas divisões ou departamentos.
- **Fronteiras externas:** entre a organização e suas entradas (como a enorme variedade de fornecedores) e suas saídas (como intermediários – atacadistas e varejistas – que conduzem aos clientes, consumidores, usuários). São portas e janelas fechadas.
- **Fronteiras geográficas:** são barreiras culturais, linguísticas, simbólicas que separam a organização do resto do mundo, impedindo o entendimento com o mercado global.

Com tantas fronteiras e barreiras fechando os caminhos por todos os lados, torna-se difícil, senão impossível, obter sinergia de esforços, pois, no máximo, elas permitem apenas alguma adição – se é que realmente o permitem. E, com isso, a organização perde todas as suas possibilidades de integração sistêmica e holística. E o primeiro passo para a organização ágil é: derrubar todas essas fronteiras e colocar pontes em seus lugares, abrindo portas e janelas para a colaboração por meio de equipes multidisciplinares de alto desempenho.

6.2.2 Organizações ágeis

No mundo de hoje, as organizações ágeis são uma resposta às mudanças e à exponencialidade e complexidade dos negócios que envolvem muitas dimensões que atuam simultaneamente, como:

- Ritmo extremamente rápido de mudanças e inovações.
- Níveis elevados de volatilidade e incertezas.
- Mercados locais, regionais, nacionais, globais concorrentes.
- Aumento dos segmentos de clientes.
- Proliferação de requisitos de desempenho, às vezes conflitantes.
- Crescimento do número de partes interessadas (*stakeholders*) e de parceiros.

Nesse atual contexto de complexidade, se os gestores continuarem no velho modelo de comando e controle imutável, o trabalho das pessoas continuará oferecendo o mesmo desempenho desejado e os resultados projetados. A chave para o desempenho eficaz em ambientes de trabalho complexos é liberar a autonomia e a iniciativa individuais para maximizar a liberdade das pessoas de exercer julgamento na conclusão de suas tarefas, criando um ambiente coletivo de autonomia e cooperação que molda a dinâmica comportamental e que define claramente:

- Por que as pessoas fazem o que fazem.
- Como elas entendem os objetivos organizacionais e os seus objetivos individuais.
- Os recursos disponíveis necessários para atingir esses objetivos.
- As restrições que se interpõem no seu caminho.
- Como os comportamentos individuais se combinam (geralmente, de maneiras imprevistas) para produzir o comportamento coletivo subjacente ao desempenho.

Mas a complexidade oferece uma oportunidade para uma gestão do desempenho em que o gestor seja o ator principal, aquele que intervém no sistema comportamental para promover uma cooperação mais eficaz, dentro dos seguintes aspectos:[10]

- **Modelo organizacional:** a organização como um sistema de comportamentos interdependentes, cada qual com a sua própria racionalidade contextual.
- **Teoria do comportamento:** as pessoas utilizam estratégias para alcançar os seus objetivos na base dos recursos disponíveis e das restrições que enfrentam.
- **Papel do gestor:** promover autonomia e cooperação por meio da criação de laços de *feedback* que exponham às pessoas as consequências de suas ações.
- **Fontes do poder do gestor:** poder é a habilidade de influenciar questões e interesses importantes aos outros.
- **Ação gerencial:** modelando comportamentos por meio da ação.

A fim de orientar a sua intervenção no sistema comportamental, o gestor tem três tarefas de alto nível:[11]

- **Enquadramento por meio da ação:** em vez de separar planejamento e execução, os talentos têm a sua iniciativa guiada por objetivos estratégicos (e não por processos rígidos) para trabalhar de forma autônoma, tomando decisões no momento em resposta a mudanças de circunstâncias e oportunidades ou obstáculos imprevistos, trabalhando juntamente com o gestor para ambos fazerem as trocas que poderão criar mais valor. O comportamento dos talentos depende de como utilizam os recursos adequados para atingir seus objetivos e metas pessoais. Cada talento utiliza o seu *sprint* ágil, de ciclos rápidos de trabalho de duração relativamente curta, que depende daquilo que ele alcança e da qualidade dos seus esforços.

- **Integração ao redor da tarefa:** talentos com perspectivas e habilidades diversas combinam seus esforços para encontrar as melhores soluções para atender aos clientes e atingir as metas organizacionais. O papel do gestor é integrar trabalho dos talentos em torno da tarefa em questão, garantir a cooperação e fazer as trocas necessárias para criar valor por meio de vários objetivos de desempenho. As várias práticas de agilidade – prototipagem rápida, teste de usuários e similares – servem para equilibrar compensações ou ajudar as equipes a gerir os riscos envolvidos. No fundo, a gestão é muito mais sobre o comportamento do que sobre as pessoas. Não se trata de tomar decisões corretas, mas de garantir que as equipes tomem decisões corretas.

- **Modelagem do contexto organizacional:** o princípio é que aqueles que estão mais próximos do trabalho estão na melhor posição para tomar decisões sobre ele. O papel do gestor não é determinar o conteúdo do trabalho às pessoas, e sim fornecer o contexto para esse trabalho e ajudar os talentos a entender como os seus objetivos imediatos se relacionam com os objetivos estratégicos e do negócio da organização. É ficar mais para cima, a fim de ver coisas que os outros não veem. Assim, a organização ágil perfeita não pode ser projetada, e sim desenvolvida ao longo do tempo. E isso requer o ajuste fino e contínuo da organização como um sistema comportamental.

A "agilidade é a capacidade de uma organização de se renovar, se adaptar, mudar rapidamente e ter sucesso em um ambiente turbulento, ambíguo e em rápida mudança. A agilidade não é incompatível com a estabilidade – muito pelo contrário. Agilidade requer duas coisas. Uma delas é uma capacidade dinâmica, a capacidade de se mover rapidamente – velocidade, agilidade, capacidade de resposta. E a agilidade requer alguma estabilidade sobre uma base estável – uma plataforma de coisas que não mudam, como se fosse uma espinha dorsal estável que se torna um trampolim para a empresa, um ponto de ancoragem que não muda enquanto um monte de outras coisas está mudando constantemente".[12] Assim, a agilidade é um conjunto de práticas dinâmicas ancoradas sobre um outro conjunto de práticas estáveis na base. A agilidade depende sempre de uma base fixa para se mover dinamicamente e com total segurança. Ela não pode funcionar e sobreviver em um terreno movediço ou sobre uma base insegura e falha.

Quadro 6.1 O binômio estabilidade e agilidade organizacional[13]

Práticas estáveis (estabilidade)	Práticas dinâmicas (agilidade)
Estratégia acionável e orientadora	Transparência na informação
Propósito e visão compartilhada	Interação e experimentação rápidas
Impulso empreendedor	Aprendizagem contínua
Liderança serviente e compartilhada	Alocação flexível de recursos
Maneiras padronizadas de trabalhar	Ambientes físico e virtual abertos
Comunidade coesiva	Percepção e análise de oportunidades
Células responsáveis	Sistemas e ferramentas de alta tecnologia
Orientação para o desempenho	Mobilidade de papéis
Arquitetura de decisão orientada para ação	Ecossistema de parceiras ativas

Hoje, com tantas mudanças e transformações requerendo flexibilidade e agilidade, torna-se necessário alavancar todas as abordagens a respeito da gestão do desempenho, utilizando todos os meios possíveis para:

- Compreender em profundidade o trabalho e o seu significado. É preciso conhecer como cada talento conhece e entende o seu trabalho. Para isso, nada melhor do que ouvi-lo atentamente a respeito da sua percepção do seu trabalho. Assim, poderemos redesenhá-lo de maneira mais apropriada.
- Desempenhar e fazer corretamente o trabalho por meio de uma abordagem *lean*. É preciso saber como realizar o trabalho de maneira correta, simples e enxuta, fazendo bem aquilo que é necessário.
- Fazer o trabalho certo por meio da abordagem *agile*. É preciso que o desempenho seja ágil, veloz e sem perdas de tempo.

As organizações ágeis adotam análises avançadas com a ajuda de análise de dados e inteligência artificial no sentido de correlacionar e integrar três atitudes:[14]

- Que os talentos assumam medidas formais proativas para gerir a qualidade dos dados com que lidam e melhorar o processo decisório que adotam.
- Que os talentos se engajem no negócio por meio de práticas de segurança e privacidade de dados (que garantam cibersegurança) que possam aumentar a confiança do consumidor.
- Que os talentos promovam uma cultura de conhecimento e impulsionada por dados no seu processo decisório, trocando a subjetividade por fatos.

A adoção de análises avançadas e inteligência artificial nas organizações ágeis está intimamente correlacionada a três atitudes:

1. Assumir medidas proativas para melhorar a gestão do desempenho.
2. Engajar o negócio em boas práticas para garantir o desempenho dos talentos.
3. Promover uma cultura de excelência dentro da organização.

6.3 MONITORAMENTO DO DESEMPENHO HUMANO

O desempenho humano não deve ficar ao acaso. Ele precisa ser monitorado por meio de um sistema mais amplo, como o *Corporate Performance Management* (CPM), cujos indicadores e métricas permitam:

- Coletar e analisar dados, criando mapas e *scorecards* de visualização fácil, indicando metas, objetivos, resultados e apontando análises e ações corretivas, assim como riscos.
- Melhorar gradativamente os processos de Gestão do Desempenho Humano.
- Aumentar a produtividade, a qualidade e a satisfação das pessoas.
- Reduzir custos relacionados a gargalos, congestionamentos, *gaps* de habilidades.
- Proporcionar dados e informações sobre o desempenho organizacional e humano.

Trata-se de um monitoramento global relacionado diretamente com a estratégia da organização.

6.4 APRECIAÇÃO E REVISÃO DO DESEMPENHO HUMANO

No mundo em que vivemos, estamos avaliando continuamente o desempenho de artefatos, situações e de pessoas que nos cercam em nosso cotidiano. Queremos ver até onde vai o volume do conjunto de som que acabamos de adquirir, a que velocidade corre o nosso carro em uma boa estrada, como reagem nossos amigos a determinadas situações difíceis em que nos envolvemos, como vai o rendimento dos nossos investimentos, como vai a carteira de ações na Bolsa de Valores, como está indo a nossa empresa, entre outros exemplos. A revisão e o *feedback* do desempenho são fatos corriqueiros em nossas vidas e nas organizações. Na verdade, avaliamos e julgamos tudo o tempo todo. E toda avaliação tem as suas limitações e seus desvios de abordagem e subjetividades que não dá para evitar. Por essas razões, a tradicional avaliação do desempenho passou por mudanças profundas. Ela não pode ser uma régua igual para todos. Deixou de ser um julgamento superior e de cobrança, e também deixou de ser uma aferição tardia em relação ao desempenho que se foi no passado distante. Por força de seus impactos negativos, preferimos falar de apreciação, revisão e *feedback* do desempenho humano em tempo real com todo respeito à dignidade das pessoas. Em outras palavras, a velha e tradicional avaliação do desempenho foi substituída por uma apreciação, revisão e *feedback* em tempo real por parte do gestor no aqui e agora. Trata-se de um contato até informal do gestor no momento de alguma falha do colaborador para conversar de maneira amigável com ele a respeito de como entendê-la e evitá-la para melhorar o seu desempenho. Simples. E tudo com respeito e simplicidade.

> Aumente seus conhecimentos sobre **Apreciação, revisão e *feedback* do desempenho humano** na seção *Saiba mais* DHE 6.2

6.4.1 O que é apreciação, revisão e *feedback* de desempenho humano

Estamos particularmente interessados no desempenho no trabalho e não na pessoa que o realiza, ou seja, no comportamento de papel de cada pessoa ou equipe. O desempenho no trabalho é extremamente variável e contingencial, varia de pessoa para pessoa e de equipe para equipe, e depende de inúmeros fatores condicionantes que o influenciam poderosamente, como as condições de trabalho, o tipo de trabalho, a maneira como o trabalho é recompensado e a percepção das recompensas em função dos resultados alcançados. Tudo isso determina o volume de esforço individual ou de habilidades que a pessoa estará disposta a aplicar no seu trabalho. Trata-se também de uma relação do tipo custo-benefício: algo como o retorno do investimento avaliado pelo colaborador. O esforço individual depende das habilidades e das competências da pessoa e de sua percepção do papel a ser desempenhado e do que receberá em troca. Assim, o desempenho no trabalho é função de todas essas variáveis que o condicionam fortemente.

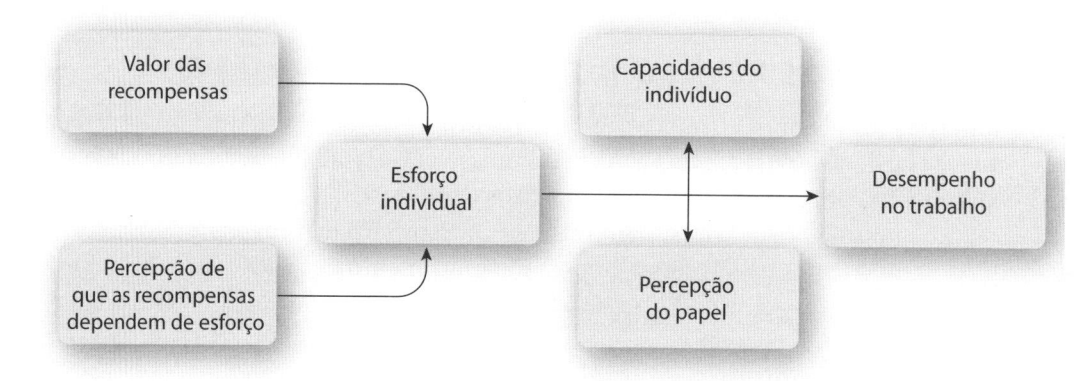

Figura 6.7 Fatores que afetam o desempenho no trabalho.[15]

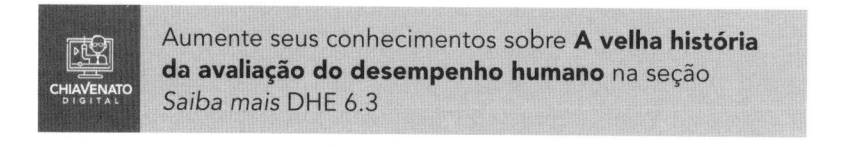

Aumente seus conhecimentos sobre **A velha história da avaliação do desempenho humano** na seção *Saiba mais* DHE 6.3

A tradicional avaliação do desempenho humano que imperou durante décadas a fio passou por uma profunda reconfiguração, principalmente devido às suas consequências desagradáveis e ao seu retardado retorno. Ela começou como uma apreciação e sistemática tardia do desempenho de cada pessoa no trabalho e do seu potencial de desenvolvimento futuro. Toda avaliação é um processo para estimular ou julgar o valor, a excelência, as qualidades do desempenho de uma pessoa ou equipe. A avaliação das pessoas que desempenham papéis dentro de uma organização pode ser feita por meio de várias abordagens que recebiam denominações, como avaliação do desempenho, avaliação do mérito, relatórios de progresso, avaliação de eficiência funcional etc.[16] Alguns desses conceitos são intercambiáveis. Na prática, a avaliação do desempenho chegou a ser encarada como um conceito dinâmico, pois os colaboradores são sempre avaliados de maneira formal ou informal e com certa continuidade nas organizações. E ela sempre constituiu uma técnica de direção na atividade administrativa como um meio pelo qual se podiam localizar problemas de supervisão, integração do colaborador à organização ou ao trabalho que ocupa, dissonâncias ou desaproveitamento de potencial mais elevado do que aquele que é exigido pelo trabalho atual. Achava-se que ela poderia colaborar na determinação e no desenvolvimento de uma política adequada de GH às necessidades da organização. Entretanto, não foi o que aconteceu.

Todavia, os resultados da avaliação do desempenho têm sido preocupantes e gerado mais problemas do que soluções pela maneira como seu processo tem sido encarado pelos colaboradores: um processo realizado semestral ou anualmente, referindo-se ao seu passado longínquo – o que os deixam frustrados. Modernamente, a avaliação do desempenho está sendo substituída por uma nova abordagem: o *feedback* em tempo real e associado à sua jornada imediata.

6.4.2 Responsabilidade pela apreciação e *feedback* do desempenho humano

A responsabilidade por proporcionar *feedback* em tempo real – seja positivo, seja negativo – do desempenho aos colaboradores pode ser atribuída ao gestor, ao próprio indivíduo, ao indivíduo e seu gestor conjuntamente ou à sua equipe de trabalho. Cada uma dessas alternativas envolve uma determinada filosofia de ação.

- **O gestor:** na maior parte das organizações, cabe ao gestor a responsabilidade de linha pelo desempenho dos membros de sua equipe e pelo seu *feedback* como forma de apreciação. Nelas, quem oferece *feedback* do desempenho das pessoas é o próprio gestor, com a assessoria do órgão de GH, que estabelece os meios e os critérios para tal avaliação. Como o gestor geralmente não tem conhecimento especializado para projetar, manter e desenvolver um plano sistemático de *feedback*, o órgão de GH entra com a função de *staff* de planejar, montar, acompanhar e melhorar gradativamente o sistema, enquanto cada gestor aprecia o trabalho dos subordinados por meio do esquema traçado pelo sistema.

- **O próprio colaborador:** nas organizações mais democráticas, é o próprio indivíduo o responsável por seu desempenho e sua autoavaliação. Nelas, cada pessoa se autoavalia quanto à sua performance, eficiência e eficácia, tendo em vista determinados parâmetros – como metas, objetivos, indicadores, métricas – fornecidos pelo gestor ou pela organização.

- **O indivíduo e o gestor:** as organizações estão adotando um dinâmico esquema de gestão do desempenho. E aqui ressurge a velha Gestão por Objetivos (GPO), agora com novas roupagens e sem aqueles traumas provocados pela arbitrariedade, pela autocracia e pelo contínuo estado de tensão e aflição dos envolvidos que caracterizaram sua implantação no passado. A GPO agora é essencialmente democrática, participativa, envolvente e fortemente motivadora. Dentro dessa nova GPO, o *feedback* do desempenho segue os seguintes itens:
  - **Formulação de objetivos consensuais:** é o primeiro passo dessa nova e participativa GPO. São conjuntamente formulados entre o avaliado e seu gestor, uma verdadeira negociação entre ambos para alcançar um consenso. Os objetivos devem ser negociados, consensuais e não impostos. A superação desses objetivos deve significar um benefício para a empresa e, certamente, uma participação direta do avaliado nesse benefício,

como um prêmio ou um esquema de remuneração variável. De qualquer forma, um incentivo forte e convincente.

- **Comprometimento pessoal com relação ao alcance dos objetivos conjuntamente formulados:** em alguns casos, ocorre uma espécie de contrato formal ou psicológico para caracterizar o acordo feito quanto aos objetivos a serem alcançados. É necessária a aceitação plena dos objetivos pelo avaliado e seu compromisso íntimo em alcançá-los. Essa é a condição *sine qua non* do sistema.
- **Negociação com o gestor na alocação de recursos e meios necessários para o alcance dos objetivos:** após a definição dos objetivos consensuais e alcançado o compromisso, o passo seguinte é a definição dos recursos e dos meios necessários para poder alcançá-los de modo eficaz. Sem recursos e sem meios, os objetivos tornam-se quimeras. Os recursos e os meios podem ser materiais (equipamentos, máquinas etc.) ou humanos (incentivos, motivação, equipe de trabalho etc.), como também investimentos em treinamento e desenvolvimento do avaliado. Representam o custo necessário para alcançar os objetivos almejados.
- **Desempenho:** é o comportamento de ação do colaborador no sentido de efetivar o alcance dos objetivos formulados. Aqui reside o principal e o mais delicado aspecto do sistema. O desempenho constitui a estratégia escolhida pelo indivíduo ou equipe para alcançar os objetivos pretendidos.
- **Constante medição dos resultados e comparação com os objetivos formulados:** é a verificação dos custos/benefícios envolvidos no processo. A medição dos resultados e dos objetivos precisa ter fundamentos quantitativos merecedores de confiabilidade e que forneçam uma ideia objetiva e clara do andamento das coisas e do esforço do avaliado.
- **Retroação intensiva e contínua avaliação conjunta:** isso significa muita informação de retorno em tempo real e, sobretudo, amplo suporte de comunicação para reduzir a dissonância e incrementar a consistência. O avaliado precisa ter a percepção clara de como está caminhando para ter uma ideia do seu esforço/resultado alcançado.

- **A equipe de trabalho:** alternativa que consiste em fazer com que a equipe de trabalho aprecie o desempenho de cada membro e programe com cada um deles as providências necessárias para melhorá-lo cada vez mais. Assim, a equipe se torna responsável pelo *feedback* do desempenho de seus membros, a fim de poder definir suas metas e seus objetivos, bem como de alcançá-los de maneira coletiva.
- *Feedback* **360º:** envolve todo o contexto externo que cerca cada pessoa. Trata-se de uma apreciação que é feita de modo circular por todas as pessoas que mantêm alguma forma de interação com o avaliado. Assim, participam do *feedback* o superior, os colegas e pares, os subordinados, os clientes internos e os clientes externos, os fornecedores e todas as pessoas que giram em torno do colaborador, com uma abrangência de 360º. É a forma mais envolvente de *feedback* pelo fato de produzir diferentes informações vindas de todos os lados e proporcionar condições para que o indivíduo se ajuste às várias e diferentes demandas que recebe do seu contexto de trabalho ou de seus diferentes parceiros. O colaborador, contudo, fica na passarela sob os olhos de todos, o que não é nada fácil. Ele pode tornar-se vulnerável se não for bem preparado ou se não tiver a mente aberta e receptiva para esse tipo de apreciação ampla e envolvente.

> Aumente seus conhecimentos sobre **O uso adequado da apreciação e do *feedback* do desempenho humano** na seção *Saiba mais* DHE 6.4

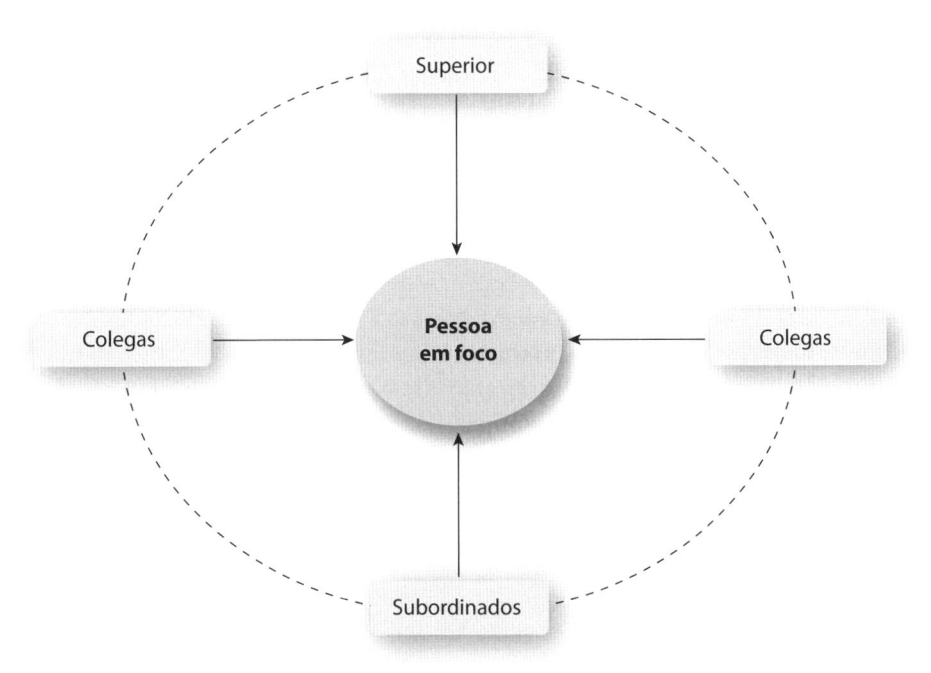

Figura 6.8 Avaliação 360°.[17]

> Aumente seus conhecimentos sobre **Os prós e os contras da avaliação do desempenho em 360°** na seção *Saiba mais* DHE 6.5

VOLTANDO AO CASO INTRODUTÓRIO
Têxtil Catalina

Na Catalina, cada executivo avalia o desempenho de seus subordinados. Trata-se de uma avaliação feita de cima para baixo e que pode ter contornos autocráticos e impositivos. Se você fosse Elisa Mendes, como apresentaria as desvantagens desse tipo de avaliação do desempenho à diretoria da empresa?

6.4.3 Objetivos da apreciação e da revisão do desempenho humano

A apreciação e a revisão do desempenho humano têm despertado demonstrações favoráveis[18] e outras extremamente contrárias.[19] Todavia, pouco se tem feito para uma verificação real e científica de seus efeitos. Há quem diga que, enquanto o processo seletivo é uma espécie de controle de qualidade na recepção da matéria-prima, a avaliação do desempenho é uma espécie de inspeção de qualidade na linha de montagem. Ambas essas alegorias à Era Industrial referem-se à posição passiva, submissa e fatalista do indivíduo que está sendo avaliado em uma abordagem rígida, mecanizada, distorcida e limitada acerca da natureza humana.

O fato é que a apreciação e revisão do desempenho não deve se restringir ao julgamento superficial e unilateral de alguns a respeito do comportamento funcional de uma pessoa. Não se trata de avaliar, julgar ou criticar, mas ajudar as pessoas a fazerem melhor o seu trabalho, colaborando com elas para localizar desvios ou possíveis erros e estabelecer perspectivas futuras de comum acordo com o colaborador. Se é necessário melhorar o desempenho, o maior interessado – que é o próprio colaborador – deve não apenas tomar conhecimento do motivo da mudança que se pretende planejar, mas também participar de maneira ativa e não passivamente, saber por que e como deverá ser feita – se é que deve ser feita e se interessa ao colaborador. O mais importante é que receba retroação adequada em tempo real e reduza dissonâncias a respeito de sua atuação na organização. E isso é simples. Por que complicar?

> Aumente seus conhecimentos sobre **A importância da retroação do desempenho humano** na seção *Saiba mais* DHE 6.6

A retroação do desempenho não é um fim em si mesma, mas um instrumento, um meio, uma ferramenta para melhorar os resultados das pessoas na organização. Para alcançar esse objetivo básico, a retroação do desempenho humano procura alcançar uma variedade de objetivos intermediários. Assim, ela pode assumir os seguintes objetivos intermediários:

- Adequação do indivíduo ao trabalho.
- Treinamento.
- Promoções.
- Incentivo salarial ao bom desempenho.
- Melhoria das relações humanas entre superiores e subordinados.
- Autoaperfeiçoamento do colaborador.
- Informações básicas para pesquisa quanto ao clima organizacional.
- Estimativa do potencial de desenvolvimento dos colaboradores.
- Estímulo à maior produtividade.
- Conhecimento dos padrões vigentes de desempenho da organização.
- Retroação (*feedback*) de informação ao próprio indivíduo avaliado.
- Outras decisões, como promoções, transferências, dispensas etc.

Capítulo 6 – Gestão e Revisão do Desempenho Humano

DICAS

A Gestão do Desempenho Humano alcança resultados significativos quando empregada de maneira eficaz e apoiadora:[20]

- **Criando uma mentalidade (mindset) que induza conversações sobre o desempenho:** em que gestores compreendem o valor que ele resulta para a organização e estabelecem um diálogo permanente com os colaboradores para a sua internalização e constante melhoria, fazendo com que se tornem orgulhosos disso.
- **Habilitar os gestores a utilizar tecnologias modernas:** no sentido de apoiar e melhorar a gestão do desempenho, como alavancadoras de resultados significativos.
- **Incrementar a frequência do diálogo com os colaboradores:** por meio de conversas formais e informais a respeito do progresso e os efeitos sobre os resultados do negócio.

Em resumo, os objetivos fundamentais da retroação do desempenho humano podem ser apresentados em três facetas:

- Permitir condições de medição do potencial humano no sentido de determinar as condições de sua plena aplicação.
- Permitir o tratamento dos colaboradores como importante vantagem competitiva da organização e cujos desempenho e produtividade podem ser desenvolvidos dependendo da forma de gestão.
- Oferecer oportunidades de crescimento e condições de efetiva participação a todos os membros da organização, tendo em vista, de um lado, os objetivos organizacionais e, de outro, os objetivos individuais envolvidos.

> Acesse o conteúdo sobre **TI e apreciação e revisão do desempenho humano** na seção *Tendências em GH 6.2*

6.4.4 Benefícios da apreciação e da revisão do desempenho humano

Um programa de apreciação e revisão do desempenho humano, quando bem planejado, coordenado e desenvolvido, deve trazer benefícios a curto, médio e longo prazos. Os principais beneficiários são: o talento, o gestor, a organização e a sociedade.

- **Benefícios para o gestor como gestor:**
  - Apreciar o desempenho e o comportamento dos colaboradores contando com um sistema de indicadores e medição capaz de neutralizar a subjetividade.
  - Propor providências no sentido de melhorar o padrão de desempenho de seus liderados.
  - Comunicar-se com seus liderados, no sentido de fazê-los compreender a retroação do desempenho como um sistema objetivo e como está indo o seu desempenho por meio desse sistema.

- **Benefícios para a pessoa:**
    - Conhecer as regras do jogo, ou seja, os aspectos de comportamento e o desempenho que a empresa valoriza em seus colaboradores.
    - Conhecer as expectativas do seu gestor e líder a respeito de seu desempenho e de seus pontos fortes e fracos.
    - Conhecer as providências que o gestor e líder toma quanto à melhoria de seu desempenho (programa de treinamento, estágios etc.) e as que ele próprio deve tomar por conta própria (aprendizagem, autocorreção, qualidade, atenção no trabalho, cursos etc.).
    - Fazer a autoapreciação e a autocrítica quanto ao seu desempenho e promover autodesenvolvimento e autocontrole.
- **Benefícios para a organização:**
    - Avaliar o seu potencial humano no curto, médio e longo prazos e definir qual a contribuição de cada colaborador e seu valor para a companhia.
    - Identificar os colaboradores que necessitam de reciclagem e/ou aperfeiçoamento em determinadas áreas de atividade e selecionar aqueles com condições de promoção ou transferências.
    - Dinamizar sua política de GH, oferecendo oportunidades aos colaboradores (promoções, crescimento e desenvolvimento pessoal), estimulando a produtividade e melhorando o relacionamento humano no trabalho.

Toda organização precisa ter uma combinação e uma dosagem certa de talentos para ser bem-sucedida e competitiva, além de saber como eles se desempenham e qual o seu potencial e vias para crescer e se desenvolver, para que ela também possa crescer e se desenvolver. A competitividade é um esporte coletivo e desafiante marcado por uma jornada contínua de ações coletivas que precisam melhorar incessantemente. E elas precisam ser avaliadas e projetadas por meio de indicadores e métricas de desempenho.

> **SAIBA MAIS**
>
> **Quais são os custos da apreciação e revisão do desempenho humano?**
>
> Ela pode ser custosa e cara. E isso não é devido ao *software* adotado, mas ao tempo despendido em:
>
> - Preparação dos modelos de avaliação.
> - Desenho e impressão dos manuais e questionários de avaliação.
> - Definição de objetivos e metas.
> - Comunicação aos executivos e colaboradores da metodologia.
> - Distribuição do material de avaliação aos avaliadores e avaliados.
> - Treinamento dos avaliadores para conduzirem as avaliações e as entrevistas.
> - Execução das apreciações e das revisões.
> - Acompanhamento das apreciações e das revisões.

- Avaliação dos resultados das apreciações e das revisões.
- Tomada de providências com relação aos resultados e aos programas ali apontados.

No Brasil, não se tem uma ideia de quanto isso custa. Uma pesquisa feita pela Distance Consultants nos Estados Unidos estima que, nesse país, a velha avaliação do desempenho tinha um custo médio de US$ 1.500 por funcionário.[21]

6.4.5 E como ficam as métricas?

Há um mantra em gestão que diz: "o que não se pode medir não se pode administrar". Muito embora o desempenho humano seja algo completamente diferente e diverso do desempenho de um sistema físico ou de uma máquina, faz-se necessário um ponto de referência para uma medição do seu valor agregado. Não se trata de medir a pessoa, mas o resultado de sua ação no desempenho de suas atividades. E cada organização define seus indicadores e suas métricas de apreciação do desempenho de acordo com suas necessidades e seus objetivos – quantidade, qualidade, responsabilidade, confiabilidade, cooperação, iniciativa, bom senso etc. Se possível, as métricas precisam se basear em padrões como:

- **Validade:** é a propriedade de diagnosticar corretamente a variável que se pretende medir. Uma medição é válida quando é capaz de diagnosticar o desempenho da pessoa.
- **Precisão:** é a propriedade da medição de apresentar resultados semelhantes em várias aplicações na mesma pessoa.
- **Economicidade:** quando o custo de obtenção de dados e informações é menor do que os resultados apresentados.
- **Utilidade:** quando a medição permite orientar, ajustar ou corrigir determinado comportamento.
- **Comparabilidade:** quando a medição permite homogeneidade no tempo.
- **Complementariedade:** quando a medição serve a outros aspectos relacionados com a atividade a ser medida.

E sobretudo, ressaltar fortemente as competências (*soft* e *hard*) desejadas pela organização para definir um *individual profiler* como guia ideal para orientar os colaboradores. Tudo para que o desempenho de todos possa ajudar a organização a alcançar uma estratégia impulsionada por competências:[22]

- Focada em um complexo sistema composto de diferentes competências integradas.
- No sentido de competir eficazmente no mercado.
- Com um portfólio de produtos e serviços envolvido pelo sistema de competências.
- Que são desdobradas no sentido de crescer e desenvolver constantemente.
- Para aproveitar as surpresas e oportunidades que os outros não veem.
- Reimaginando a estrutura organizacional e as práticas de desempenho para buscar maior coerência do que os concorrentes.

- Para alcançar e dosar gradativamente a mistura excelente de competências na direção estratégica.

Poucas são as organizações capazes de ajustar e impulsionar adequadamente as suas competências para vencer em um mundo altamente competitivo. E isso depende basicamente do desempenho humano.

> **TENDÊNCIAS EM GH**
>
> **A automação e a intensa robotização são fenômenos globais e inescapáveis**
>
> Os rápidos avanços tecnológicos em inovações em digitalização, análise, inteligência artificial e automação estão criando novas oportunidades de desempenho e de produtividade para as organizações, ao mesmo tempo em que reformulam o emprego e o futuro do trabalho.[23] Contudo, a automação está progredindo desigualmente entre empresas, setores e países com diferentes avanços em robótica.[24] Algumas empresas e países saem disparados na frente, enquanto outros seguem atrás. Algoritmos de aprendizado estão em toda parte, e as tecnologias estão criando novos tipos de empregos que exigirão novas competências humanas e, principalmente, novas formas de gestão. Segundo a McKinsey, atualmente, a prioridade das organizações mais bem-sucedidas reside na solução das lacunas de habilidades relacionadas com a automação frente às novas necessidades da Era Digital.

6.5 MÉTODO TRADICIONAL DE RETROAÇÃO DO DESEMPENHO HUMANO

Há mais de 50 anos, Douglas McGregor[25] já dizia que o melhor método de avaliar o desempenho das pessoas era uma simples folha de papel. E ele estava certíssimo. A avaliação do desempenho foi considerada um meio ou método de obter dados e informações sobre o desempenho – devidamente registrados, processados e canalizados – a fim de serem apresentados e discutidos com cada colaborador ao fim de cada exercício mensal, trimestral ou semestral, no sentido de apontar aspectos positivos ou negativos e melhorar o desempenho futuro. A ideia básica era adotar uma sistemática de comunicação de dupla mão para oferecer retroação positiva ou negativa ao colaborador para corrigir erros e relacionar acertos.

6.5.1 O velho método das escalas gráficas

É o método tradicional mais utilizado e divulgado pela sua simplicidade. Utiliza fatores de avaliação previamente definidos e graduados para analisar o desempenho das pessoas por meio de um formulário de dupla entrada, no qual as linhas horizontais representam os fatores de avaliação do desempenho e as colunas verticais representam os graus de variação desses fatores. Os fatores são escolhidos para definir as qualidades que se pretende avaliar nas pessoas. Cada fator tem uma descrição sumária, simples e objetiva, e quanto melhor essa descrição, maior a precisão do fator. O método é dimensionado para retratar desde um desempenho fraco ou insatisfatório até um desempenho ótimo ou excelente, por meio de escalas numeradas contínuas ou descontínuas.

Sua aplicação requer cuidados, a fim de neutralizar a subjetividade e o prejulgamento do avaliador, que podem interferir nos resultados. É muito criticado, principalmente quando reduz os resultados a as expressões numéricas por meio de tratamentos estatísticos ou matemáticos para neutralizar distorções de ordem pessoal e subjetiva dos avaliadores.

Quadro 6.2 Avaliação do desempenho pelo método de escalas gráficas[26]

Avaliação do desempenho					
Nome do funcionário: _____ Data: __/__/__					
Departamento/seção: _____ Cargo: _____					
Desempenho na função: Considere apenas o desempenho atual do funcionário em sua função					
	Ótimo	**Bom**	**Regular**	**Sofrível**	**Fraco**
Produção Volume e quantidade de trabalho executados normalmente.	[ ] Ultrapassa sempre as exigências. Muito rápido.	[ ] Frequentemente ultrapassa as exigências.	[ ] Satisfaz as exigências.	[ ] Às vezes abaixo das exigências.	[ ] Sempre abaixo das exigências. Muito lento.
Qualidade Exatidão, esmero e ordem no trabalho executado.	[ ] Sempre superior. Excepcionalmente exato no trabalho.	[ ] Às vezes superior. Bastante acurado no trabalho.	[ ] Sempre é satisfatório. Sua acuracidade é regular.	[ ] Parcialmente satisfatório. Apresenta erros ocasionalmente.	[ ] Nunca satisfatório. Apresenta grande número de erros.
Conhecimento do trabalho Grau de conhecimento do trabalho.	[ ] Conhece todo o necessário e aumenta sempre seus conhecimentos.	[ ] Conhece o necessário.	[ ] Conhecimento suficiente do trabalho.	[ ] Conhece parte do trabalho. Precisa de treinamento.	[ ] Tem pouco conhecimento do trabalho.
Cooperação Atitude com a empresa, com a chefia e com os colegas.	[ ] Possui excelente espírito de colaboração. Voluntarioso.	[ ] Dá-se bem em trabalho de equipe. Procura colaborar.	[ ] Colabora normalmente em trabalhos de equipe.	[ ] Não demonstra boa vontade. Só colabora quando muito necessário.	[ ] Mostra relutância em colaborar.
Características individuais: Considere apenas as características individuais do avaliado e seu comportamento funcional dentro e fora de sua função.					

(continua)

(continuação)

	Ótimo	Bom	Regular	Sofrível	Fraco
Compreensão de situações Grau com que apreende a essência de um problema. Capacidade de pegar situações e apanhar fatos.	[ ] Ótima capacidade de intuição e de apreensão.	[ ] Boa capacidade de intuição e de apreensão.	[ ] Capacidade de intuição e de apreensão satisfatória.	[ ] Pouca capacidade de intuição e de apreensão.	[ ] Nenhuma capacidade de intuição e de apreensão.
Coletividade Engenhosidade. Capacidade de criar ideias e projetos.	[ ] Tem sempre ótimas ideias. Tipo criativo e original.	[ ] Quase sempre tem boas ideias e projetos.	[ ] Algumas vezes dá sugestões.	[ ] Levemente rotineiro. Tem poucas ideias próprias.	[ ] Tipo rotineiro. Não tem ideias próprias.
Capacidade de realização Capacidade de efetivação de ideias e projetos próprios ou alheios.	[ ] Ótima capacidade de concretizar ideias novas.	[ ] Boa capacidade de concretizar ideias novas.	[ ] Realiza e efetiva ideias novas com satisfatória habilidade.	[ ] Tem alguma dificuldade na concretização de novos projetos.	[ ] Incapaz de efetivar qualquer ideia ou projeto.

Vantagens do método de escalas gráficas:

- Permite aos avaliadores um instrumento de avaliação de fácil entendimento e de aplicação simples.
- Permite uma visão integrada e resumida dos fatores de avaliação, ou seja, das características de desempenho mais realçadas pela empresa e a situação de cada avaliado diante delas.
- Proporciona pouco trabalho ao avaliador no registro de avaliação e o simplifica enormemente.

Desvantagens do método de escalas gráficas:

- Não permite flexibilidade ao avaliador, que deve se ajustar ao instrumento em vez de esse se ajustar às características de cada colaborador.
- É sujeito a distorções e interferências pessoais e subjetivas dos avaliadores, que tendem a generalizar sua apreciação sobre os subordinados para todos os fatores de avaliação. Cada pessoa percebe e interpreta as situações segundo seu "campo psicológico". Essa interferência subjetiva e pessoal de ordem emocional e psicológica pode provocar em alguns avaliadores o *halo effect* ou efeito de estereotipação, que faz com que eles apreciem uma pessoa como ótima em todos os fatores. É esse mesmo efeito que leva um avaliador muito exigente a considerar todos os seus subordinados como sofríveis ou fracos sob todos os aspectos.
- Tende a rotinizar e a bitolar os resultados das avaliações.

- Requer procedimentos matemáticos e estatísticos para corrigir distorções e influência pessoal dos avaliadores.
- Tende a apresentar resultados muito condescendentes ou muito exigentes para todos os colaboradores.

> **SAIBA MAIS — Problemas com o velho método tradicional**
>
> O método das escalas gráficas está sujeito a desvios como:
> - **Critérios nebulosos:** como os fatores permitem diferentes interpretações, torna-se necessário usar frases descritivas que definam precisamente cada fator de avaliação.
> - **Efeito *hallo*:** é a influência da impressão geral de um avaliado. Esse efeito faz com que o avaliador leve em conta sua impressão geral quando avalia cada fator.
> - **Tendência central:** é a tendência de avaliar todos os fatores da mesma maneira, fazendo com que todos tenham a mesma gradação.
> - **Leniência ou rigor exagerado:** alguns avaliadores são lenientes, enquanto outros são rigorosos, em função da subjetividade na avaliação.
> - **Preconceitos:** é a tendência de avaliar diferenças individuais, como idade, raça e sexo, que afetam a avaliação do desempenho das pessoas.

Além disso, o tradicional método de avaliação do desempenho tem sido muito criticado pelo seu caráter burocrático, pouco prático, caro e problemático, pelos seguintes motivos:

- Os gestores reclamam que o processo burocrático cria uma situação desagradável que prejudica o seu relacionamento com os subordinados e não produz nenhum resultado positivo.
- As pessoas desejam mais transparência e objetividade na avaliação do seu desempenho. Elas querem saber o que estão fazendo, como estão fazendo em relação aos seus pares e o que necessitam saber para desenvolverem mais e mais.
- O processo semestral ou anual de avaliação é muito distante da realidade cotidiana, e a avaliação é tão tardia que se torna irreal. Os aspectos positivos e negativos acabam caindo no esquecimento. O reconhecimento ou a crítica ou a orientação é tardio. E o pior: o método não motiva as pessoas. Pelo contrário: deixa-as frustradas pelo seu caráter negativo de criticar pontos frágeis no comportamento.
- A avaliação surge como um julgamento subjetivo, discutível e *a posteriori*, tomando tempo do gestor e do avaliado. O *feedback* e o reconhecimento deveriam acontecer no momento do desempenho, em tempo real, na ocasião apropriada, e de maneira ágil e oportuna – sem regras ou procedimentos especiais, como em uma ação de *coaching* ou mentoria.

Com tantas críticas, a maioria das organizações está preferindo outras alternativas, como uma simples reunião em qualquer momento oportuno de revisão ou um *feedback* em tempo real, ágil e rápido, informal e direto, entre gestor e colaborador, com caráter orientativo em função de algo positivo ou negativo, indicando mais como aprender e melhorar de maneira colaborativa. O importante é o desempenho em si e não a conformidade. Além disso, a observação subjetiva e a intuição do gestor estão sendo gradativamente substituídas por uma confiança nos dados, que são gerados a partir de plataformas, aplicativos e ferramentas que permitem comunicação e colaboração para que o *feedback* seja contínuo e proveniente de diferentes lugares e pessoas. Assim, o envolvimento dos colaboradores passa a constituir uma entrada (*input*) e uma saída (*output*) das atividades da gestão do desempenho. E a ênfase nos dados permite mais evidências e conversas sobre dados com base em fatos e contribuição de várias fontes.[27] E uma conclusão importante: cada vez mais as interdependências entre pessoas, processos e tecnologias estão se tornando importantes, e o desempenho da equipe está superando o desempenho individual como unidade de análise. O desempenho da equipe, a coabilidade e o desenvolvimento de novas habilidades e competências estão exigindo maior atenção e investimentos. As modernas plataformas de gestão do desempenho digital estão aí para isso.

6.6 NOVAS TENDÊNCIAS EM REVISÃO DO DESEMPENHO HUMANO

Não há dúvida de que o desempenho dos colaboradores não pode ficar à deriva, pois é o vertedouro que reúne os focos dos vários subsistemas da GH. Todos os processos de provisão, aplicação, manutenção, desenvolvimento e monitoração de talentos deságuam no desempenho, como mostra a Figura 6.9.

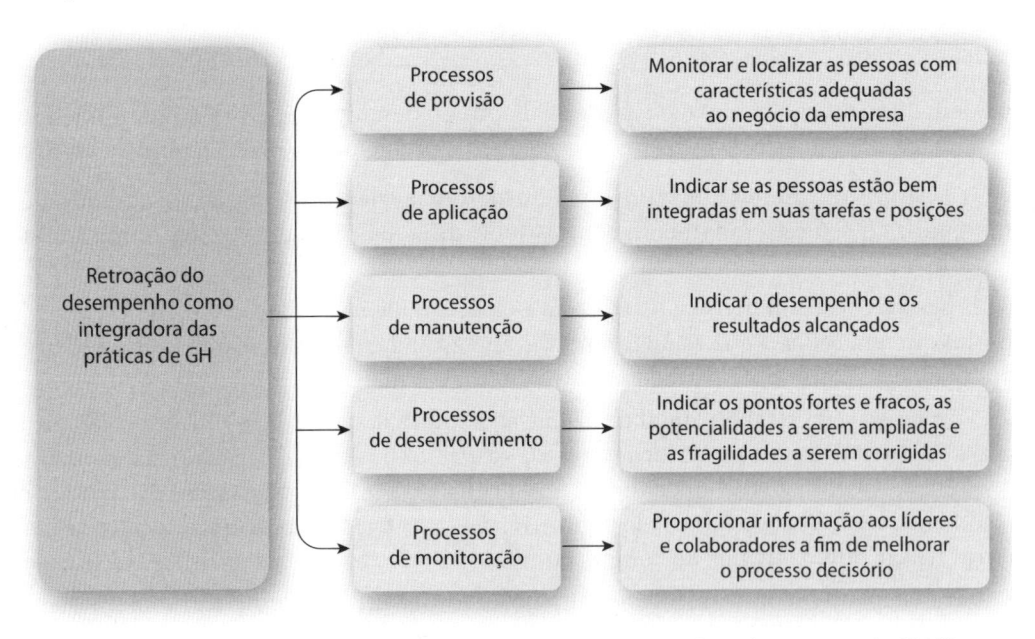

Retroação do desempenho como integradora das práticas de GH		
→	Processos de provisão	→ Monitorar e localizar as pessoas com características adequadas ao negócio da empresa
→	Processos de aplicação	→ Indicar se as pessoas estão bem integradas em suas tarefas e posições
→	Processos de manutenção	→ Indicar o desempenho e os resultados alcançados
→	Processos de desenvolvimento	→ Indicar os pontos fortes e fracos, as potencialidades a serem ampliadas e as fragilidades a serem corrigidas
→	Processos de monitoração	→ Proporcionar informação aos líderes e colaboradores a fim de melhorar o processo decisório

Figura 6.9 Revisão do desempenho humano como integradora de práticas da GH.[28]

A Era da Informação trouxe dinamismo, mudança e competitividade, e a Era Digital atropelou essas mudanças e provocou fortes disrupções. E os complicados processos estruturados, formalizados, burocratizados e temporalizados de avaliação do desempenho se mostraram insuficientes e inadequados pelo desgaste e frustração gerados pelos seus resultados negativos, afetando relacionamentos e causando danos ao clima organizacional.

O fato é que o grau de maturidade cultural das organizações passou a exigir uma evolução no velho processo de avaliação do desempenho e nos desenvolvimentos individual e coletivo. Passou a prevalecer o esforço de uma revisão qualitativa e conjunta do desempenho de forma direta, rápida e interativa, sem depender de relatórios sucessivos até chegar ao responsável pelo tratamento da informação e pela tomada de decisão: o próprio colaborador.

Por outro lado, as organizações estão buscando a excelência por meio de investimentos nas pessoas – os talentos humanos – que serão estimulados e desenvolvidos, e não simplesmente recursos humanos em disponibilidade inercial à longa espera de uma promoção. Contudo, de nada vale promover essas mudanças comportamentais sem o devido treinamento orientador e motivador dos principais agentes dessas transformações: as pessoas – líder e colaborador. As pessoas são o alvo dessas transformações, e devem, simultaneamente, empreendê-las e fazê-las acontecer como sujeitos ativos e proativos dessa mobilidade. Além disso, de nada vale treinar, capacitar e desenvolver as pessoas sem um adequado sistema de apreciação e revisão do desempenho capaz de indicar o acerto ou não das medidas tomadas, isto é, mostrar se o caminho escolhido irá conduzir aos objetivos desejados. Ainda mais em um contexto ambiental em constante mudança e transformação, em que a revisão do desempenho se torna cada vez mais necessária para verificar rápida e continuamente os rumos para eventuais correções ou alterações. Essa detecção em tempo real dos ajustes necessários caminha em relação às pessoas, equipes, áreas e, sobretudo, à empresa como um todo, em uma abrangência progressiva. Afinal, o desempenho organizacional como um todo depende do desempenho de todos.

E para tanto, surge a Gestão Ativa do Desempenho (GAD), que se fundamenta em três áreas:

- Cada colaborador ou equipe deve ter metas específicas visando à visibilidade e à transparência do desempenho.
- Planejamento periódico do desempenho em função de metas entre colaborador e gestor.
- Responsabilidade de ponta a ponta por conta do colaborador por meio de indicadores do desempenho, como uma verdadeira prestação de contas.

SAIBA MAIS — **Mudanças organizacionais afetam o modelo de revisão do desempenho**

Os rumos da revisão do desempenho humano têm sido marcados por dois outros fatores importantes. O primeiro deles é a gradativa substituição da organização funcional e departamentalizada pela organização por processos ou por equipes, e agora pela organização ágil ou exponencial, alterando fortemente os sistemas de indicadores e medições dentro das empresas. O segundo fator é a participação das pessoas nos resultados das empresas, o que requer um sistema de medições e indicadores que permita negociações francas e objetivas entre gestores e colaboradores. É preciso ter indicadores de desempenho, mas deve-se evitar a utilização desordenada de muitos indicadores dispersos e desconexos que não proporcionam a visão global e sistêmica necessária.

Diante desse contexto, as principais tendências na revisão do desempenho humano são:[29]

- **O *feedback* do desempenho deve ser oferecido com transparência e em tempo real:** isto é, o colaborador deve ser esclarecido pessoalmente ou *on-line* a respeito de alguma alteração no seu desempenho, ou seja, de maneira imediata e informal ou face a face. O gestor ou pares ao seu redor – isto é, na revisão em 360° – oferecem retroação informal em tempo real ao colaborador para indicar sua apreciação positiva sobre algum dado auspicioso ou algum desvio ou falha no seu desempenho que mereça ser evitado no futuro. Trata-se de proporcionar uma ajuda em tempo real ao desempenho do colaborador de tal maneira que seja aceita positivamente por ele.
- **Indicadores e métricas de desempenho tendem a ser sistêmicos:** visualizando a empresa como um todo e compondo um conjunto homogêneo e integrado que privilegia todos os aspectos importantes ou relevantes do desempenho. Em princípio, eles devem decorrer do planejamento estratégico, tático ou operacional da empresa, que deverá definir o que medir, como e quando, e que, por meio do efeito de cascata, facilitará a localização de metas e objetivos dos diversos departamentos e dos níveis hierárquicos envolvidos. Se possível, os indicadores devem estar ligados aos principais processos empresariais e focalizados no cliente interno, no cliente externo ou nos *stakeholders*.
- **Indicadores e métricas de desempenho devem ser escolhidos e selecionados como critérios distintos de apreciação:** seja para desenvolvimento, mudanças organizacionais, premiações, retroação, remuneração variável, participação nos resultados, promoções, incentivo etc. Dificilmente um único indicador pode ser tão flexível e universal para servir igualmente a critérios tão diferentes. Torna-se necessário distinguir os indicadores adequados para servir a cada um dos critérios específicos.
- **Indicadores tendem a ser escolhidos em conjunto:** para evitar possíveis distorções e não desalinhar outros critérios de retroação. É o caso das comissões de vendedores calculadas apenas sobre a receita de vendas, sem considerar a lucratividade do produto vendido, o que leva o vendedor a se esforçar para vender apenas os produtos de maior valor unitário, deixando de lado os demais produtos da linha.

Existem quatro principais tipos de indicadores:

- **Indicadores financeiros:** relacionados com itens financeiros, como fluxo de caixa, lucratividade, retorno sobre o investimento e relação custo/benefício.
- **Indicadores ligados ao cliente:** como satisfação do cliente (interno ou externo), tempo de entrega de pedidos, fatia de mercado abrangida e competitividade em preço ou qualidade.
- **Indicadores internos:** como tempo de processo, índices de segurança, índices de retrabalho e ciclo do processo.
- **Indicadores de inovação:** como desenvolvimento de novos processos, novos produtos, projetos de melhoria, melhoria contínua, qualidade total, pesquisa e desenvolvimento.

A revisão do desempenho se fundamenta cada vez mais na adoção de índices objetivos de referência que possam balizar o processo, como:

- Indicadores de desempenho global (de toda a empresa).
- Indicadores de desempenho departamental (de cada departamento ou divisão).

- Indicadores de desempenho coletivo (de cada equipe).
- Indicadores de desempenho individual (de cada pessoa).
- A finalidade é estabelecer marcos de referência (*benchmarks*) que possam ajudar na comparação e no estabelecimento de novas metas e resultados com indicadores e métricas a serem alcançados, além de permitir uma visão global do processo.

▪ **Revisão do desempenho como elemento integrador das práticas de GH:** a organização precisa identificar talentos que serão responsáveis e cobrados pelo resultado final global de suas unidades de negócios. A revisão de desempenho dá continuidade e complementa o trabalho dos processos de provisão de pessoas no sentido de monitorar e localizar as pessoas com características adequadas para levar adiante os negócios da organização. Ela também complementa: os processos de aplicação, no sentido de indicar se as pessoas estão bem integradas em suas atividades; os processos de manutenção, ao indicar o desempenho e os resultados alcançados; os processos de desenvolvimento, ao indicar os pontos fortes e fracos, potencialidades a serem ampliadas e fragilidades a serem corrigidas; e os processos de monitoração e controle, ao proporcionar retroação às pessoas. Assim, a revisão do desempenho adquire um papel extremamente importante: ela é a chave integradora das práticas de GH. Trata-se de um processo que serve de lincagem para os seus demais processos.

▪ **Revisão do desempenho por meio de processos simples e não estruturados:** isto é, sem mais os antigos rituais burocráticos baseados no preenchimento de formulários e na comparação com fatores de avaliação genéricos e abrangentes. Isso significa a desburocratização e a desregulamentação da revisão do desempenho. A revisão não estruturada e flexível é realizada pelos executivos do nível imediatamente mais alto por meio do contato direto e cotidiano com as pessoas envolvidas no processo. A revisão resulta de um entendimento entre avaliador e avaliado, e não mais de um ato de julgamento superior e definitivo a respeito do comportamento do avaliado. Ela é quase uma negociação, no sentido de que ambos trocam ideias e informações, resultando daí um compromisso conjunto: de um lado, proporcionar as condições necessárias para o crescimento profissional, e de outro lado, alcançar os objetivos ou resultados. Essas são mudanças na forma e no conteúdo do processo. Assim, o velho método de escalas gráficas está sendo completamente reformulado para chegar a uma nova e flexível reconfiguração que atenda às novas necessidades.

▪ **Revisão do desempenho como forma de retroação em tempo real às pessoas:** a revisão constitui um poderoso instrumento de realimentação ou retroação, ou seja, de retroinformação das pessoas para proporcionar orientação, autoavaliação, autodireção e, consequentemente, autocontrole – seja no que tange ao treinamento das pessoas, capacitando-as para melhor alcançar os objetivos propostos, seja no que tange à participação nos resultados, como forma de incentivo e reforço pelos resultados obtidos.

Nesse contexto, a revisão do desempenho adquire um sentido mais amplo e abrangente, envolvendo novos aspectos, como:

- **Competências pessoais:** como a capacidade de aprendizagem da pessoa e absorção de novos e diferentes conhecimentos e habilidades, a liderança, a imaginação e a criatividade, e a inovação.

- **Competências tecnológicas:** como a capacidade de assimilação do conhecimento de diferentes técnicas e tecnologias modernas necessárias ao desempenho da generalidade e da multifuncionalidade.
- **Competências metodológicas:** como a capacidade de empreendimento e de iniciativa para resolução de problemas de diversas naturezas. Algo como um espírito empreendedor e solucionador espontâneo de problemas.
- **Competências sociais:** como a capacidade de se relacionar eficazmente com diferentes pessoas e grupos e desenvolver trabalhos em equipe.

Geralmente, as pessoas conseguem reunir diferentes doses de cada uma dessas competências. Elas devem dispor de retroação suficiente para autodiagnosticar e desenvolver suas próprias competências em função de seu desempenho no trabalho.

- **A revisão do desempenho requer a medição e a comparação de variáveis individuais, grupais e organizacionais:** para não cair na subjetividade ou na falta de critérios, o sistema de revisão deve se apoiar em um amplo referencial que fortaleça a consonância em todos os seus aspectos.
- **A revisão do desempenho está enfatizando cada vez mais os objetivos, as metas e os resultados do que o próprio comportamento:** os meios estão cedendo lugar aos fins ou ao que se pretende alcançar. Os meios ficam por conta das pessoas que os escolhem livremente segundo suas preferências ou competências pessoais. Os fins passam a ser o parâmetro para melhorar e recompensar o trabalho excelente. É o desempenho eficaz e não o desempenho eficiente que mais conta. As organizações de elevado desempenho procuram constante e enfaticamente criar condições ideais para obter e manter alto desempenho de seus colaboradores. E isso não é mera coincidência. A ênfase nos objetivos, nas metas e nos resultados estabelecidos de maneira clara, unívoca e simples permite três vertentes: desburocratização, revisão para cima e autorrevisão.
  - **Desburocratização do processo:** a revisão do desempenho deixa de contar com excesso de papelório e formulários, que antes constituía a dor de cabeça dos executivos. A burocracia "foi para o espaço". A revisão está se tornando simples e descontraída, e isenta de formalismos exagerados e de critérios complicados e genéricos adotados por algum órgão centralizador e burocrático. Trata-se de verificar quais os objetivos formulados que foram alcançados e como o desempenho pode ser melhorado para elevar cada vez mais as metas e os resultados; de ver o resultado alcançado e qual a participação que dele tem o indivíduo ou equipe que o proporcionou. Isso possibilita retroinformação em tempo real e liberdade às pessoas para escolher os próprios meios e utilizar melhor suas habilidades e competências individuais e sociais.
  - **Revisão para cima:** ao contrário da avaliação do subordinado pelo gestor, a revisão para cima é o outro lado da moeda. Ela permite que a equipe avalie o próprio líder, dizendo como ele proporcionou os meios para ela alcançar seus objetivos e como ele poderia melhorar a eficácia e os resultados da equipe. A revisão para cima permite que a equipe negocie e intercambie com o gestor novas abordagens em termos de liderança, motivação e comunicação, que tornem as relações de trabalho mais livres e eficazes. O comando arbitrário do superior passa a ser substituído por uma nova forma de atuação democrática, consultiva, interativa, apoiadora e participativa. E claro, colaborativa.

- **Autorrevisão:** constitui a terceira vertente. Cada pessoa pode e deve revisar o seu próprio desempenho como meio de alcançar metas e resultados fixados e superar expectativas. Revisar as necessidades e as carências pessoais para melhorar o desempenho, os pontos fortes e os pontos fracos, as potencialidades e as fragilidades, e, com isso, o que reforçar e como melhorar os resultados das pessoas e equipes envolvidas. A autorrevisão, assim, sugere mudanças para a pessoa melhorar o próprio trabalho.

- **A revisão do desempenho está sendo intimamente relacionada com a noção de expectância:** está em jogo a relação entre expectativas pessoais e recompensas decorrentes do nível de produtividade do indivíduo. Trata-se de uma teoria da motivação na qual a produtividade é visualizada como um resultado intermediário em uma cadeia que conduz a resultados desejados, como dinheiro, promoção, apoio do líder, aceitação grupal, reconhecimento público etc. Tudo dentro do modelo contingencial de expectância para elevar o nível de valência positiva da produtividade e da qualidade no trabalho. Trata-se de elevar o grau de instrumentalidade da excelência no trabalho. Isso significa fazer a cabeça das pessoas de que a excelência no desempenho traz benefícios tanto à organização quanto às pessoas envolvidas.

Com tudo isso, gestores e colaboradores alcançam total visibilidade do desempenho, sinalizando problemas, focando melhorias, evitando retrabalhos e ajudando-se reciprocamente para o alcance de metas. E cada colaborador ou equipe sente que o gestor o apoia e reconhece o seu trabalho. Para tanto, torna-se necessário vincular os resultados da revisão do desempenho a incentivos de curto prazo, como remuneração flexível ou sistemas de incentivo. Um sistema de flexibilização que não envolva custos adicionais à organização, mas uma forma de participação das pessoas nos resultados alcançados e no alcance dos objetivos formulados. O importante é amarrar a revisão do desempenho a metas e objetivos a serem alcançados pelas pessoas ou pelas equipes. Metas e objetivos negociados e aceitos constituem os critérios básicos para uma avaliação justa e impulsionadora. Um verdadeiro contrato psicológico. Isso é o que realmente vale.

> **SAIBA MAIS**
>
> **E a multifuncionalidade?**
>
> A informatização das tarefas simples e repetitivas – caracterizada pela automação dos escritórios e pela automação industrial – está deixando para trás a especialização profissional e buscando gradativamente a generalidade, a multifuncionalidade e a polivalência. As tarefas humanas estão deixando de ser repetitivas e musculares para se tornarem gradativamente automatizadas e serem substituídas por atividades mentais, mutáveis e inovadoras. Os trabalhos estão deixando de ser individualizados e confinados socialmente para se tornarem socialmente interdependentes e com forte vinculação da equipe. As relações interpessoais e o espírito de equipe estão sendo privilegiados.

Quadro 6.3 Revisão do desempenho pelo método misto[30]

Avaliação do desempenho							
Nome: _____ Data: ___/___/___							
Cargo: _____ Departamento: _____							
Defina cada item, graduando-o de acordo com o seguinte critério	Critério	Ótimo	Acima da média	Média		Abaixo da média	Nulo
		10	9	8	7	6	5	4	3	2	1	0

I. Desempenho da função
1. Produção: Quantidade de trabalho executado normalmente   Grau   _____ (_____)
2. Qualidade: Exatidão e ordem no trabalho   _____ (_____)
3. Conhecimento do trabalho: Grau de conhecimento de suas tarefas   _____ (_____)
4. Cooperação: Atitude com a empresa, com a chefia e com os colegas   _____ (_____)
II. Características individuais
1. Compreensão: Grau de compreensão de problemas, fatos e situações   _____ (_____)
2. Criatividade: Capacidade de criar ideias produtivas   _____ (_____)
3. Realização: Capacidade de efetuar ideias próprias ou alheias   _____ (_____)
III. Avaliação suplementar
1. Ajustamento funcional geral: Adequação e desempenho na função   _____ (_____)
2. Progresso funcional: Grau de desenvolvimento na função   _____ (_____)
3. Assiduidade e pontualidade: Responsabilidade quanto a horários e deveres   _____ (_____)
4. Saúde: Estado geral de saúde e disposição para o trabalho   _____ (_____)

TENDÊNCIAS EM GH

Flexibilizando a revisão do desempenho

Com todas essas tendências, a revisão do desempenho – antes burocratizada, rotineira, repetitiva, autocontida e oferecida no longo prazo – está se tornando atual e em tempo real, informal, flexível, não estruturada ou semiestruturada, mas guardando ampla liberdade de forma e conteúdo. O que importa é liderar de forma positiva os esforços das pessoas para objetivos capazes de servir ao negócio da empresa e aos interesses individuais delas, na melhor maneira de integrar objetivos organizacionais e individuais: sem conflitos e fazendo da revisão do desempenho não um fim em si, mas um importante meio para melhorar e impulsionar o comportamento das pessoas.

VOLTANDO AO CASO INTRODUTÓRIO
Têxtil Catalina

Elisa Mendes quer dinamizar e flexibilizar a avaliação do desempenho na Têxtil Catalina. Como ela poderia convencer a diretoria da empresa a adotar um sistema democrático, participativo e envolvente?

6.6.1 Revendo a autogestão da carreira

O desempenho está estreitamente vinculado com a carreira de cada pessoa. Cada vez mais as pessoas estão assumindo a responsabilidade total pelas suas próprias carreiras profissionais. E isso faz parte do *empowerment*. As empresas oferecem as oportunidades e o impulso para aprender, enquanto as pessoas tomam a iniciativa de seguir adiante. A Tecnologia da Informação (TI) está proporcionando técnicas de autodesenvolvimento por meio das quais as pessoas estão assumindo cada vez mais a gestão de suas carreiras e gerenciando o próprio desenvolvimento pessoal. Como as mudanças estão forçando a evolução das competências necessárias, os colaboradores de todos os níveis estão assumindo o compromisso de assegurar que possuem o conhecimento e as competências exigidas, tanto na atividade atual quanto nas futuras posições. A capacidade de gerir a própria vida profissional é considerada, hoje, uma competência adquirida e necessária para todas as demais competências exigidas no mundo dos negócios. As empresas estão ajudando os colaboradores a gerir a sua própria carreira, criando centros virtuais de desenvolvimento de carreira nos quais as pessoas aprendem as técnicas que precisam para candidatar-se a uma posição atual ou futura na organização. Essa infraestrutura garante o aprendizado contínuo e a constante reeducação.

Aumente seus conhecimentos sobre **As sete chaves do desempenho humano** na seção *Saiba mais* DHE 6.7

A frequência com que a organização endereça e acompanha o desempenho individual e de equipe tem um profundo efeito em sua eficiência e eficácia como um todo. As companhias que conseguem adotar a automação e os recursos tecnológicos na sua gestão do desempenho e incluem forte presença dos gestores nas conversações com os colaboradores como retroação e reforço apresentam um resultado incomparável às companhias que não o fazem.[31]

6.7 APRECIAÇÃO E REVISÃO DO DESEMPENHO HUMANO

A comunicação do resultado da revisão ao avaliado é ponto fundamental de todos os sistemas de revisão do desempenho. De nada adianta a revisão sem que o maior interessado – a própria pessoa – participe ativamente ou tenha conhecimento dela. É necessário dar-lhe conhecimento em tempo real das informações relevantes e significativas de seu desempenho, a fim de que a pessoa perceba como os seus objetivos podem ser plenamente alcançados. Essa comunicação pode ser feita em tempo real, por meio de uma conversa cabal e informal ou de uma pequena e rápida reunião.

Os propósitos desse *feedback* do desempenho são:[32]

- Dar à pessoa as condições de melhorar seu trabalho por meio de comunicação clara e inequívoca de seu padrão de desempenho. Trata-se de o colaborador conhecer e aprender o que o gestor ou líder espera dele em termos de qualidade, quantidade ou mesmo de seu grau de velocidade. São as regras do jogo, que só pode ser bem jogado quando os jogadores entenderem suas regras.

- Dar à pessoa uma ideia clara de como está se desempenhando (*retroação*), salientando seus pontos fortes e pontos fracos, e comparando-os com os padrões de desempenho esperados. Às vezes, a pessoa acredita que está indo bem ou desenvolve uma ideia distorcida a respeito do desempenho ideal. Ela precisa saber de maneira clara e transparente o que o gestor está achando de seu trabalho a fim de ajustar e adequar o seu desempenho aos padrões esperados.

- Pessoa e gestor discutirem providências e planos para melhor desenvolver e utilizar as aptidões da pessoa, que precisa entender como pode melhorar e participar ativamente das providências para essa melhoria.

- Construir relações pessoais mais fortes entre gestor e colaborador, nas quais ambos têm condições de falar francamente a respeito do trabalho, como está sendo desenvolvido e como pode ser melhorado e incrementado. Essa compreensão mútua é fator básico para um relacionamento forte e sadio.

- Eliminar ou reduzir dissonâncias, ansiedades, tensões e incertezas que surgem quando as pessoas não recebem aconselhamento adequado e orientado.

O gestor ou líder deve ter a habilidade de apresentar fatos e conseguir que o colaborador tenha a determinação de se desenvolver e ajustar seu desempenho ao nível exigido e que esteja consciente dos aspectos positivos e negativos de seu desempenho. O sucesso desse *feedback* direto e em tempo real depende da sinceridade do gestor sobre o que dirá ao colaborador e como o fará. Tudo isso deve ser levado em conta.

> **SAIBA MAIS** — **Razões para que a revisão do desempenho não funcione**
>
> - O gestor não tem informação suficiente a respeito do desempenho do avaliado.
> - Os padrões de revisão do desempenho não são claros e definidos.
> - O gestor não considera seriamente a revisão.
> - O gestor não está preparado ou treinado para a revisão ou para a entrevista.
> - O gestor não é honesto e sincero na conversa com o colaborador.
> - O gestor não tem habilidades pessoais para rever o desempenho das pessoas.
> - O colaborador não recebe a retroação adequada sobre o seu desempenho.
> - Não há uma discussão eficaz sobre o desenvolvimento pessoal do colaborador.
> - O gestor usa linguagem ambígua e obscura no processo de revisão.

Lembre-se de que a gestão do desempenho constitui o fulcro central de toda a atividade organizacional. É o desempenho organizacional – decorrente principalmente do desempenho humano – que constitui a base da excelência operacional do negócio e que realmente cria e agrega valor e riqueza à sociedade e a todos os *stakeholders* envolvidos. E as maiores influências na gestão do desempenho serão: o tempo, o ritmo e o impacto do *feedback* recebido pelos colaboradores. As organizações precisam proporcionar *feedback* constante e ininterrupto para que as pessoas possam conviver com um mundo em mudança exponencial.

Caminho tradicional

Desempenho atual → Objetivo pretendido

Retroação

Figura 6.10 O *feedback* como informação de retorno do desempenho.

> **SAIBA MAIS** — **A importância do *feedback***
>
> *Feedback*, retroalimentação, retroinformação ou alimentação de retorno é a função que compara a saída de um sistema com um critério ou padrão previamente estabelecido. Assim, é uma maneira planejada para "sentir" a saída e compará-la com um padrão ou critério preestabelecido para mantê-la dentro daquele padrão ou critério, evitando

desvios.³³ No fundo, é uma comunicação de retorno proporcionada pela saída do sistema à sua entrada no sentido de manter-se equilibrado. O *feedback* pode ser positivo – quando acelera ou aumenta a sua saída – ou negativo – quando reduz ou diminui sua saída, frente às demandas dos eventos externos. O *feedback* impõe correções ao sistema para adaptá-lo às condições ambientais. Esse é o conceito da teoria de sistemas. Quando aplicado a um sistema vivo, como a vida humana, o conceito se refere à maneira como o nosso comportamento é guiado e equilibrado.

6.7.1 Significado do trabalho

E o que faz um trabalho significativo? É tudo o que nós queremos ter em nossas vidas.³⁴ E é o fundamento básico da Gestão do Desempenho Humano: encantar as pessoas por meio daquilo que elas fazem na organização. E isso depende de quatro aspectos básicos:³⁵

- **Significado organizacional:** quando a organização explicita o seu propósito, a sua missão, a sua visão e os seus valores como a base daquilo que todos irão trabalhar.
- **Significado do trabalho:** como o trabalho de cada um ajudará a alcançar o propósito da organização e, principalmente, do colaborador, e como o trabalho repercute no negócio da empresa e na satisfação do consumidor.
- **Significado das tarefas:** como todo trabalho envolve uma multiplicidade de tarefas arranjadas, de tal maneira que enriquecem o seu significado e a sua finalidade.
- **Significados interacionais:** quando todo esse conjunto envolve um significado holístico e integrado não só para o colaborador, mas para toda a equipe, e como essa participa do sucesso organizacional.

Quando tivermos todos esses significados envolvidos naquilo que as pessoas fazem, estaremos dando a elas parte do significado e do propósito de suas vidas. E faremos elas mais felizes por isso.

SAIBA MAIS — **Orgulho de pertencer**

É interessante lembrar Katzenbach³⁶ quando ele diz que o orgulho das pessoas importa mais do que o dinheiro. Quando as pessoas aprendem que são capazes de fazer muito mais do que pensavam ser possível, o orgulho antecipado se torna a sua enorme força motivadora. A empresa precisa, por meio de suas lideranças, inspirar seus colaboradores com incentivos não financeiros, como espírito de equipe, camaradagem, cooperação, coragem e honra. Lembre-se de que todo funcionário da Microsoft gosta de dizer às pessoas que ajuda a produzir produtos que todo mundo usa. De fato, mais de 100 milhões de pessoas no mundo utilizam o Office. E o funcionário, como participante da empresa, também é respeitado por isso. É a atração pela recompensa social. E isso também faz parte do jogo. Esse é o valor social gerado a partir do desempenho das pessoas e na sua participação ativa no sucesso da empresa.

6.7.2 O papel da GH na Gestão do Desempenho Humano

Na verdade, embora seja uma função de linha – que compete aos gestores e aos colaboradores ao redor – e uma consultoria de *staff*, a Gestão do Desempenho Humano é uma importante área da GH, que pode criar um enorme valor ao presidente, aos diretores, gerentes, supervisores, líderes de equipes e, principalmente, aos demais colaboradores – entregadores e recebedores de um processo interativo e iterativo de constante melhoria do desempenho humano. Isso deve receber enorme e constante atenção da GH no sentido de proporcionar um sólido aprendizado a todos sobre como atuar e compartilhar da melhoria do desempenho humano em toda a organização. Não se trata apenas de atuar no *feedback* do desempenho humano, e sim em sua gestão como um todo e em toda a organização. Essa tem sido uma das grandes falhas do velho Recursos Humanos (RH).

Gestão Humana	Áreas	Contribuição
	Comunidade colaborativa de talentos	Engajamento e empoderamento Aprendizagem e desenvolvimento Motivação e impulso Alcance dos objetivos individuais
	Marketing	Apoio ao desempenho e alcance dos objetivos da área
	Finanças	Apoio ao desempenho e alcance dos objetivos da área
	Produção/Operações	Apoio ao desempenho e alcance dos objetivos da área
	Tecnologias	Apoio ao desempenho e alcance dos objetivos da área

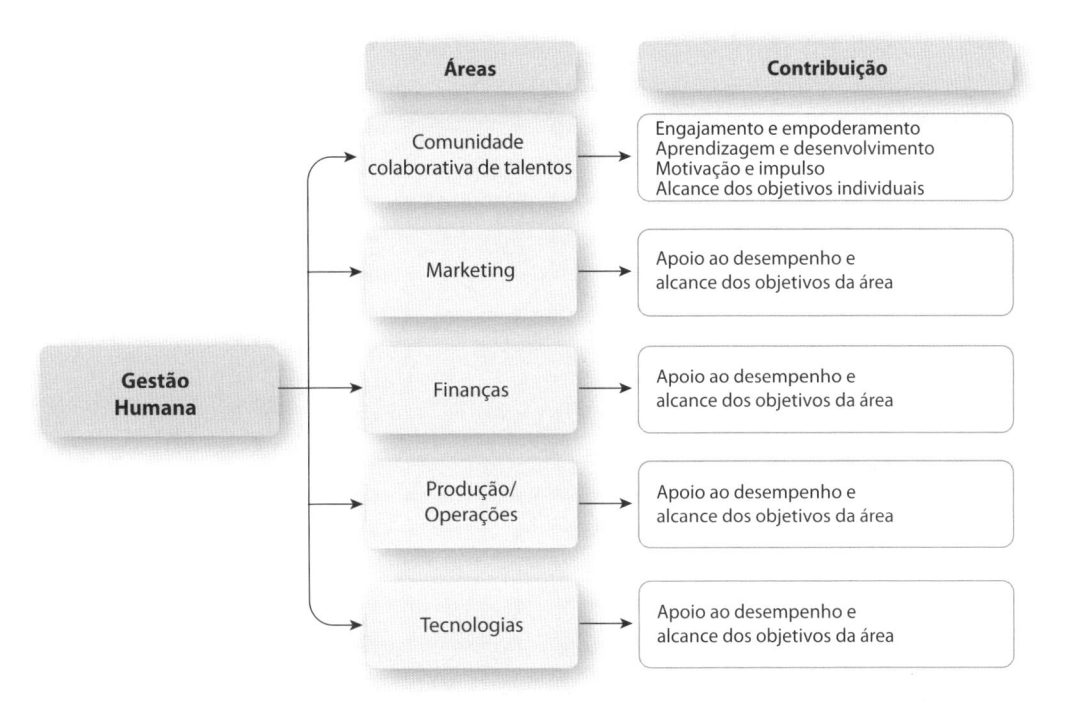

Figura 6.11 A contribuição da GH a todas as áreas da organização.

A GH pode acrescentar um enorme valor a toda a sua comunidade colaborativa de talentos (o novo conceito dado ao velho e estático conceito de força de trabalho) e às demais áreas da organização, à medida que a Gestão do Desempenho Humano – principalmente com a adesão das novas tecnologias emergentes – possa ser não somente melhorada, mas exponenciada por meio da automação, da robotização, da digitalização, dos aplicativos, dos *softwares* e *hardwares*, da inteligência artificial etc. Isso é o que veremos no decorrer da Era Digital e da Quarta Revolução Industrial, que trarão enormes mudanças tanto para a área da GH quanto para a Gestão do Desempenho Humano, provocando uma inesgotável fonte de contribuições para a competitividade e a sustentabilidade organizacional.

Diagrama

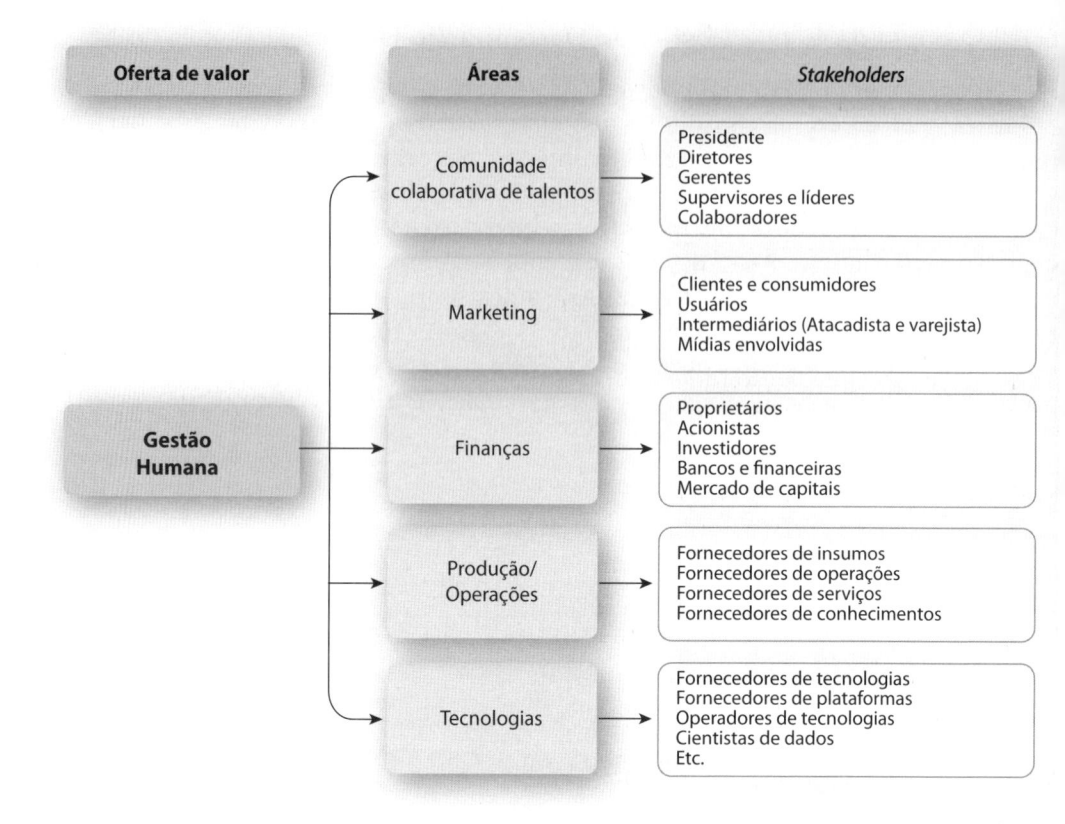

Oferta de valor: Gestão Humana

Áreas → **Stakeholders**

- **Comunidade colaborativa de talentos** → Presidente / Diretores / Gerentes / Supervisores e líderes / Colaboradores
- **Marketing** → Clientes e consumidores / Usuários / Intermediários (Atacadista e varejista) / Mídias envolvidas
- **Finanças** → Proprietários / Acionistas / Investidores / Bancos e financeiras / Mercado de capitais
- **Produção/Operações** → Fornecedores de insumos / Fornecedores de operações / Fornecedores de serviços / Fornecedores de conhecimentos
- **Tecnologias** → Fornecedores de tecnologias / Fornecedores de plataformas / Operadores de tecnologias / Cientistas de dados / Etc.

Figura 6.12 O amplo leque de valor que a GH pode oferecer às várias áreas organizacionais e aos *stakeholders* internos e externos por meio delas.

Assim, por meio do desempenho humano, a GH pode criar e oferecer diretamente maior impacto e valor às demais áreas da organização e, indiretamente, a todos os *stakeholders* (públicos estratégicos ou interessados) diretos e indiretos, internos e externos.

> Acesse um caso sobre **Texas Instruments** na seção *Caso de apoio* DHE 6.1

RESUMO

A Gestão do Desempenho Humano precisa ser planejada, organizada, liderada e devidamente revisada para que a organização seja bem-sucedida em todos os seus aspectos e consequências. Ela retrata o momento em que as coisas são feitas e como são feitas dentro das organizações – portanto, retrata a maneira como as organizações trabalham. A revisão do desempenho é uma sistemática apreciação do comportamento das pessoas nos trabalhos que executam. Apesar de ser uma responsabilidade de linha dos gestores, ela é uma função de *staff* da GH. A revisão do desempenho pode ser um encargo do gestor, do próprio olaborador ou das demais pessoas envolvidas, dependendo dos objetivos da revisão do desempenho. O principal método de revisão do desempenho ainda é o das escalas gráficas, no qual a entrevista de revisão do desempenho com o colaborador constitui o ponto principal do sistema: o contato, mensagem ou comunicação que serve de retroação (*feedback*) e que reduz as dissonâncias entre o gestor e os colegas do colaborador. E isso envolve o presidente, os diretores, gerentes, supervisores, líderes de equipe e colaboradores que podem interagir entre si no sentido de dialogar providências e indicar soluções na otimização do desempenho humano. Trata-se de um campo por meio do qual a GH pode oferecer um enorme e amplo leque de contribuições ao desempenho organizacional como um todo, estimulando e fortalecendo a competitividade e a sustentabilidade da empresa, principalmente no decorrer da Era Digital e da 4ª Revolução Industrial, graças às novas tecnologias disruptivas que estão surgindo a cada momento.

TÓPICOS PRINCIPAIS

Conceito de desempenho	Bases do desempenho	Indicadores do desempenho
Objetivos do desempenho	Processo do desempenho humano	Gestão do Desempenho Humano
Ciclo PDCA na gestão do desempenho	Era Exponencial	Organizações ágeis
Flexibilidade na Era Exponencial	Novos paradigmas na gestão do desempenho	GAD
CPM	Novos paradigmas para a revisão do desempenho	Fatores que afetam o desempenho
Feedback em tempo real	Apreciação do desempenho	Revisão do desempenho
Métricas do desempenho	Competências *soft* e *hard*	Autogestão da carreira
Significado do trabalho	Contribuição da GH	

QUESTÕES PARA DISCUSSÃO

1. O que é gestão do desempenho?
2. Quais são as etapas da gestão do desempenho?
3. Qual é o papel do gestor na gestão do desempenho?
4. Quem pode ser o responsável pela revisão do desempenho?
5. Quais os objetivos de revisão do desempenho?
6. Explique as características, as vantagens e as desvantagens do método das escalas gráficas.
7. O que é o efeito de *halo*?
8. Explique a entrevista de revisão do desempenho e o seu papel no processo de gestão do desempenho.
9. Explique os fatores básicos de revisão do desempenho.
10. Explique a autogestão da carreira.

11. Quais as contribuições que a Gestão do Desempenho Humano pode trazer às diversas áreas da empresa, como Marketing, Finanças, Produção/Operações e Tecnologias?
12. Quais as contribuições que a Gestão do Desempenho Humano pode trazer aos diferentes públicos estratégicos (*stakeholders*) da organização?
13. O que você imagina em relação ao futuro da Gestão do Desempenho Humano, com a modernas tecnologias disruptivas?

REFERÊNCIAS

1. CHIAVENATO, I. *Fundamentos de Administração*: planejamento, organização, direção e controle par incrementar competitividade e sustentabilidade. Rio de Janeiro: Elsevier, 2016. p. 257-258.
2. CHIAVENATO, I. *Fundamentos de Administração*: planejamento, organização, direção e controle par incrementar competitividade e sustentabilidade, *op. cit.*
3. CHIAVENATO, I. *Fundamentos de Administração*: planejamento, organização, direção e controle par incrementar competitividade e sustentabilidade, *op. cit.*, p. 257-258.
4. CHIAVENATO, I. *Recursos Humanos*: o capital humano das organizações. São Paulo: Atlas, 2020.
5. Adaptado de: SLACK, N. *Vantagem competitiva em manufatura*: atingindo competitividade nas operações industriais. São Paulo: Atlas, 1993.
6. Adaptado de: SLACK, N.; CHAMBERS, S.; JOHNSTON, R. *Administração da Produção*. São Paulo: Atlas 1996.
7. Adaptado de: CHIAVENATO, I. *Fundamentos de gestão*: o essencial. Rio de Janeiro: Elsevier, 2015.
8. Fonte: COELHO JR., F. A. Gestão do Desempenho Humano no trabalho. *PPGA*, UnB, 2011. *Vide* http://srh-unb.br/Component/content/artricle/1-latest-news/307-gestao-do-desempenho-humano e-organizacional. Acesso em: 22 set. 2019.
9. Fonte: BERSIN, J. Technology Disruptions, *Bersin by Deloitte*, Perspective 2016. *Vide*: www.deloitte.com

   Vide também: *HR Technology 2020*: disruption ahead, disponível em: https://joshbersin.com/2019/08 hr-technology-2020-disruption-ahead/.

   Vide também: LaPRADE, A.; MERTENS, J.; MOORE, T.; WRIGHT, A. *The enterprise guide to closing the skills gap*: strategies for building and maintaining a skilled workforce. Research Insights, IBM Institute fo Business Value, Sep., 2019.
10. MORIEUX, Y. How managers got separated from work. *BCG*, Boston Consulting Group, Oct., 8, 2018 *Vide:* www.bcg.com/publications/2028/bringing-managers-back-to-work.aspx.
11. MORIEUX, Y. Framing through action. *BCG*, Boston Consulting Group, Oct., 8, 2018. *Vide* www.bcg.com/publications/2028/bringing-managers-back-to-work.aspx.
12. SMET, A. *The keys to organizational agility*: interview with Aaron De Smet. McKinsey & Company December 2015. *Vide:* https://www.mckinsey.com/business-functions/organization/our-insights the-keys-to-organizational-agility.
13. AHLBÄCK, K.; FAHRBACH, C.; MURARKA, M.; SALO, O. *How to create an agile organization*. McKinsey & Company, Survey, Oct. 2017. *Vide:* https://www.mckinsey.com/business-functions/organization our-insights/how-to-create-an-agile-organization.
14. NEVALA, K.; MARX, E.; DONOVAN, C. *Building trust in data and artificial intelligence*: how information technology and analytics leaders can partner to drive innovation. Massachusetts Institute of Technology. MIT SMR Connections Webinar, March, 7, 2019.
15. WLER III, E. E.; PORTER, L. Antecedent attitudes of effective managerial performance. *In*: VROOM, V. H.; DECI, E. L. (orgs.). *Management and motivation*. Middlesex: Penguin, 1973. p. 256.

6. Na língua inglesa, aparece também com diferentes denominações, como *merit rating, personnel review, personnel appraisal, merit evaluation, employee appraisal, perfomance appraisal, employee rating, progress report, performance evaluation* etc.

7. CHIAVENATO, I. *Recursos Humanos*: o capital humano das organizações, op. cit., p. 239.

8. MAYFIELD, H. In defense of performance appraisal. *Harvard Business Review*, p. 81, March/April 1960.

    Vide também: KINDALLAND, A. F.; GATZA, J. Positive program for appraisal. *Harvard Business Review*, p. 153, November/December 1963.

9. McGREGOR, D. An uneasy look at performance appraisal. *Harvard Business Review*, p. 89, May/June 1957.

10. ABERDEEN GROUP. Employee performance management: creating a high-performance culture. *Research Brief*, p. 5-6, June, 2013.

11. *Vide*: www.workforce.com.

12. LEWAND, P.; MAINARDI, C. *The essential advantage*: how to win with a capabilities-driven strategy". Booz & Co., 2020. *Vide*: www.strategyand.pwc.com.

13. EDLICH, A.; IP, F.; PANIKKAR, R.; WHITEMAN, R. *The automation imperative*. McKinsey Quarterly Survey, Sept. 2018. *Vide*: www.mckinsey.com/business-functions/operations/our-insights/the-automationn-imperative.

14. MANYIKA, J.; CHUI, M.; MADGAVKAR, A.; LUND, S. *What's now and next in analytics, artificial intelligence, and automation*. McKinsey Global Institute, Executive Briefing, may 2017. *Vide*: www.mckinsey.com/featured-insights/digital-disruption/whata-now-and-next-in-analyttics-ai-and-automation.

15. McGREGOR, D. M. O lado humano da empresa. *In*: BALCÃO, Y. F.; CORDEIRO, L. L. (orgs.). *O comportamento humano na empresa*: uma antologia. Rio de Janeiro: Fundação Getulio Vargas, Serviço de Publicações, 1971. p. 45-60.

16. CHIAVENATO, I. *Recursos Humanos*: o capital humano das organizações, op. cit., p. 243.

17. SCHRAGE, M.; KIRON, D.; HANCOK, B.; BRESCHI, R. Performance management's digital shift. *MIT Sloan Management Review*, Research, McKinsey & Company, February, 26, 2019. *Vide*: www.mitsloanreview.com.

18. CHIAVENATO, I. *Recursos Humanos*: o capital humano das organizações, op. cit., p. 249.

19. Adaptado de: CHIAVENATO, I. *Recursos Humanos*: o capital humano das organizações. São Paulo: Atlas, 2020.

20. CHIAVENATO, I. *Recursos Humanos*: o capital humano das organizações, op. cit., p. 252.

21. ABERDEEN GROUP. Employee performance management: creating a high-performance culture. *Research Brief*, p. 5-6, June, 2013.

22. PLANTY, E. G.; EFFERSON, C. E. Counseling executives after: merit rating or evaluation. *In*: DOOHER, M. J.; MARQUS, V. (orgs.). *The development of executive talent*. New York: American Management Association, 1953.

23. CHIAVENATO, I. *Introdução à Teoria Geral da Administração*: uma visão abrangente da Moderna Administração das Organizações. São Paulo: Atlas, 2020. p. 225.

24. FRANKL, V. E. *Man's search for meaning*. Boston: Beacon Press, 1959.

25. BAILEY, C.; MADDEN, A, What makes work meaningful – or meaningless. *MIT Sloan Management Review*, Research Article/Harvard Business School, Executive Education, Summer 2016. *Vide*: www.mitsloan.com/.

26. KATZENBACH, J. R. *Why pride matters more than money*: the power of the world's greatest motivational force. New York: Crown Business, 2003.

ÍNDICE ALFABÉTICO

A

Abertura de canais
   de comunicação, 67
   de retroação, 74
   para promoção, 67
Abordagem motivacional ao desenho de trabalhos, 71
Ação gerencial, 124
Aculturação organizacional, 33
Agilidade, 123, 125
   organizacional, 82
Ajuda mútua e recíproca, 78
Alavancadores do *empowerment*, 80
Alongamento, 47
Análise
   das pessoas (*people analytics*), 25, 43
   de trabalhos, 95, 97
Aplicação, 5
Apreciação
   de desempenho humano, 128
   e revisão do desempenho humano, 127, 148
Arquitetura organizacional, 29
Assimetria nos subsistemas, 13
Atores, 64
Atratividade da organização, 43
Atribuição, 52
Autoavaliação, 79
Autogestão da carreira, 147
Automação, 136
Autonomia, 60
Autorrevisão, 145
Avaliação
   da eficácia da equipe, 78
   dos processos de aplicação de pessoas, 17

B

Baixo custo, 119
Benefícios da apreciação e da revisão do desempenho humano, 133
   para a organização, 134
   para a pessoa, 134
   para o gestor como gestor, 133

C

Carga vertical, 74
Cargo, 11, 52
   conceito de, 96
Ciclo
   de Deming, 122
   PDCA (*plan, do, check, act*), 122
Clientes, 73
Clima democrático e participativo, 79
Colaboração, 78
Colaborador, 129
Comparabilidade, 135
Competências
   humanas, 10
   metodológicas, 144
   organizacionais, 11

pessoais, 143
    necessárias ao objetivo a alcançar, 79
    sociais, 144
    tecnológicas, 144
Complementariedade, 135
Comprometimento pessoal, 130
Compromisso, 78
Comunicação aberta e intensa, 78
Comunidade colaborativa de talentos, 20, 23, 24
Condições de trabalho, 100
Confiabilidade, 119
Conhecimento dos resultados, 71
Consequências diferenciadoras, 84
Constante medição dos resultados e comparação com os objetivos formulados, 130
Construção de equipes, 75
Conteúdo inicial da tarefa, 35
Continuum de situações nos processos de aplicação de pessoas, 17
Controle, 121
Corporate Performance Management (CPM), 127
Crescimento individual, 46
Criação
    de equipes autônomas, 74
    de valor, 44
Critério(s)
    da generalidade, 106
    da variedade ou discriminação, 107
    nebulosos, 139
Cultura
    empreendedora, 84
    organizacional, 29
Custos da apreciação e revisão do desempenho humano, 134

D

Decisões colaborativas, 78
Desburocratização do processo, 144
Descrição de trabalhos, 95, 97

Desempenho, 76, 130
    conceito de, 116
    de papel, 39
Desenho do cargo, 65
    conceituação de, 53
Desenvolvimento, 5, 80
    de competências, 44
Dimensionamento dos fatores de especificações, 107
Dimensões essenciais do trabalho, 63
Dinâmica
    da comunidade colaborativa de talentos 30
    de grupo, 76
Discrepância
    de desempenho, 40
    de expectativa, 40
    de papel, 40
Distribuição dos papéis e das posições, 78

E

Economicidade, 135
Ecossistema
    da comunidade colaborativa de talentos, 29
    organizacional, 20
Efeito *hallo*, 139
Empowerment, 79
    alavancadores do, 80
Engajamento, 78
    de talentos, 40, 41, 47
Engenharia reversa, 118
Enquadramento por meio da ação, 125
Enriquecimento
    de cargos, 70
    de trabalhos, 67
    horizontal e vertical do trabalho, 68
Entrevista direta, 104
Equipe(s)
    altamente capacitadas, 83
    como um meio e não como uma finalidade, 79

de elevado desempenho, 78
de trabalho, 36, 75, 130
Era
　da Informação, 3, 140
　Digital, 3
　Industrial, 52
Espaço para intercâmbio de tarefas, 67
Especialização no cargo, 65
Estilo de gestão, 30
Estrutura
　　da análise de trabalhos, 98
　　organizacional, 63
Extensão do ciclo de trabalho, 67

F

Falhas de desempenho, 121
Fase(s)
　da análise de trabalhos, 106
　de execução, 108
　de planejamento, 106
　de preparação, 107, 108
Fatores
　de primeira ordem, 88
　de quarta ordem, 89
　de quinta ordem, 89
　de segunda ordem, 88
　de terceira ordem, 88
Fazer o que se ama, 47
Feedback, 149
　360°, 130
　de desempenho humano, 128, 129, 142
Flexibilidade, 119
Fontes do poder do gestor, 124
Força de trabalho, 24
Formação, 75
　de unidades naturais de trabalho, 72
Formulação de objetivos consensuais, 129
Fornecedores, 74

Fronteiras
　externas, 123
　geográficas, 123
　horizontais, 123
　verticais e hierárquicas na cadeia escalar, 123
Função, 52

G

Gestão
　ativa do desempenho (GAD), 141
　do conhecimento, 32
　do desempenho humano, 32, 115, 121
　humana na gestão do desempenho humano, 151
Gestor, 124, 129
　como líder de equipes, 76
Graduação dos fatores de especificações, 107
Grau de engajamento dos talentos, 42

H

Hardware, 64

I

Identidade com a tarefa, 61
Identidade da organização, 17
Ikigai, 46
Impulsionadores de desempenho, 10
Inclusão
　de tarefas auxiliares e preparatórias, 67
　parcial, 38
Indicadores
　de inovação, 142
　e métricas de desempenho, 142
　financeiros, 142
　internos, 142
　ligados ao cliente, 142
Indivíduo, 129
Integração ao redor da tarefa, 125
Investimentos em habilidades de *coaching* nos gestores, 83

L

Leniência, 139
Liderança, 43, 80
  compartilhada, 78
Longevidade, 47

M

Manutenção, 5
Marca pessoal, 47
Melhorando o nível de desempenho, 32
Mentalidade (*mindset*), 133
Mestre serial, 46
Método(s)
  da entrevista, 104
  da observação direta, 102
  das escalas gráficas, 136
    desvantagens do, 138
    vantagens do, 138
  de descrição e análise de trabalhos, 101
  de socialização organizacional8, 37
  do questionário, 103
  mistos, 105
  para promover a socialização, 35
  tradicional de retroação do desempenho humano, 136
Métricas, 135
Missão da organização, 17
Mobilidade, 30
Modelagem
  de trabalhos, 30, 51
  e o ser humano, 65
  do contexto organizacional, 125
Modelo(s)
  clássico de trabalho, 55
  contingencial, 59
  de modelagem de trabalhos, 58
  de desenho de cargos, 54
  organizacional, 124
  tradicional de desenho de trabalhos, 54
Monitoração, 5

Monitoramento do desempenho humano, 127
Motivação, 80
  e alavancagem dos talentos, 44
Mudanças organizacionais, 141
Multifuncionalidade, 145

N

Negociação com o gestor, 130
Normatização, 76
Novas
  ideias para a resolução de problemas, 78
  tendências em revisão do desempenho humano, 140

O

Objetivos
  claros, 77
  da apreciação e da revisão do desempenho humano, 132
  da descrição e análise de trabalhos, 109
  de desempenho, 119
Observação direta, 102
Onboarding, 37
Organização(ões), 32, 121
  ágeis, 124, 126
  como um conjunto integrado de competências, 10
  como um sistema de papéis, 38
  sem cargos, 111
Orgulho de pertencer, 150

P

Padrão(ões)
  de quantidade e qualidade da produção, 67
  significativo de tarefas, 67
Papel, 38
  do gestor como líder, 36
Percepção
  da responsabilidade, 71
  do significado, 71

Planejamento, 121
  do processo seletivo, 35
  estratégico da comunidade colaborativa de talentos, 26
Plataforma de TI, 30
Poder, 80
Políticas e práticas de gestão humana, 30
Precisão, 135
Preconceitos, 139
Prejuízos do desengajamento, 42
Princípios psicológicos do subsistema de aplicação de pessoas, 18
Processo(s), 32
  semestral ou anual de avaliação, 139
Programas de integração, 36, 37
Propósito e significado do trabalho, 44
Provisão, 5

Q

Qualidade, 119
  de vida no trabalho, 86
Questionário, 103

R

Rapidez, 119
Recursos humanos, 10
  para gestão humana, 10
  tradicional, 11
Regra 70-20-10, 45
Relacionamento interpessoal entre os membros, 78
Relações diretas com o cliente ou usuário, 73
Requisitos
  físicos, 100
  mentais, 99
  tecnológicos, 64
Respeito e confiança entre os membros, 78
Responsabilidade(s)
  envolvidas, 100
  pela apreciação, 129
Resultados do negócio, 10

Retroação, 61, 78, 121
  da discrepância, 40
  do desempenho, 132
  intensiva e contínua avaliação conjunta, 130
Revisão do desempenho, 143, 144, 145
  humano, 115, 128
  para cima, 144
Rigor exagerado, 139
Robôs, 4
Robotização, 136

S

Satisfação intrínseca no trabalho, 65
Significado(s)
  das tarefas, 61, 150
  do trabalho, 150
  interacionais, 150
  organizacional, 150
Sistema de gestão humana, 2, 10
Socialização organizacional, 23, 32, 33
Software, 64
Stakeholders, 83
Subsistema(s)
  da gestão humana, 1, 5
    básicos, 5
  de aplicação de talentos, 15
Supervisão, 121

T

Talentos inflamados de entusiasmo e de paixão, 83
Tarefas, 52, 63, 67
  combinadas, 72
Tecnologia, 32, 64
  avançada e inteligente, 83
Tendência central, 139
Teoria do comportamento, 124
Tomada de decisão e de aprendizado constante e permanente, 83

Trabalhador
    braçal, 3
    intelectual, 3
Trabalho, 67
    conceituação de, 52
    conjunto e coletivo, 79
    em equipe, 11
Transformação ágil, 84

U

Utilidade, 135

V

Validade, 135
Valor(es) para as organizações, 3
    básicos, 17
Variedade, 60
    de tarefas no trabalho, 66
Visão
    compartilhada, 78
    de futuro da organização, 17

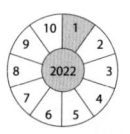